BISRAT NEGASSI

ICH BIN

MEIN WEG ZU MIR

Mit einem Vorwort von
Melanie Raabe

GOLDMANN

Hinweis der Autorin zu den Illustrationen im Text:

»Die Illustrationen wurden von meiner Mutter Elene Tekle-Negasi angefertigt. Mit 74 Jahren fing sie an zu zeichnen und zu malen. So weckte sie brachliegende Erinnerungen zum Leben und verarbeitete ihre Erlebnisse.«

MIX
Papier aus verantwortungsvollen Quellen
FSC® C083411
FSC
www.fsc.org

Penguin Random House Verlagsgruppe FSC® N001967

1. Auflage
Deutsche Erstausgabe Mai 2022
Copyright © 2022 by Wilhelm Goldmann Verlag, München,
in der Penguin Random House Verlagsgruppe GmbH,
Neumarkter Str. 28, 81673 München.
Covergestaltung: UNO Werbeagentur GmbH, München,
unter Verwendung eines Fotos von © Björn Lux;
Hair & Make-up: Karin Stebler
Redaktion: Anna von Rath & Doreen Fröhlich
DF | Herstellung: CF
Satz: Vornehm Mediengestaltung GmbH, München
Druck und Bindung: CPI books GmbH, Leck
Printed in Germany
ISBN 978-3-442-31602-1

www.goldmann-verlag.de

Für meine Eltern Elene Tekle und
Tesfai Ghebreselassie Negassi

INHALT

VORWORT VON MELANIE RAABE

Vor einigen Jahren brachen Bisrat Negassi und ich uns um ein Haar alle Knochen. Sie hatte mich zu einer literarischen Veranstaltung bei M. Bassy eingeladen. Es war Januar, es hatte Blitzeis gegeben. Alles glitzerte. Schön sah das aus – und gefährlich. Einige Teilnehmerinnen und Teilnehmer sagten spontan ab, aus Furcht, bei diesen extremen Bedingungen aus dem Haus zu gehen. Wir hingegen schlitterten tapfer zum Veranstaltungsort. Vorsichtig. Schritt für Schritt.

Vielleicht hätten wir die gefrorenen Straßen von Hamburg-Rotherbaum an diesem Abend als Schlittschuhbahn nehmen und ein paar Pirouetten versuchen sollen. Ich finde, das hätte gut gepasst. Nicht, weil Bisrat Negassi jemand wäre, der die Kälte liebt (sie ist einer der wärmsten Menschen, die ich kenne), und auch nicht, weil sie zu spontaner Akrobatik oder zu Kindereien neigen würde (das ist eher mein Job!). Sondern weil sie einen besonderen Blick auf die Welt hat, der sich nicht nur in der Mode ausdrückt, die sie entwirft, oder in den Events und Ausstellungen, die sie kuratiert, sondern vor allem darin, wie sie ihr Leben lebt.

Dass sie nun eine Autobiografie geschrieben hat, ist im dreifachen Sinne ein großes Glück. Zum einen, weil ihr Leben schlicht faszinierend ist. Zum anderen, weil Bisrat Negassi per se eher jemand ist, der zuhört, der gerne andere ins rechte Licht rückt und ihnen eine Bühne bietet. (Eine Angewohnheit, die die interessantesten Menschen, die ich kenne, verbindet.) Und schließlich, weil sie eine begnadete Storytellerin ist. Wie wunderbar, dass sie ihre Geschichte – das Schöne und das Schreckliche, Gespenster und Gegenwart – mit uns teilt. Sie nimmt uns mit auf die Reise ihres Lebens, wir gehen mit ihr nach Eritrea und in den Sudan, nach Paris und nach Hamburg … und finden in ihrer Autobiografie die großen Themen unserer Zeit wieder. All die Düsternis: Krieg. Flucht. Rassismus. Und all das Licht: Resilienz. Wachstum. Familie, Freundschaft, Liebe. Und immer wieder: Kreativität.

Schwierigkeiten und sogar Katastrophen etwas entgegenzusetzen, indem man etwas erschafft – sei es Kunst, sei es eine Gemeinschaft, sei es ein schöner Ort oder auch nur ein schöner Gedanke –, das ist die Essenz von Kreativität. Und in diesen Dingen ist Bisrat Negassi eine Meisterin, ein nie versiegender Brunnen.

Die Schriftstellerin Maya Angelou formulierte es einst so: »You can't use up creativity. The more you use, the more you have.« Das stimmt offenkundig. Der Zerstörung Schöpfung entgegensetzen, den Schwierigkeiten Schönes abtrotzen, immer wieder: Bisrat Negassi lebt ein kreatives Leben in exakt diesem Sinne. Sie anhand dieses Buches auf ihrem Weg zu begleiten ist aufregend und inspirierend.

Ich glaube ja, wir suchen in Biografien nicht nur die anderen, sondern immer auch uns selbst. So zumindest ist es bei mir. Letztlich suche ich in einer guten Biografie stets nach Antworten auf die immer selben Fragen: Wie werden wir zu denen, die wir sind? Wie bleiben wir in unserer Mitte, all den Fliehkräften, die Tag für Tag und Jahr für Jahr an uns zerren, zum Trotz? Wie finden wir Stärke? Die Antworten, die »Ich bin« gibt, sind individuell und universell zugleich.

Wie schön, dass Bisrat Negassi ihre Geschichte nicht nur mit ihrer Community, sondern nun auch mit ihren Leserinnen und Lesern teilt – mit Ihnen! Ich wünsche Ihnen eine gute Reise. Und vergessen Sie die Schlittschuhe nicht!

PROLOG

»Wenn ich mal groß bin, werde ich fünf Kinder haben. Fünf Kinder von fünf verschiedenen Männern. Von einem Afrikaner, Amerikaner, Asiaten, Europäer und einem Australier.« Ich war gerade mal zwölf Jahre alt, als ich meinen Eltern ständig von den fünf Männern, den Vätern meiner zukünftigen Kinder, erzählte. Damals lernte ich in der Schule von den fünf Kontinenten, so legte ich die Zahl fünf fest. Und in Paris würden wir leben. Wie ich ausgerechnet auf Paris kam, war und ist mir nach wie vor nicht klar. Aber mit Sicherheit und ganz selbstverständlich wollte ich mithilfe meiner fünf Kinder und den fünf Männern einen internationalen Mix und Weltoffenheit sehen. Vor allem hätte ich die Welt unter meinem Dach. Die große Welt und ihre Vielfalt wären mein Zuhause. Das war das Schönste an dieser Vorstellung. Meine afro-asiatischen-ami-aussi-euro Kids – welch ein Traum!

Weder war ich mit Kindern aus dem amerikanischen Raum befreundet noch mit Kindern aus anderen afrikanischen Ländern außer Eritrea, ganz zu schweigen von asiatischen oder australischen. Aber irgendwie war mir die Vielfalt der Welt, der Menschen, schon damals wichtig.

Jedes Mal, wenn ich diesen Wunsch äußerte, war ich entzückt und meine Eltern völlig entsetzt. »Was für verrückte Ideen du immer hast!«, pflegte meine Mutter zu sagen. Mein Vater dagegen schaute erst erstaunt und musste schließlich darüber lachen.

ROT WIE GRANATAPFELSAFT

Es war das Jahr 1975 in Asmara, Eritrea. Ein Nachmittag im September. Ich war gerade mal fünf Jahre alt, als meine Mutter mir verbot, im Garten zu spielen. Wir lebten sehr idyllisch in einer schönen Villa mit einem großen Vorgarten und einem kleineren Hinterhof. Im Vorgarten ragte der Granatapfelbaum unseres italienischen Nachbarn über eine Steinmauer zu uns rüber. Diesen Baum empfand ich als sehr großzügig, und ich bedankte mich regelmäßig bei ihm dafür, dass er einige seiner knackig roten Früchte bei uns im Garten abschüttelte. So als wollte er uns eine Freude machen, oder mir zumindest. Meine Freude drückte ich in einer Art sportlichen Aktivität aus, indem ich die leuchtend roten, süß-säuerlich schmeckenden Kerne zwischen meinem Daumen und dem Zeigefinger einzeln zerquetschte und sie dann schnell in den Mund steckte, um schließlich den Saft genüsslich von meinen Fingern abzulecken. Meine Mutter ermahnte mich jedes Mal, wenn sie mich dabei erwischte, ich solle doch bitte damit aufhören, das sei eklig und unhygienisch. Trotzdem machte ich es heimlich weiter, manchmal zerdrückte ich sogar gleich fünf oder sechs Kerne auf einmal in der Handfläche und ließ mir den Saft in den Mund tröpfeln. Dann waren meist nicht nur meine Hände dreckig, sondern auch die Kleidung. Außer dem Geschmack gefielen mir auch die Ästhetik und die Haptik dieser Frucht, sie faszinierte mich regelrecht. Von außen rot, rund und glatt, lässt sie sich nicht anmerken, dass sie unzählige Kerne in ihrem Inneren beherbergt. Ich

stellte mir immer vor, dass der Granatapfel eine Geschenkver-
packung ist und die ganzen Kerne im Inneren der Frucht die
eigentliche Überraschung.

Unser Haus befand sich im Zentrum Asmaras, in der Campo
di Stato. Es war hell verputzt, einstöckig, mit mehreren Räumen
und einem Anbau im Hinterhof. Das Wohnzimmer, das Herz
des Hauses, war mit einem hellen Marmorboden und einem
opulenten Kamin ausgestattet. Im Campo di Stato – im tigrini-
schen Slang auch Combishtato genannt – in Asmaras Zentrum
lebten viele Botschafter:innen und Expats. Eine internationale
kleine Blase. Links von uns lebte der italienische Botschafter
mit seiner Familie – zu seinem Haus gehörte der Granatapfelbaum. Uns gegenüber war die große Villa mit einem großzügi-
gen Garten, die dem Direktor der Banca di Roma gehörte. Hinter uns die sudanesische und griechische Botschaft. Mein Vater
war damals geschäftsführender Leiter der Highway Constructions in Eritrea/Äthiopien. Und obwohl er wegen der Arbeit
sehr viel reisen musste, nahm unser Leben seinen normalen
alltäglichen Lauf, und alles schien für mich in Ordnung. Meine
beiden älteren Geschwister und ich gingen auf die britische
Grundschule, welche von Expat-Kindern aus den USA, Großbritannien, Indien, Italien, Griechenland etc. besucht wurde.
Meine jüngste Schwester, die dreieinhalb Jahre jünger ist als ich,
war noch zu klein für den Kindergarten.

An dem besagten Nachmittag im September hatte ich mal
wieder nicht auf meine Mutter gehört und war doch in den
Garten gegangen. In Asmara schien fast immer die Sonne, und
der Himmel war meist in einem besonderen Blau gekleidet.
Meine älteren Geschwister hatten sich bereits heimlich raus-
geschlichen. Ich lief hinter ihnen her. Auch unsere Cousine
Rigat, die kaum älter als achtzehn und für meine Eltern wie

ein fünftes Kind war, folgte. Fröhlich tobten wir mit unserem Hund Solomon, einem Irish Setter, im Garten rum, als auf einmal in unmittelbarer Nähe Schüsse fielen. Erschrocken liefen wir zum Garteneingang. Rigat versuchte uns daran zu hindern, aber unsere Neugier war stärker. Schon standen wir draußen vor unserem Gartentor und sahen, dass mitten auf der Straße ein Auto quer stand. Die Fahrertür war offen, und ein mit Blut überströmter Mann befand sich daneben. Es war der eritreische Fahrer, der regungslos am Boden lag. Alles war rot, sein weißes Hemd, sein Jackett, die Straße und die Hände und Oberteile der zu Hilfe herbeigeeilten Passant:innen. Ich hatte noch nie zuvor so viel Blut gesehen. Ich hatte noch nie zuvor einen Toten gesehen. Ich hatte auch noch nie zuvor die hässliche Fratze des Krieges so direkt zu Gesicht bekommen. Der Krieg war zwar unmittelbar vor mir, vor uns, aber was ich gerade erblickte, war so surreal, als hätte ich einen Film gesehen, der eigentlich nicht für meine Kinderaugen bestimmt war.

In Eritrea herrschte Krieg. Wie der Krieg anfing? Um das zu erklären, muss ich etwas weiter ausholen, denn dieser Krieg ist das Ergebnis jahrhundertelanger Unterdrückung. So lange wurde Eritrea schon kolonisiert. Um 1400 wurde Eritrea als Medri Bahri bekannt (Land am Meer) und Bahri Negassi genannt, König des Meeres. 1557 besetzten osmanische Türken das Küstengebiet sowie das Hinterland und herrschten über 300 Jahre. Im Zuge des »Wettlaufs um Afrika« im 19. Jahrhundert trafen sich Vertreter der europäischen Mächte, der USA und des Osmanischen Reichs, um Afrika unter sich aufzuteilen. Eine ihrer Begründungen dafür war, die vermeintliche Zivilisation nach Afrika zu bringen. 1890 erklärte Italien Eritrea zu seiner ersten Kolonie, Eritrea wurde Siedlungsland für arme

Süditaliener:innen. Eritreische Bauern wurden enteignet und zu billigen Arbeitskräften für Plantagenbesitzer und die Bauindustrie degradiert. Im Zuge des Kolonialismus herrschte im ganzen Land eine strenge Apartheidpolitik, die in Rassengesetzen mündete. Eritreer:innen wurden aufgrund ihrer Hautfarbe zu Menschen zweiter Klasse herabgestuft, ihnen wurden jegliche Rechte aberkannt. Sie durften keinen Fuß in die Städte setzen, es sei denn, sie kamen, um zu arbeiten. Jegliche Kontakte zwischen Weißen und Schwarzen, die nichts mit der Arbeit zu tun hatten, waren verboten.

Benito A. A. Mussolini, der von 1922 Ministerpräsident des Königreiches Italiens und ab 1925 Diktator des faschistischen Regimes in Italien war, lud radikale und visionäre Architekten aus Italien ein und stellte diesen Asmara als grenzenlose Spielstätte für ihre futuristischen Ideen zur Verfügung. Ermutigt von ihrem Führer verwandelten sie Asmara in eine urbane Utopie. So realisierte sich Mussolini sein »Africa Orientale Italiana« und nannte Asmara »La Piccola Roma«. Mehr als 70.000 Italiener:innen lebten über 50 Jahre lang in Eritrea.

Nach dem Ende des Zweiten Weltkrieges übernahm erst mal Großbritannien die Führung im Land. Die Alliierten konnten sich über die Zukunft Eritreas nicht einigen und überließen die Entscheidung der UNO. So wurde laut Beschluss der UNO (Resolution 390 A/V) Eritrea mit dem Nachbarland Äthiopien föderiert. Diese Föderation garantierte Eritrea ein Selbstbestimmungsrecht in allen inneren Angelegenheiten, eine eigene Verfassung, ein gewähltes Parlament, Parteien, Gewerkschaften etc. und für Äthiopien als Zentralgewalt die Entscheidungsbefugnis in allen überregionalen Angelegenheiten, zum Beispiel Außenpolitik und Armee. Eritrea mit Äthiopien zu fusionieren, basierte auf den Interessen der Westmächte, vor allem der

Vereinigten Staaten: Sie wollten ihre Militärbasen in Eritrea aufschlagen, um besser den Wasserhandelsweg kontrollieren zu können.[1] Jedoch löste der Kaiser Äthiopiens, Haile Selassie, systematisch alle von der UNO garantierten Rechte der eritreischen Bevölkerung auf. Politische Parteien wurden verboten. Freie Presse sowie Gewerkschaften wurden aufgelöst. Fabriken wurden geschlossen oder nach Äthiopien verlegt.

Alle Bücher auf Tigrinya und Arabisch, den durch das Bundesgesetz garantierten eritreischen Amtssprachen, wurden verbrannt. Amharisch, die Sprache des Kaisers, wurde als Amtssprache eingeführt.

Die eritreische Regierung wurde durch eine Verwaltung ersetzt. Eritreische Politiker:innen wurden ermordet, tausende weitere verhaftet. Handel und Häfen wurden beschlagnahmt.

Die Bevölkerung antwortete mit Demonstrationen, Streiks und einem Appell an die UNO. Der friedliche Widerstand blieb jedoch ohne Erfolg, immer blutiger unterdrückte die kaiserliche äthiopische Regierung eritreische Proteste.

1961 bildete sich die Eritreische Befreiungsfront – ELF. Nachdem die friedlichen Demonstrationen nichts bewirkt hatten und das eritreische Volk weiterhin degradiert und ermordet wurde, fing der bewaffnete Befreiungskampf an mit dem Ziel der Unabhängigkeit Eritreas. Im November 1962 besetzte das äthiopische Militär alle wichtigen Städte, und Eritrea wurde offiziell als 14. Provinz Äthiopiens völkerrechtswidrig annektiert. Obwohl gegen ihren Beschluss gehandelt wurde, schaute die UNO diesem Geschehen tatenlos zu. Das führte zum 30-jährigen Unabhängigkeitskrieg des eritreischen Volkes (1961 bis 1991).

1970 gründete sich eine zweite Freiheitsbewegung aus der ELF, die EPLF: Eritreische Volksbefreiungsfront. Ihr Ziel war, genauso wie das der ELF, ein unabhängiges Eritrea. Der Unterschied zwischen den beiden Gruppen war jedoch, dass die EPLF nicht nur die Befreiung Eritreas anstrebte, sondern zusätzlich noch die Entwicklung eines Schulwesens, einer demokratischen Landreform, die Ausweitung der Gesundheitsversorgung und die Etablierung gleicher Rechte für alle im Volk, d. h. für Menschen in urbanen Gegenden wie auch auf dem Land. Gleichberechtigung der Frauen und auch Gleichberechtigung zwischen den neun verschiedenen Volksgruppen Eritreas.

Nach dem Sturz von Kaiser Haile Selassie im Jahre 1974 setzte sich eine Militärregierung an die Spitze Äthiopiens, die vom Diktator Mengistu Haile Mariam geführt wurde. Sie verfolgte einen ungleich härteren Kurs in Eritrea als ihre Vorgängerin. Unterstützt wurde die neue kommunistische Regierung dabei von der Sowjetunion, die seit 1977 Waffensysteme im Wert von mehr als 6 Milliarden Dollar an Äthiopien geliefert hat. Diese massive ausländische Einmischung ließ die Aussicht auf Frieden in weite Ferne rücken. Die eritreische Volksbefreiungsfront EPLF kämpfte ohne große Verbündete im Rücken. Die meisten Waffen waren vom äthiopischen Gegner erbeutet.

Heute kenne ich die Geschichte meines Geburtslandes. Damals, als ich in Asmara aufwuchs und obwohl ich meine ersten sechs Lebensjahre im Krieg verbracht habe, wusste ich nicht wirklich, was Krieg ist. Besser gesagt, ich kannte den Unterschied zwischen Krieg und Frieden nicht. Beides wurde bei uns zu Hause nicht thematisiert. Ich kann mich nicht erinnern, dass unsere Eltern sich mit uns Kindern hinsetzten, um uns über die Situation aufzuklären. Ich muss es mir irgendwie selbst erklärt haben. Die Unruhen in der Stadt empfand ich zwar als sehr bedrohlich, aber eine Alternative dazu kannte ich nicht. Dass es weit weg von uns noch etwas anderes geben könnte, ein anderes Leben ganz ohne Furcht und Gefahr, ohne Soldaten, war für mich schwer vorstellbar. Die immerwährende Angst, das ständige Verstecken gehörten zu dem einzigen Alltag, den ich kannte. Sehr deutlich in meiner Erinnerung sind die äthiopischen Soldaten, die manchmal vor unserer Haustür vorbeizogen. In ihren grünen Kriegsanzügen und Metallhelmen sahen sie nach Gefahr aus. Die Aufmachung fand ich immer sehr furchteinflößend und gleichzeitig albern. Sie marschierten unaufgefordert, uneingeladen in meiner Stadt herum und brachten Unruhe und Tod. Einfach so. Plötzlich waren sie da und zwangen sich in das Stadtbild hinein. Sie drängten sich uns auf, mit schlimmster Gewalt, und veränderten das Leben aller Eritreer:innen für immer.

Einige Jahre vor meiner Geburt erfüllte sich mein Vater einen Herzenswunsch. Er wollte in Asmara einen Ort der Begegnung schaffen, einen Ort, der Asmarini – so heißen die Einwohner:innen Asmaras – jeden Alters zusammenbringen sollte. Sein Menafisha[2] war eine Mischung aus Bar, Café und Restaurant. Er betrieb es neben seinem Job bei Highway Constructions, geleitet wurde es von seinem älteren Bruder. Das Menafisha war eine Art Erholungszentrum, wie mein Vater es liebevoll nannte. Innen befand sich die Bar, wo junge und alte Eritreer:innen und Italiener:innen an einem langen Tresen ihre Espressi genossen. Durch die lange italienische Kolonialzeit haben sich der italienische Lifestyle, die Sprache und auch die Essgewohnheiten mit eritreischen Traditionen verwoben. Auch sind Italiener:innen, die in zweiter oder dritter Generation in Eritrea leben, keine Seltenheit.

Jedes Mal, wenn wir im Menafisha waren, versteckte ich mich zur Freude der Bartender am liebsten mit Biscottis in der Hand unterm Tresen. Von dort aus konnte ich das laute Treiben hören, und manchmal, wenn ich mich geschickt anstellte, konnte ich sogar durch die ganzen Beine hindurch etwas davon sehen. Meine älteren Geschwister dagegen spielten gerne mit den Kindern anderer Gäste Calciopalina, zu Deutsch: Kicker. Meine kleine Schwester Sofia war zu klein, um mit uns ins Menafisha zu kommen. Sie blieb meistens mit der Babysitterin zu Hause.

Es war wieder einmal einer dieser Abende, immer noch im Jahr 1975, und wir durften mit meinen Eltern ins Menafisha. Ich freute mich, so wie sich ein Kind auf Süßes und Aufregendes freut, auf die Biscottis und auf mein sicheres, behagliches Versteck. Es war ein schöner Abend, eine heitere Stimmung war im Laden zu spüren. Alle waren entspannt und gut gelaunt. Bis zu dem Moment, als wir spät abends die Bar verließen, um nach Hause zu fahren. Mitten auf der Straße kamen uns Passanten entgegen, ganz panisch und außer sich schrien sie meinem Vater zu, er solle sofort wenden: »Fahr zurück! Fahr zurück!« Ganz plötzlich beherrschte Chaos die Straßen von Asmara. Autos versuchten umzudrehen. Die Straße, die uns nach Hause führen sollte, war im Ausnahmezustand, es kam zu Schießereien und Toten. Wir konnten nicht nach Hause. Wir konnten nicht zu meiner kleinen Schwester. Ich bangte um Sofia und spürte zum ersten Mal in meinem Leben die eiskalten Schlingen der Angst um meinen Hals, die danach eine Zeitlang wie eine durchsichtige Kette an mir hängen blieb. An dem Abend fuhren wir zu Verwandten und übernachteten dort. Am nächsten Tag konnten wir nach Hause zurückkehren, und Sofia ging es zum Glück gut. Aber dass der Krieg nun langsam immer deutlicher sein Unwesen in der Stadt trieb, war nicht mehr zu verleugnen. Überall waren Schüsse zu hören.

Die ganze Stadt wurde in Schrecken versetzt. Die Soldaten

ließen nichts aus. Immer wieder wurden Ausgangssperren verhängt, und jeder, der sich nach 18 Uhr außerhalb seiner Behausung befand, wurde erschossen. Jungen Menschen im wehrfähigen Alter wurde grundlos befohlen, aus ihren Häusern zu treten, um ihnen dann die Missachtung der Ausgangssperre zu unterstellen. Zur Strafe wurden sie von den äthiopischen Soldaten zu Tode stranguliert. Allein im Jahr 1975 wurden in Asmara 60 junge Menschen auf diese Art getötet. In dem Jahr passierte so viel Grausames.

Mein Cousin Eyob, der eines Nachmittages vor seiner Haustür allein Fußball spielte, wurde einfach so von mehreren Kugeln durchlöchert. Er war noch ein Kind, nur zwölf Jahre jung. Für die äthiopischen Soldaten wurde das Morden von eritreischen Zivilist:innen zu einer Art Sport. Wenige Zeit später holten sie Eyobs ältere Schwester Yeshi. Sie wurde öffentlich auf der Straße misshandelt, ihr Gesicht blutig geschnitten, um sie dann ins Gefängnis zu stecken. Nachdem sie das Gefängnis überlebt hatte und entlassen wurde, schloss sie sich sofort gemeinsam mit ihrem älteren Bruder Thaddeus der Befreiungsbewegung an. Sie verließen Asmara und gingen an die Front. Dort wurden sie drei Jahre später, 1978, Opfer einer Bombardierung.

Traurigkeit, Ohnmacht und Schmerz lagen massiv über der Stadt, egal, wo wir waren und was wir taten, sie hingen wie ein Nebelschleier über uns. Nur so richtig greifen konnte ich die bedrückte Stimmung nicht. Ich spürte, dass eine Gefahr von ihr ausging, aber definieren konnte ich sie nicht. Auch nicht, als eines Nachmittages unsere Nachbarin mit verheulten Augen zu uns rüberkam. Sie weinte und war zerfressen von Kummer. Verzweifelt erzählte sie, wie sie sich selbst verachtete, ihre Herkunft, ihre Identität. Sie verabscheute die Menschen, sie verabscheute den Krieg, sie verabscheute die Soldaten und alles, was mit der äthiopischen Regierung zu tun hatte. Ich habe es nicht ganz verstanden, nicht verstanden, warum sie weinte, was der Grund ihres Kummers war, warum sie sich verabscheute und über Selbsthass sprach. Erst im Nachhinein, Jahre später im erwachsenen Alter, erfuhr ich den Grund. Erst dann habe ich verstanden, was sie damals dazu veranlasste, all diese Worte über sich selbst zu sagen, und spürte ihre Last mehr denn je.

Die vier Schülerinnen

Wenn ich heute darüber nachdenke, bereitet es mir immer noch Magenschmerzen. Unsere Nachbarin war von einer Nachricht so verstört, dass sie zu uns kam, um das Leid mit meiner Mutter zu teilen. Als in Eritrea geborene Äthiopierin hat sie ihre Herkunft an dem Tag verabscheut, als sie die Nachricht von vier Schülerinnen erreichte, die tot in der Nähe des Flughafens aufgefunden worden waren. Äthiopische Soldaten hatten sie bestialisch niedergemetzelt und bis zur Unkenntnis verstümmelt. Nur durch die Kleidung konnte ihre Identität festgestellt werden. Unsere damalige Nachbarin empfand Schuldgefühle, weil sie sich als Äthiopierin in Eritrea für das Vergehen der äthiopischen Militärregierung an der eritreischen Bevölkerung in gewisser Weise als mitverantwortlich empfand. Sie fühlte sich schuldig, ohne schuldig zu sein. Niemand konnte sie von diesem Gefühl befreien. Meine Eltern waren reflektiert genug, um zwischen Regierung und Bevölkerung zu unterscheiden. Dass die Schuld dieser Gräueltaten bei der Regierung lag und nicht bei der Bevölkerung. Politik und ihre Machtspiele hatten Folgen, egal, ob es das Kaiserreich Äthiopien war oder die Militärregierung von Diktator Mengistu Haile Mariam, der 1974 Kaiser Haile Selassie gestürzt hatte, um alleiniger Machthaber Äthiopiens zu werden. In dem Krieg ging es um die Besetzung Eritreas und, da Äthiopien ein Binnenland ist, um den Zugang zum Meer. Eritrea liegt am Roten Meer mit einem Küstenstreifen von über 1100 Kilometern, zwischen dem Suezkanal und dem Zugang zum Indischen Ozean. Dieser Schifffahrtsweg war und ist für die nationale und die internationale Wirtschaft von zentraler Bedeutung.

Das Morden sollte noch viele Freund:innen und Verwandte treffen. Jung oder alt, ganz egal, Morden kannte kein Alter, kein Geschlecht, es kannte einfach keine Gnade. Eltern wurden mit der Begründung, dass ihre jugendlichen Kinder der Untergrundbewegung angehörten, inhaftiert. Im Gefängnis erlebten sie Misshandlungen, Vergewaltigungen, das gewaltsame Rausziehen von Fuß- und Fingernägeln und vieles mehr, was eine:n erschaudern lässt. Jedes Mal, wenn die Schießereien in der Stadt losgingen, verbarrikadierten wir uns tage- und nächtelang. Im Haus wurden die Tore, die Türen, die Fensterläden verriegelt, die Lichter wurden ausgeschaltet. Wir zogen uns dann in den hinteren Flur des Hauses zurück, und das Leben hielt inne. Alles Nötige wurde in den Flur verlegt. Matratzenlager wurden aufgeschlagen, Essen und Getränke dahin verschanzt. Mit der ganzen Familie eingequetscht auf ein paar Quadratmetern wurden die Unruhen der Stadt ausgehalten. Es war ein langes, sich ewig dahinziehendes Warten.

Einmal war ein befreundetes Ehepaar meiner Eltern gerade zu Besuch in Asmara und musste sich mit uns verstecken. Der Mann war sehr panisch und badete in seinem eigenen Schweiß. Er war voller Angst. Ich mochte und konnte ihn mir nicht anschauen. Einen im Grunde lebensfrohen, erwachsenen Mann in so einem Zustand zu sehen, beklemmte und beunruhigte mich sehr. Immer wieder beteten wir alle zusammen unsere Ängste leise fort, sangen und taten alles im Rahmen unserer Möglichkeiten, um die Zeit gut durchzuhalten. Meine Eltern versuchten, eine entspannte Atmosphäre zu schaffen. Sie wollten uns Kinder nicht in Panik versetzen. Die Angst, dass in jedem Augenblick ein Haufen Soldaten die Tür eintreten und uns etwas antun könnte, war dennoch nicht zu übersehen und kaum auszuhalten. Die Angst, die uns alle in dem abgedunkelten Flur schleichend ergriff, war schrecklich. Ich spüre sie heute noch in meinen Erinnerungen.

Nach beklemmenden Tagen und Nächten wurde es in der Stadt etwas entspannter, jedenfalls so entspannt, dass es erst mal keine Befürchtungen gab, Türen eintretenden Soldaten gegenüberzustehen. Der Alltag und die Normalität machten sich langsam wieder bemerkbar. Sofern man von einer Normalität sprechen konnte, denn normal wurde es nie wieder. Mein Vater und sein Büro wurden von der äthiopischen Regierung nach Assab versetzt, in die zweitgrößte Hafenstadt Eritreas. In der Woche war er in der Hafenstadt, und nur an den Wochenenden kam er nach Hause.

Kurze Zeit nach seiner Versetzung, an einem Samstag, während die Asmarini ihrem Alltag im Menafisha etwas Abwechslung verschafften, wurden sie von feindlichen Soldaten überrascht. Ausgerechnet an dem Wochenende kam mein Vater uns zum Glück nicht besuchen. Es hatte sich rumgesprochen, dass der Laden in der Zeit der Dreh- und Angelpunkt junger, politisch aktiver Erwachsener war, die einen Anschluss zu Gleichgesinnten suchten, um sich über die politische Lage des Freiheitskampfes auszutauschen oder um sich, bevor sie an die Front gingen, Lebewohl zu sagen. Dort wurden auch, mit Wissen meines Vaters, die geheimen Treffen der Untergrundbewegung abgehalten.

Dieser besagte Samstag sollte der letzte Tag des Menafishas sein. An dem Tag wurde erbarmungslos überall im ganzen Laden geschossen, bis in den hintersten Winkel. Nicht mal die Küche wurde ausgelassen. Die äthiopischen Soldaten schossen auf Gäste und machten alles dem Erdboden gleich. 36 Menschen wurden schwer verletzt, und zwei verloren ihr Leben im Menafisha. Yared, mein Bruder, war der Einzige, der fast jeden Samstag ins Menafisha durfte. Bestürzte Anrufer:innen erkundigten sich nach unserem Wohlbefinden und fragten, wo mein Bruder sei. An diesem Tag war er zu Hause geblieben, das Glück war auf unserer Seite. Am Tag nach dem Anschlag hatte meine Mutter die Verletzten im Krankenhaus besucht und der Beerdigung der zwei Ermordeten beigewohnt. Yared bestand darauf, sie zu begleiten, was sie ihm gewährte. Nach der Schießerei wurde das Menafisha von der äthiopischen Regierung beschlagnahmt und für immer geschlossen.

REISE INS BLAUE

Nach dem Vorfall im Menafisha wurde meinem Vater bewusst, dass er in ernsten Schwierigkeiten war. Es musste rausgekommen sein, dass er die Freiheitsbewegung unterstützte. Ein Kollege meines Vaters, ein russischer Ingenieur, sah die gefährliche Lage, in der mein Vater steckte. Er versuchte ihn zu überzeugen, schnellstens abzuhauen, und bot ihm seine Hilfe an. Mein Vater vertraute ihm, wollte jedoch nicht einfach fliehen, ohne uns vorher noch einmal zu sehen. Er konnte aber auch nicht grundlos Assab verlassen, alle Augen waren auf ihn gerichtet. Seiner äthiopischen Sekretärin, die mit dem Leiter des Flughafens in Assab verheiratet war, teilte er mit, dass er seine Familie in Asmara besuchen wolle und nicht wisse, ob er eine Flugerlaubnis bekommen würde. Mein Vater hoffte auf die Hilfe ihres Mannes, denn trotz seiner leitenden Position zeigte die Versetzung deutlich, dass ihm alle Hände gebunden waren. Es war ihm nicht mehr gestattet, zu tun und zu lassen, was er wollte.

Eritrea galt damals offiziell als die 14. Provinz Äthiopiens, das hieß in der Theorie zwar, dass alle Menschen in Eritrea die gleichen Rechte hatten wie in Äthiopien, aber die Praxis zeigte eine andere Realität. Die Eritreer:innen wurden von der äthiopischen Fremdherrschaft zu Menschen zweiter Klasse degradiert. Die eritreischen Sprachen wurden verboten, das eritreische Parlament wurde systematisch abgebaut, Politiker:innen wurden umgebracht und ebenso alle Rechte der Eritreer:innen für nichtig erklärt. Die Situation wurde von Tag zu Tag lebensgefährlicher für meinen Vater. Genau genommen war er mit seiner leitenden Position bei der Highway Constructions für den äthiopischen Staat tätig, aber wegen des Menafisha und seiner geheimen Unterstützung der Untergrundbewegung wurde die Schlinge um seinen Hals immer enger.

Durch den Ehemann seiner Sekretärin bekam er tatsächlich die Erlaubnis, für einen kurzen Familienbesuch nach Asmara fliegen zu dürfen. Das war der Anfang seiner Flucht. Er kehrte Assab und seinem Job endgültig den Rücken, um sich auf den Weg ins Ungewisse zu begeben. Meine Mutter wurde von meinem Vater benachrichtigt, schleunigst alles Notwendige einzupacken und ihn außerhalb der Stadtgrenze zu treffen. Noch in der Morgendämmerung sollten wir alle schnell aufstehen und uns bereit machen, unsere Großmutter Kudusan in Keren zu besuchen. Keren ist die zweitgrößte Stadt Eritreas und der Geburtsort meines Vaters. Die Stadt liegt ungefähr 70 Kilometer von Asmara entfernt und ist gut erreichbar. Doch obwohl meine Großmutter dort wohnte, fuhren wir gar nicht oft hin. Ich wunderte mich also. Es war so plötzlich, ich fühlte mich überrumpelt. Und bei wem blieb Solomon, unser Hund? Er wurde zu meiner anderen Oma nach Arbate Asmara in die Altstadt, das historische Viertel von Asmara, gebracht. Später erfuhren wir, dass Solomon vor seinem Verschwinden sechs Monate lang jeden Morgen aus Arbate Asmara bis Campo di Stato gelaufen war, um uns vor unserer Toreinfahrt nachzutrauern.

Unser Onkel John, der ältere Bruder meiner Mutter, fuhr uns bis zur Stadtgrenze. Ich fragte ständig, warum wir denn so plötzlich zu Großmutter müssten und was mit Vater sei. Meine Mutter hatte uns Kindern nichts gesagt. Weder, wo unser Vater war, noch, ob und wann wir ihn treffen würden. Ihre Antwort war immer: »Wir werden sehen.« Kinder können, wenn sie gefragt werden, nicht lügen. Sie platzen früher oder später mit der Wahrheit raus. Aus Angst davor behielt meine Mutter alle Informationen für sich. Sie sagte uns nie, wo wir hingehen, wen wir treffen und was wir wo machen würden. Kein Kind könnte dichthalten, wenn es denn mal von einem Soldaten gefragt werden sollte. Es würde sich fürchten und brav alle Geheimnisse ausplaudern. So war es für meine Mutter am sichersten, uns einfach gar nichts zu erzählen.

Eins ihrer wohl größten Geheimnisse war ihre Mitgliedschaft bei der Eritreischen Volksbefreiungsfront (EPLF). Sie hat Informationen von ihrem Informanten bekommen, um ihr Wissen unter die Leute zu bringen. Ihr Informant und einziger Vertrauter war ihr damals 19-jähriger Neffe, der sich ebenfalls der Bewegung angeschlossen hatte. Um einen Verrat durch Folter zu vermeiden, kannte nur ein Mitglied meine Mutter namentlich. Das Ganze war höchst riskant. Kein Mensch hatte jemals geahnt, dass sie zu so etwas überhaupt imstande wäre. Ihre höfliche, charmante Art war ihre beste Tarnung. Nicht einmal mein Vater vermutete, dass sie aktivistisch tätig war. So teilten sie, ohne es zu wissen, die gleichen politischen Ideale. Denn auch mein Vater war, unabhängig von meiner Mutter, Mitglied der Eritreischen Befreiungsfront (ELF).[3] Die ELF entstand Anfang der 1960er als erste Unabhängigkeitsbewegung, während die EPLF sich zehn Jahre später, in den 1970ern, herauskristallisierte. Beide Organisationen waren von der äthiopischen Regierung strikt verboten. Mitglieder oder Angehörige von Mitgliedern wurden von der äthiopischen Regierung verfolgt, verhaftet oder gar zum Tode verurteilt. Um sich gegenseitig zu schützen, behielten meine Eltern ihre politische Tätigkeit für sich.

Außerhalb der Stadtgrenze Asmaras auf dem Weg nach Dekishehay wartete mein Vater im Auto seines Cousins auf uns. Es war sehr überraschend und eine große Freude, ihn dort anzutreffen. Aber die Freude hielt nicht lange an, denn von dort aus hieß es für uns alle, noch einen ordentlichen Fußmarsch bis zum nächstgelegenen Dorf Dekishehay zurückzulegen. Scheinbar ging es doch nicht zu meiner Großmutter nach Keren.

In Dekishehay lebten die Vorfahren meines Vaters väterlicherseits. Es bestand fast ausschließlich aus nahen und entfernten Verwandten. Den ganzen Marsch über habe ich gequengelt, und keiner konnte es mir recht machen. Ich hatte Durst, bekam aber nichts zu trinken, da wir nichts mehr hatten. Dafür wurde ich ständig huckepack getragen, als eine Art Bestechung, damit ich nicht mehr rumjammerte, meinen Durst vergaß und wenigstens ein klein wenig Ruhe gab. Dekishehay liegt etwa 20 Kilometer nördlich von Asmara auf einem Plateau, umgeben von gigantischen Felsblöcken. Die enormen Felsen haben die absurdesten Formen. Mal ähneln sie Tierköpfen, mal menschlichen Körpern und dann wiederum abstrakten Gestalten. Was für den Menschen eine große Herausforderung im Gestalten wäre, ist für die Natur ein Kinderspiel. Jedenfalls ist es kaum zu glauben, dass es die Natur war, die diese Steinbrocken geformt hat, die Kunstobjekten ähneln. Es war ein Dorf mit wenigen Einwohner:innen, einem Hauptplatz, einer Kirche und vielen Maisfeldern. Nur die ersten paar Tage verbrachten wir in dem geräumigen Haus, das mein Vater Ende der Sechzigerjahre in Dekishehay hoch auf einem Plateau erbauen ließ. Aus Angst vor Bombenangriffen wechselten wir zu unseren Verwandten, die geschützter im Tal wohnten. Das Leben in Dekishehay befremdete mich verwöhntes Stadtkind sehr. Vom Essen über das schummrige Licht, von den Gerüchen bis hin zum normalen, alltäglichen Leben war alles eine riesengroße Umstellung für mich. Der

Geruch von frischer Butter begleitet mich heute noch. Ich mag keine Butter und den Geruch erst recht nicht.

Schockierend waren die Bombenangriffe. Diese Todesflieger über unseren Köpfen, die harmlos aussehend ihre Runden drehten und sich ihr Ziel auf gut Glück aussuchten, um Leben auszulöschen. Ich frage mich immer noch: Wie können Menschen, die einfach so binnen Sekunden hunderte Menschenleben vernichten, nachts ruhig schlafen? Haben Mörderpiloten eine Seele? Die Piloten waren eine Sache, aber was war mit denen, die sich diese ausgeklügelten Maschinen ausdachten, Geräte, um Leben qualvoll auszulöschen? Um Menschen, Eltern, Kinder, Geschwister einfach auszuradieren?

In der Hauptstadt kannten wir keine Bombardements. Uns war der Sound von Maschinengewehren und Pistolen vertraut, aber nicht das Summen der Flieger. Die Verwandten, die uns entgegengeeilt waren, um meine Eltern zu begrüßen und ihre Unterstützung anzubieten, warnten uns Kinder vom ersten Tag an, vorsichtig zu sein. Dass wir niemals allein rausgehen sollten. Wir nahmen uns ihren Rat zu Herzen, hielten uns aber trotzdem nicht ganz daran. Mit einer meiner Cousinen, die ich neu kennengelernt hatte, lief ich eines Nachmittags, während die meisten Erwachsenen im Haus waren, raus auf die Felder. Weder Maisfelder noch irgendwelche Getreidefelder kannte ich aus der Nähe. Auch das war neu für mich. Wir liefen los und genossen unsere Freiheit. Meine Cousine brach sich vergnügt ein langes Stück Maisstängel ab und streifte die obere Hautschicht runter, biss ein Stück ab, kaute darauf herum und spuckte schließlich die Fasern aus. Mir war schleierhaft, warum sie an so einem Stück Zuckermais herumkaute. Sie zeigte es mir noch einmal und überredete mich, es ihr gleichzutun. Dass dieses Stück Stängel so lecker schmeckte, begeisterte mich. Es war saftig und süß, das war überhaupt das Beste an dem Nachmittag. Wir liefen kauend durch die Felder, und das Leben schien zuckersüß. Bis wir aus dem Nichts ein für meine Ohren ziemlich fremdes Geräusch hörten. Gedankenverloren versuchte ich es einzuordnen, als mich plötzlich eine Hand am Ärmel zerrte und mir eine schrille Stimme befahl, mich sofort zu ducken. Die Augen meiner Cousine fixierten mich mit Panik und Strenge. Ohne wirklich zu ahnen, was um mich herum geschah, ließ ich mich wie Fallobst zu Boden plumpsen. Ich blieb stumm vor Angst und spürte große Reue. Warum hatte ich nicht auf die Erwachsenen gehört? Das Haus, meine Eltern, meine Geschwister, alles schien mir sehr weit weg und unerreichbar zu sein. Das Flugzeug war deutlich zu hören. Es flog mehrere Runden über Dekishehay. Fragen schossen mir durch den Kopf: Wird es Bombenhagel regnen? Wird es uns töten? Wird es uns alle töten? Es war nur ein kurzer Augenblick, der sich aber endlos anfühlte. Der Bomber entschloss sich weiterzufliegen und tätigte einige Kilometer weiter seinen vernichtenden Wurf. Wir liefen schnell zum Haus, es gab keinen Ärger. In die besorgten Gesichter zu schauen war aber viel schlimmer als jeder Ärger, den wir zu Recht verdient hätten. Dieser Nachmittag mit dem Bombenflieger sollte nicht der einzige bleiben. Das Unheil vom Himmel kehrte immer wieder zurück und drohte auf uns herunterzufallen und unserem Leben ein Ende zu setzen.

Mehrere Tage verbarrikadierten wir uns bei den Verwandten in Dekishehay. Die Älteren fielen auf die Knie und flehten mit den Händen gen Himmel gerichtet den Allmächtigen an. Möge der liebe Gott uns beschützen. Das Donnern und Zischen der Bombardements war nicht zu überhören. Aber Gott sei Dank wurden die Gebete erhört, und das Dorf blieb unversehrt.

Nach ungefähr drei Monaten hieß es für uns Abschied nehmen. Mein Vater war in der Zwischenzeit im ganzen Land zur Fahndung ausgeschrieben worden. Er war offiziell von der Regierung als »Wanted« registriert worden. So bedeutete er Gefahr für sich, für uns und für alle, die auch nur im Geringsten mit ihm zu tun hatten. Wir mussten schleunigst weiter. Auf Maultieren, die uns Verwandte besorgt hatten, brachen wir wieder auf. Ein mehrstündiger Ritt durch die bergige Landschaft führte uns ins nächste Dorf. Nach einer zweiwöchigen Zwischenstation setzten wir unsere Flucht von dort aus auf Kamelen fort.

Der Ritt durch die Wüste dauerte knapp eine Woche. Meine Mutter hatte mich und meine jüngere Schwester Sofia mit auf ihrem Kamel. Ich saß hinter ihr und Sofia vor ihr. Sie hatte ein Seil um uns alle herumgebunden, so dass keins von uns Kindern runterfallen konnte. Meine älteren Geschwister saßen bei meinem Vater mit auf dem Kamel. Um den Bombardierungen zu entgehen, ritten wir immer nur nachts. Tagsüber rasteten wir unter Bäumen oder Felsvorsprüngen, die uns einen guten Schutz schenkten. Hitze, Durst und eine ständige Übelkeit quälten mich. An den Geruch der Kamele konnte ich mich nicht gewöhnen. Das Kamel hatte eigentlich meine Dankbarkeit verdient, denn schließlich hat es uns das Leben gerettet. Egal wie, ich konnte es nicht riechen. Es war aber nicht nur der Geruch, der mir Übelkeit bereitete, sondern auch das Schnauben des Kamels, denn nach jedem Schnauben stieß es etwas Madenartiges aus der Nase aus. Und obwohl ich angewidert war, konnte ich meinen Blick nicht abwenden, glotzte meist hypnotisiert hin und schüttelte mich vor Ekel. Es war die reinste Qual. Nach jeder Pause mochte ich nicht mehr auf das Kamel und musste dazu gezwungen werden. Ich wollte nicht mehr reiten, war müde und wollte einfach nach Hause. Tagsüber, während alle sich ausruhten, konnte ich in der Hitze und auf dem sandig-steinigen Boden nicht schlafen. Dafür holte mich nachts die Müdigkeit schnell ein. Der Kampf gegen sie war sinnlos. Die Augenlider wurden so schwer, dass ich die Augen schließen musste. An meine Mutter angebunden legte ich meinen Kopf schlafend an ihren Rücken. Mein Gesicht wurde durch die Auf- und Ab-Bewegungen des Kamels wie Parmesankäse auf der Reibe blutig gerieben. Anfangs beschwerte ich mich über die Schmerzen und die brennenden Wangen und suchte nach Möglichkeiten, mich wach zu halten. Irgendwann musste ich es wohl einfach hingenommen haben. Es gab kaum eine Stelle im Gesicht, die nicht aufgeschürft und wund war. Doch die Müdigkeit betäubte mich, so dass ich nichts mehr spürte.

Kamelritt und Rast unter Bäumen

Grelles Licht strahlte uns an. Wir hatten es geschafft! Das Reiten auf den Kamelen hatte endlich ein Ende. Nach einem anstrengenden einwöchigen Ritt durch die Wüste kamen wir abends müde in Mensura, westlich von Asmara, an. Wir sahen einen LKW und die Silhouetten von Menschen im Scheinwerferlicht. Dieser Mercedes-Laster war unsere Transitmöglichkeit in den Sudan. Meine Familie kletterte mithilfe einiger Freiheitskämpfer:innen auf die Ladefläche und suchte zwischen Getreidesäcken, weiteren Flüchtenden und Kämpfer:innen Platz für die Weiterreise. Es ging alles sehr schnell. Ich war noch in den Armen eines Kämpfers, der mich hochhob, um mir auf den Laster zu helfen. Wahrscheinlich waren es nur Sekunden, die mir wie eine Ewigkeit vorkamen. Ich sah meine Familie oben auf dem LKW, und eine große Verlustangst überkam mich.

Ich befürchtete, meine Eltern könnten mich vergessen. Dass der Laster mit allen anderen losfahren und ich allein bei dem Fremden zurückbleiben würde. Es ist ein Detail, an das sich keiner außer mir selbst erinnert. Ich spüre auch heute noch sehr deutlich dieses Gefühl von damals und sehe die Situation bildlich vor mir. Schließlich saß ich mit meiner Familie auf dem Lastwagen der Eritreischen Befreiungsfront, und die Fahrt dauerte die ganze Nacht. Im Morgengrauen erreichten wir Kassala, einen Ort an der eritreisch-sudanesischen Grenze, und blieben dort bis zu unserer Weiterreise nach Gedaref.

GAST UND FREUNDSCHAFT

Gedaref, auch Al-Qaḏârif oder El-Gedaref genannt, ist eine Stadt im Südosten des Sudan, etwa 200 Kilometer südwestlich von Kassala-Stadt gelegen. Die Stadt ist ein Handelszentrum für Baumwolle, Getreide, Sesam und Futtermittel, die in der Umgebung produziert werden. Die Zeit in Gedaref war stark vom Austausch mit den Menschen in unserer Umgebung geprägt. Viele Menschen traten dort in unser Leben und kamen bei uns unter.

Bevor mein Vater eine Unterkunft für uns fand, kamen wir in Gedaref mithilfe des Politbüros der EPLF bei einer eritreischen Frau unter. Diese Frau, genannt Mama Askalu, war die Rettung vieler Eritreer:innen auf der Flucht. Sie lebte schon sehr lange in Gedaref und besaß ein großes Haus in einem gutbürgerlichen Viertel. Sie empfing alle Hilfesuchenden mit offenen Armen und einer herzlichen Freundlichkeit. So auch uns. Für einen ganzen Monat überließ sie uns einen großen Raum, in dem wir zu sechst gut unterkamen. Junge und alte Menschen, Frauen und Männer gingen ständig ein und aus. Das Haus hatte viele Zimmer, vielleicht sechs oder sieben, und eine große Veranda zur Straße hin. Im Haus ging es lebhaft zu, und auf der Veranda waren immer viele Menschen, die laut miteinander diskutierten, lachten und manchmal sogar tanzten. Al-Balabil, die Gruppe der prominentesten sudanesischen Sängerinnen, erfüllte die Veranda mit ihren lieblichen Stimmen. Aus einem kleinen schwarzen Radio mit einer langen Drahtantenne ertönte das Schwesterntrio. Politik und Kultur wurden in diesem Haus gelebt und gefeiert. Ich kann mich nicht erinnern, dass ich jemals allein auf einem Fleck stand. Es war wie eine Dauerparty mit vielen Gästen. Ganz anders, als ich es aus Asmara gewohnt war, entdeckte ich jeden Tag ein neues Gesicht auf der Veranda. Trotz der Situation, in der wir uns befanden – heimatlos und auf der Flucht –, die Menschen mit uns und um uns herum, alle aus Eritrea, versprühten ein Gefühl der Erleichterung. Das war jedenfalls mein Eindruck in den ersten vier Wochen im Sudan. Sicherlich lag es auch daran, dass eine Last von uns gefallen war, genauso wie von allen anderen, die wie wir selbst als Geflüchtete bei Mama Askalu ankamen. Wir alle konnten uns endlich in Sicherheit wiegen. Mein Vater fand nach etwa einem Monat unweit von Mama Askalu eine eigene Bleibe für uns, ein einfaches, einstöckiges Haus in einem Hinterhof. Im Vorderhaus wohnten unsere indischen Nachbar:innen. Eine Mutter mit ihren zwei erwachsenen Söhnen, ihrer Schwiegertochter und zwei Enkelkindern. Wir Kinder kamen bestens miteinander aus.

Unser Haus war umsäumt von einer Mauer und hatte eine schöne, schwarz-weiß gekachelte Veranda. Wir teilten uns die Räumlichkeiten mit einem eritreischen Ehepaar. Meinem Vater war es wichtig gewesen, dass wir nicht allein wohnten, da er nicht bleiben würde. Er wollte uns in einem geschützten Raum wissen, mit Menschen, denen er vertrauen konnte. So schlug er dem eritreischen Ehepaar, das er bei Mama Askalu kennengelernt hatte, vor, mit in unser neues Zuhause einzuziehen.

Im linken Nachbarhaus lebte Medina mit ihren Kindern, zwei Töchtern und einem Sohn. Sie kamen auch aus Eritrea. Außerhalb unseres Hofes schräg gegenüber war das prächtige Haus unseres reichen Nachbarn, Hussein Bechit. Ich kann mich daran erinnern, wie vor seinem Haus öfter ein riesiges

Zelt stand und großzügige Feiern ausgerichtet wurden. Einmal wurde ein Fest für den sudanesischen Präsidenten an-Numairi von den Bechits organisiert. Die Frau unseres Nachbarn fragte meine Mutter, ob sie ihr helfen könne, Injera, eritreisches Brot, zu backen. Als Gegenleistung, vielleicht aber auch nur als nachbarschaftliche Geste, brachten uns die Bechits ein-, zweimal Leckereien rüber.

Ansonsten hat uns in unserem kleinen Kosmos des Innenhofs in den nächsten 1,5 Jahren ohne Schule und ohne Kindergarten nichts veranlasst, ihn zu verlassen. Ich verbrachte viel Zeit bei unserer Nachbarin Medina. Vor allem sind mir die Feiertage in Erinnerung geblieben. Zum Beispiel durften wir an Ramadan nach Sonnenuntergang an der ersten gesegneten Mahlzeit des Tages teilnehmen. Es wurden die leckersten Köstlichkeiten serviert.

Unser Gedaref-Hinterhof war ein Schmelztiegel dreier Glaubensrichtungen: Islam, Hinduismus und Christentum (katholisch und koptisch-orthodox). Meine Eltern und wir Kinder sind koptisch-orthodox getauft. Unsere indischen Nachbar:innen waren Hindus, und der Nachbar hinterm Haus war ein ägyptisch-orthodoxer Priester. Medina nebenan war muslimisch. Es war ein schönes buntes Miteinander, es wurden viele Feiertage zelebriert, viele Köstlichkeiten geteilt. Ganz selbstverständlich. Zu den Feiertagen wurde mal hier und mal dort eingeladen. Diese Vielfalt und dieser Reichtum an religiösen Festen, Ritualen und vor allem das bunte Essen bleibt eine sehr schöne, wertvolle Erinnerung. Mir erscheint ein solches offenes Miteinander als der beste Weg, um Vorurteile abzubauen und in gegenseitigem Respekt und mit Liebe füreinander zu leben.

Wenn ich jemanden beschreibe, versuche ich die Person zu sehen, ohne dabei in eine Verallgemeinerung abzudriften. Ich gebe mir Mühe, ihn oder sie als Individuum zu sehen, abseits von Herkunft, Hautfarbe, sexueller Orientierung oder Geschlecht. Ich versuche, als Ausgangspunkt auf den Menschen selbst zu setzen. Und dann können Details kommen, wenn sie denn relevant sind, für die Erzählung oder die Situation, die ich versuche zu beschreiben. Was ich damit sagen möchte, ist, wenn ich Respekt und Liebe zu den Grundpfeilern meines Lebens mache, dann nehme ich meine Mitmenschen erst mal als Individuum wahr. Auf diese Weise vermeide ich die gängigen Zuschreibungen, die nur dazu dienen, zu differenzieren, auszugrenzen und Othering zu betreiben. Um mit dem Finger auf »der/die/das Andere« zeigen zu können. In unserem Innenhof in Gedaref lebten meine Eltern uns das Miteinander vor. Und auch als mein Vater weitergezogen war, setzte meine Mutter es genauso fort und lebte uns Offenheit, Liebe und Respekt vor.

Oft frage ich mich: Warum sind Menschen so besessen davon, anderen ihren Glauben aufzudrängen? Ist Glaube nicht etwas Intimes? Ist Glaube nicht so intim, dass niemand einem nachweisen könnte, an wen oder was man glaubt? Es sei denn, ich trage es nach außen, mit einem Kreuz oder anderen Accessoires. Dennoch bin ich sicher, dass es etwas Intimes bleibt. Ich möchte meinen Glauben niemandem aufzwingen. Er ist meine eigene, persönliche Freiheit im Kopf. Keine:r kann hineinsehen, keine:r kann ihn mir wegnehmen. Er gehört mir. Ich kann ihn teilen, wenn ich es möchte, muss es aber nicht. Und der Glaube muss doch aus der eigenen Überzeugung, aus unserer eigenen Mitte, mit eigener Kraft kommen und nicht aus Zwang. Wenn wir an etwas glauben und andere überzeugen möchten, dann müssen Taten überzeugen und kein System, das unterdrückt. Ein Glaube, der von innen kommt. Genauso wie die Liebe.

Unsere einzige Rettung. Der einzige Weg. Der einfachste Weg. Die Selbstliebe. Ich schreibe hier oft über Liebe. Denn ich bin überzeugt von ihr. Ich dachte immer, die Antwort wäre Toleranz, ein Aufeinanderzugehen in der Gesellschaft, in unserer Welt. Aber Toleranz: dulden und aushalten? Gewiss ist ein Aushalten kein Zustand, der lange währt. Gewiss ist Dulden nicht die Antwort für ein gesundes Miteinander. Toleranz reicht mir nicht. Es ist die Liebe und einzig die Liebe.

Wenn ich auf mein junges Ich zurückblicke, dann kann ich sagen, dass ich ein merkwürdiges Kind war. Das meine ich gar nicht im negativen oder positiven Sinne. Einfach bloß merkwürdig, ohne Wertung. Wäre ich die Mutter meines jungen Ichs, dann hätte ich sicherlich einiges zu schlucken. Ich sprach nicht viel, das war nicht so mein Ding. Aber wenn ich etwas sagte, dann saß es meist, so dass ich immer wieder mal Leute vor den Kopf stieß oder eine Bemerkung machte, die etwas zu spitz ausfiel. Ich hatte einen starken Willen. Wenn ich mir etwas in den Kopf setzte, dann tat ich alles, um es zu erreichen. Manchmal sehe ich meine Mutter vor mir, wie sie streng versuchte, mich in meine Schranken zu weisen. Sie brauchte nichts zu sagen, ihr Blick ließ mich zuweilen auch erzittern.

Bis nach Gedaref waren wir als Familie komplett. Das heißt, meine Eltern, meine drei Geschwister und ich. Kurze Zeit später, nachdem wir uns in unserem Hinterhof einquartiert hatten, zog mein Vater weiter. Der Plan war, dass er es nach Italien schafft, um dann weiter in die USA zu gelangen. Und sobald er sich in Sicherheit gebracht hatte, wollte er uns nachholen. Ich habe damals nicht viel gefragt, denn eigentlich hatte ich nur eine Frage: »Wann kehren wir denn endlich nach Hause zurück?« Für mich stand fest, dass der Kamelritt und Gedaref nur ein Ausflug von kurzer Dauer waren und wir sehr bald nach Asmara heimkehren würden. Ich habe auch nichts hinterfragt, sondern nur rumgenörgelt. Ich war die Nörglerin, mit der einen, ewig wiederkehrenden Frage: »Wann gehen wir nach Hause?«

Im Sudan kann ich mich an keinen einzigen Regentag erinnern. Die Sonne schien unermüdlich, es war warm, wir waren in Sicherheit und hatten eine gute Bleibe mit lieben Nachbar:innen, die fast schon Familienersatz wurden. Das Leben fand meist auf der Veranda statt. Bei Einbruch der Dunkelheit leuchteten die Neonröhren auf der Veranda und zogen alle möglichen Insekten an, vor allem fliegende. Sie surrten und zuckten um die Leuchten herum und ließen ihre eigenen Kompositionen erklingen. Manchmal huschten ein oder zwei Eidechsen an der Wand entlang und blinzelten neugierig. Sie gesellten sich dazu, so als würden sie das abendliche Konzert der Insekten nicht verpassen wollen. Es war ein spannendes Schauspiel. Ich aber war meist unentschlossen, wusste nicht so recht, ob ich für die Eidechsen war oder gegen sie. Denn eigentlich schauten sie vorbei, um die Insekten zu vernaschen. Ich betete für die Insekten und wünschte den Eidechsen eine gesegnete Mahlzeit. Die Nächte waren so warm, dass wir manchmal unsere Betten auf die Veranda schoben, um draußen zu schlafen. So wehte ein frischer Wind und kühlte unsere erhitzen Körper ab.

»Elene, Elene, komm schnell! Tesfai hat eben angerufen, und er ruft gleich noch mal an. Ihr müsst mitkommen! Euer Vater hat angerufen!« Das war Medina von nebenan. Der Anruf kam bei unserer sudanesischen Nachbarin rein, wir selbst hatten kein Telefon. Sie kam zu uns gerannt und teilte uns mit, dass unser Vater, aus wo auch immer, angerufen hatte. Meine Mutter ließ alles stehen und liegen, packte meine kleine Schwester und befahl uns, sofort mitzukommen. Das Nachbarhaus war ungefähr 300 Meter von unserem entfernt. Die ganze Strecke lief meine Mutter, so schnell sie konnte. Und wir hinterher. Die Sehnsucht danach, seine Stimme zu hören, trug sie die Strecke in einer Blitzgeschwindigkeit rüber. Das Telefon wurde angestarrt. »Wann ruft er denn an, was hat er gesagt?«, fragte sie. Wir wurden ungeduldig. Gar nicht, er rief gar nicht an. Medina und die anderen Nachbar:innen stimmten nach einer langen Weile ein lautes Lachen an. Etwas bestürzt schaute ich in die vom Lachen verzogenen Gesichter und versuchte krampfhaft, den Witz zu finden. Ich kann mich nicht erinnern, ob meine Mutter auch mitgelacht hat, ich glaube eher nicht. Ich jedenfalls empfand das als den gemeinsten Aprilscherz überhaupt. Damals kannte ich den Brauch vom 1. April noch nicht. Das war mein erster bewusst erlebter Aprilscherz.

Mein älterer Bruder Yared war damals zehn Jahre, wirkte aber viel reifer und erwachsener. Sicherlich hat er sich erwachsen benommen, da er sich wie »der Mann im Haus« fühlte. Er wusste sich gut zu artikulieren, war schlagfertig und ziemlich selbstbewusst. Könnte seine Neugier gemessen werden, dann würde diese seine Körpergröße weit überragen. Er war sehr kontaktfreudig und wissbegierig. Er suchte, anders als wir jüngeren Schwestern, stets den Kontakt zu Erwachsenen, um sich mit ihnen politisch auszutauschen und auseinanderzusetzen. Manchmal erwischte ich ihn, wie er seine Mimik und Gestik probte und versuchte, wie ein Tegadalay[4] zu gehen, was ihm auch schnell gelang.

Tegadelti waren unsere Helden. Unsere Superfrauen und Supermänner, die sich für uns und für die Freiheit Eritreas einsetzten. Angstfrei und selbstlos. Und egal, wie sie sich kleideten, ihre Mimik, Gestik, ihre Art zu tanzen, alles an ihnen war für uns erstrebenswert. Mein Bruder sog alles wie ein Schwamm auf. Plötzlich lief, sprach und lachte er wie ein Tegadalay. Auf allen Fotos, die wir meinem Vater schickten, hob er die eine Hand zu einer Faust und die andere zum Victory-Zeichen.

Da Yared anfangs weder eine Schule noch irgendwelche Kurse besuchte, gab es für ihn keine wirkliche Beschäftigung. Wir, seine Schwestern und die anderen Kinder im Hof, waren ihm entweder zu langweilig oder zu kindisch, oft sogar beides. Eines Tages war er stundenlang verschwunden. Keiner wusste, wo er steckte. Das beunruhigte uns alle, aber vor allem meine Mutter. Sie konnte es normalerweise geschickt vertuschen, aber an solchen Tagen merkte ich ihr an, dass sie vor Sorge fast umkam. In der Abenddämmerung erschien Yared dann mit einigen jungen Männern und Frauen im Schlepptau. Es waren Tegadelti, er hatte sie zu uns nach Hause eingeladen. Aufgeregt lief er auf meine Mutter zu und sagte ihr, sie müsse schnell Essen für die Gäste kochen. Und auch eine Bleibe vorbereiten. Meistens waren die Tegadelti vom Krieg versehrt und suchten medizinische Hilfe. So blieben sie bei uns, bis sie sich erholten oder medizinische Versorgung fanden, um dann gestärkt an die Front zurückzukehren. Er brachte sie nach Hause in der Hoffnung, meine Mutter könne ihnen helfen. Natürlich konnte meine Mutter niemanden vor verschlossener Tür stehen lassen. Ganz im Gegenteil, sie bat sie, so lange zu bleiben, wie es nötig war. Obwohl sie selbst kaum Ressourcen für uns hatte, schaffte sie es dennoch, alle zu versorgen.

Regelmäßig verschwand mein Bruder und kam mit neuen Gästen nach Hause zurück. Einmal, zur Überraschung und Freude meiner Mutter, war sogar Dagnew dabei. Dagnew war ein Cousin meiner Mutter, den sie lange nicht gesehen hatte und der bei einem Einsatz verletzt worden war. Einige Kugeln hatten sich in seinen Körper gebohrt. Aufgrund dieser Kriegsverletzung ließ er sich im Sudan absetzen und suchte medizinische Hilfe. So stand dann Dagnew irgendwann bei uns im Hof, in Cargohose, Armeejacke, Shida und mit einigen Kugeln im Körper.

Tegadelti hatten einen ganz besonderen Stil. Egal, ob Mann oder Frau, sie hatten alle kurze Haare, Afros. Sie trugen entweder eine lange Cargohosen oder kurze Shorts, Baumwollhemden, Armeejacke, Kushuf[5] oder Netzela[6] zusammengerollt wie ein Tau um den Oberkörper oder die Hüften gebunden und Shidas an den Füßen. Shidas, das sind Schuhe, die hier in Deutschland als Gummisandalen bekannt sind. Diese Exemplare werden in Meda – über das ich später noch ausführlich berichte – aus alten Autoreifen hergestellt. Die eritreischen Kämpfer:innen haben den dreißigjährigen Unabhängigkeitskampf mit diesen Gummisandalen gewonnen.

Dagnew wohnte eine längere Zeit bei uns, was für alle, vor allem aber für meinen Bruder von großer Bedeutung war. Mit ihm konnte er sich über Einzelheiten des Befreiungskampfes austauschen und hatte eine Art männliche Figur im Haus. Die Gefühle meiner Mutter waren gemischt: Zum einen schmerzte es, ihren eigenen Cousin verletzt zu sehen, aber andererseits beruhigte es sie, ihn bei sich zu haben und zu wissen, dass er in Sicherheit war. Nachdem er einigermaßen wiederhergerichtet war, entschloss er sich, zurück an die Front zu gehen. Ich wünschte, wir hätten versucht, ihn irgendwie aufzuhalten, denn er ging leider für immer.

TICKS IN RÜSCHEN

Es ist immer wieder interessant, wie sich Gedanken entweder verewigen oder sich für immer unsichtbar machen. Es gibt viele Details aus der Vergangenheit, an die ich mich erinnern kann, aber ohne das ganze Bild, eben nur ein Detail. Ein aus dem Zusammenhang gerissener Bildfetzen, der sich für die Ewigkeit in mein Hirn eingebrannt hat. An meinen Tick erinnere ich mich gut. Ich nenne es zumindest mal einen Tick. Aber ohne es wirklich erklären zu können, wann, wie oder warum es losging, ging es los. Mein Vater, der versteckt an Bord eines Schiffes weiter nach Italien geflohen und bereits ein halbes Jahr von uns getrennt war, versuchte dort, die nächsten Schritte zu planen. Mailand und Bologna kannte er von früheren Reisen, und dort traf er auf alte Freund:innen, die ihn sofort unterstützten. Er schickte uns regelmäßig Geld. So ließ er uns auch kurz vor einem christlichen Feiertag, entweder war es Weihnachten oder Ostern, eine Summe für die Miete, das Leben und für neue Kleidung zukommen.

Im Sudan war es nicht unüblich, sich vom Schneider neu einkleiden zu lassen. Meine Mutter verkündete uns eines Nachmittags diese gute Nachricht. Wir würden uns vermessen lassen und Stoffe für neue Kleidung aussuchen. Aus Asmara kannte ich nur die andere Version, das Shoppen in Boutiquen. Ich war ganz aufgeregt und voller Vorfreude. In den Tagen, bevor wir den Schneider aufsuchten, hatte ich mir heimlich schon ausgemalt, wie mein Kleid – denn es sollte ein Kleid werden, am besten ein langes – aussehen sollte. Mein Kleid war in meinem Kopf schon fertig geschnitten und genäht. Ich trug es bereits. Bis ins kleinste Detail war alles gedanklich vollendet.

Im Hof rechts neben dem Haus stand ein großer Baum. Ich wünschte, ich wüsste, was es für ein Baum gewesen ist. Der Baum war mein Zuhause, mein Rückzugsort, mein imaginäres Königreich, obwohl ich nichts von Königreichen wusste. Der Baum war der beliebteste Spielort der Kinder im Hof. Wir alle liebten es, auf den Baum zu klettern. Für mich war er aber mehr als nur der Baum, der uns einen kühlen Schatten spendete. Er war mehr als das Klettergerüst oder das von mir ausgesuchte Zuhause. Der Baum war ein Freund, mein Freund und meine Freundin zugleich. All meine Geheimnisse, Wünsche und Ängste teilte ich ihm mit. Ja, ich sprach mit ihm. Ich war ein recht verschlossenes Kind, das in seinen Tagträumen lebte.

Gerebey – der Baum

Sicherlich war es ein Schutzmechanismus, sich einen Baum als Freund zu suchen, denn er konnte nicht einfach verschwinden, war loyal und beständig. Ein Freund, der mich nie verraten oder meine Geheimnisse anderen Uneingeweihten verraten würde. Der Baum wusste alles von mir und natürlich auch von meinem Kleid. Das Kleid aus einem roten Blumenstoff mit Rüschen an den Ärmeln und am Saum. Und lang, sehr lang war es, so lang, dass es meine Füße fast komplett bedeckte.

Nachmittags beim Schneider enthüllte meine Mutter, dass wir nun diese beigen Stoffe für die praktische Bekleidung bekommen würden. Nein, kein Beige. Und auch nicht praktisch! Ich will nicht praktisch sein. Ich will ein rotes langes Kleid mit Rüschen. Ich will, ich will, ich will! Ich weiß nicht, wie lange ich meiner Mutter auf die Nerven gegangen bin, aber letztendlich durfte ich mir einen Stoff aussuchen. Und ich durfte das Kleid, das ich haben wollte, selbst beschreiben. Es durfte rot sein und auch lang. Und es durfte unpraktisch sein. Das muss die Geburtsstunde meiner Laufbahn als Modedesignerin gewesen sein.

Recht schnell willigte meine Mutter ein, das war richtungsweisend. Oder vielleicht hatte sie nicht die Muße herumzudiskutieren. Oder sie wollte mir einfach eine Freude machen nach der ganzen entbehrungsreichen Zeit unterwegs. Das wird es wohl gewesen sein, die Freude. Ich erinnere mich, dass ich mir einmal die Bettwäsche von der Wäscheleine im Hof schnappte und sie mir wie ein langes Kleid um meinen kleinen Körper drapierte. Als das Laken dann dreckig war, gab es mächtigen Ärger. Lange Kleider waren für mich der Inbegriff von Luxus. Obwohl ich mit sechs Jahren keinen blassen Schimmer von Luxus hatte. Aber in einem langen Stoff fühlte ich mich wohl.

In ihm fühlte ich mich wie auf Wolken, schön und unerreichbar. Sicherlich war das inspiriert und abgeschaut von meiner Umgebung, von der sudanesischen Tracht Toub. Im Sudan trugen die Frauen, wenn sie aus dem Haus gingen, ein langes Tuch über ihrer Kleidung. Das Tuch war aus Baumwolle, Satin, Polyester oder Jersey und bedeckte den Körper vollständig. Wenn wir mal auf den Markt gingen, fielen mir extravagant gekleidete Frauen in ihrem Toub auf. Entweder waren es die glitzernden Stickereien oder das Leuchten des Schmucks am Arm, Gesicht oder Hals. Und das i-Tüpfelchen waren die schweren Düfte. Ich wollte auch so sein wie diese Frauen. Schick und unpraktisch. Also musste ein langes Kleid her.

Im Laden des Schneiders duftete es schwer und süß. Frauenparfum, vielleicht Moschus, sehr würzig, den Duft kannte und mochte ich. Es war ein recht kleiner Laden mit einem Holztresen, der den Raum teilte, ein Drittel hinter dem Tresen und der Rest davor. Ich bestaunte die ganzen Stoffrollen, die an der Ladenrückwand sorgfältig aufeinander in ein Holzregal gestapelt waren und bis zur Decke reichten. Auch rechts vom Tresen war ein Regal voller Stoffe. So viele Stoffrollen hatte ich noch nie zuvor gesehen. Während meine Mutter mit dem Schneider besprach, was sie sich wünschte, suchte ich konzentriert nach meinem Stoff. Ein roter Stoff mit Blumen, und schön glitzern sollte er. Ich schaute zu lange nach oben und versuchte, mir den Tresen als Stütze zu nehmen, ließ meinen müden Kopf darauf sinken. Glücklicherweise war der so hoch, dass ich grade mal mit dem Kinn an die Kante reichte. So, mit seitlich ausgeruhtem Kopf, suchte mein Blick weiter nach dem richtigen Rot. Ich betrachtete die Stoffrollen ausführlich. Der Schneider, in einem weißen Djeleba und einem Turban auf dem Kopf, präsentierte meiner Mutter einige Stoffe. Sie wusste sofort, was sie mochte, sie kann zügig Entscheidungen treffen. »Hast du gefunden, was du wolltest?«, fragte sie mich. »Schau mal, das ist doch ein schönes Rot und ein schöner Stoff.« Nein, ich mochte den Stoff nicht. Ich wollte nicht so einen stumpfen Ton. Er sollte strahlend und leicht sein. Ich versuchte mich zu erklären, aber ich konnte nicht genau beschreiben, was ich meinte. »Und was ist mit dem?« Sie zeigten mir noch einen Stoff, der dunkelrot war. Schließlich entdeckte ich mein Rot, hoch oben im gegenüberliegenden Regal stach mir ein bordeauxroter Satinstoff ins Auge. Leicht und glänzend war er. Dass es ein Satin ist, das kann ich heute benennen. Damals hat es meiner Mutter wahrscheinlich den letzten Nerv geraubt, dass ich nicht sagen konnte, was ich wollte. »Da, der Stoff da oben!« Ich streckte meinen Zeigefinger ungeduldig in die Richtung, es kam mir wie eine Ewigkeit vor, bis auch sie sahen, was ich sah. Endlich kletterte ein Junge, wahrscheinlich der Sohn oder Neffe vom Schneider, die Leiter hoch und holte die Rolle gekonnt herunter. »Beschreibe, was du haben möchtest«, forderte mich meine Mutter auf. Das brauchte ich nicht zweimal zu hören und erklärte dem freundlichen Mann, was ich mir vorstellte. Mit Nachdruck sagte ich, dass es lang sein sollte und die Rüschen wichtig seien. Ich platzte vor Glück.

»Zieh es an und zeig es uns!«, strahlte mich meine Mutter an. Tage später war das Kleid fertig, und meine Mutter überreichte es mir. Sie lächelte, und ihre Grübchen kamen zum Vorschein. Ich liebe ihre Grübchen. Sie freute sich, dass ich mich freute. Ich traute meinen Augen nicht. Sofort schlüpfte ich in das Kleid und spürte ein Strahlen von innen. Ich fühlte mich groß, so als würde mir das Kleid ein Gefühl von Erhaben- und Zufriedenheit vermitteln. Es war das schönste Kleid, das ich je gesehen hatte. Ich war erfüllt von Freude und Stolz. Lachend warnte mich meine Mutter: »Pass bloß auf, du wirst noch über deine eigenen Füße stolpern!« Ich drehte mich erst langsam und dann immer schneller um meine eigene Achse und wollte die ganze Welt umarmen. Ich fing an zu tanzen. Ich tanzte die Veranda auf und ab, die zwei Stufen hoch und runter, schlängelte mich an den Säulen entlang, die die Verandadecke trugen. Ich tanzte sehr gerne. Ich tanzte für mich, für die anderen und war gern die Alberne. Meine Schwester Sofia und ich nutzten die Veranda oft als Bühne. Dabei führten wir manchmal kleine ausgedachte Choreografien vor und brachten mit unserer Albernheit den ganzen Hof zum Lachen. Aber diesmal tanzte ich allein, einfach nur vor Glück. Ich versuchte mir vorzustellen, wie ich für meinen Vater tanzen und ihn zum Lachen bringen würde. Die Veranda war meine Bühne, und Familie und Nachbar:innen mein Publikum.

Während meine Mutter und unsere Nachbarin meine Schritte aufmerksam verfolgten, lachten auch sie. Ihr Lachen hatte immer etwas Beruhigendes für mich. Ich entschied mich, das Kleid nie mehr auszuziehen, wollte es für immer anbehalten. Ich wirbelte von meiner Bühne die zwei Verandastufen runter und lief zum Baum hinüber. Ich wollte mich oben zwischen die Äste setzen und meine Freude mit der Natur teilen. Allerdings merkte ich schnell, dass ein langes, gerüschtes Kleid nicht sehr vorteilhaft zum Bäumeklettern war. Nach mehreren Versuchen gab ich es auf und tauschte mein geliebtes rotes Kleid gegen mein kurzes, beiges mit Latzträgern, um es endlich auf den Baum zu schaffen. Zufrieden saß ich hoch oben in den Ästen und beobachtete das Treiben bei uns und bei Medina im Hof, bis mich meine Mutter ins Haus rief.

Am nächsten Tag, nachmittags um Punkt vier Uhr, ging ich unter die Dusche. Frisch geduscht, gebürstet und eingecremt zog ich mein neues Kleid an und setzte mich auf die Verandastufen. Ich saß da und machte nichts, außer zu sitzen. Ich weiß nicht, wie lange ich da saß und nichts tat, so als würde ich auf jemanden warten. Vielleicht wartete ich auf meinen Vater, dass er zurückkommen und uns wieder nach Hause bringen würde. Ich habe mir oft Gedanken gemacht, wie und wo er denn sein könnte. Alles war so schnell gegangen. Und irgendwie hing ich noch zwischen den Welten. Teils in Asmara, teils auf den Kamelen in der Wüste. Ich war noch nicht wirklich im Sudan angekommen. Dort zu sitzen und zu warten gab mir Sicherheit. Keiner sagte etwas, alle ließen mich gewähren. Es wurde zum Ritual.

Am nächsten Tag genau um vier Uhr nachmittags ging ich erneut unter die Dusche, um dann eingecremt und gebürstet das neue Kleid anzuziehen und auf der Veranda sitzend zu warten. Am darauffolgenden Tag folgte genau der gleiche Prozess. Unsere Nachbarin sagte zu meiner Mutter: »Pass auf, es ist gleich vier Uhr. Ob Bisrat wieder duschen geht und sich ihr Rüschenkleid anzieht?« Ja, genau das tat ich.

Einige Zeit verging mit meinem neuen Prozedere. So als wäre ich eine Aufziehpuppe, so als hätte ich einen Befehl einzuhalten, ließ ich kurz vor vier alles stehen und liegen, um pünktlich unter die Dusche zu kommen. Es wurde zum Tick. Es wurde zu meiner Aufgabe, zu meinem Lebensinhalt. Mein Tagesablauf richtete sich danach, dass ich endlich unter die Dusche kam, um das Kleid anzuziehen und um zu warten. Es durfte nicht später oder früher sein – weder konnte ich eine Uhr lesen, noch besaß ich eine. Es war intuitiv. Es war mein Luxus. Unter dem Wasserstrahl zu stehen und mich gedanklich in eine heile Welt zu transportieren. Ich tauchte in einen Ort ein, an dem mich keiner begleiten oder erreichen konnte. Es war meine Flucht vor der Flucht und dem ungewissen Alltag.

TRÄNEN OHNE FARBE

Unsere indischen Nachbar:innen hatten zwei Kinder, zwei Mädchen. Die Ältere war so alt wie ich, sechs, und die Jüngere müsste ein Jahr jünger gewesen sein. Wir verstanden uns alle gut. Wir sprachen Arabisch miteinander. Der Baum gehörte nicht nur mir allein. Auch wenn ich es mir heimlich wünschte, war der Baum fairerweise für alle da. So trafen wir uns oft dort oben und beobachteten zusammen die Erwachsenen.

Einmal erzählte Radhika, das ältere der beiden Nachbarsmädchen, dass ihre Mutter sehr oft weinte. Warum, verriet sie mir nicht, nur dass sie oft traurig sei. Ich konnte es mir nicht vorstellen. Mütter weinten doch nicht. Für mich war das etwas Unvorstellbares. Ich hatte meine Mutter nie weinen gesehen und auch nicht traurig. Besorgt, ja. Besorgt sah ich sie sehr oft, aber auch dann war es nicht so ein dramatisches Besorgtsein, sondern nur ein leichtes. Ich erlebte sie immer als cool und entspannt. Für mich war meine Mutter eine Heldin, und für mich war ganz klar, dass Heldinnen nicht weinen. Sie sind stark, und nichts kann ihnen wehtun, sie brechen oder erschüttern. Mit dem Wissen, dass Mütter doch weinen konnten, fing ich an, meine Mutter unauffällig genauer zu beobachten, ich wollte mir selbst bestätigen, dass ich Recht hatte. Dass meine Mutter nicht weinte. Ich konnte mich anstrengen, wie ich wollte, aber ich sah meine Mutter immer nur fröhlich lachend oder manchmal, was ich gar nicht mochte, schimpfend. Sie konnte schimpfen. Auch wenn ihr Schimpfen nur aus ein oder zwei Wörtern bestand, empfand ich es schon als schlimm. Im Grunde war es bloß ihr strenger Blick, der mir Respekt einflößte, so dass ich mich schnell verkrümelte.

An einem Nachmittag erlebte ich sie mit einem anderen Blick, mit einem, den ich an ihr gar nicht kannte. Mein Bruder kam schreiend in den Hof gerannt. Ihn so zu erleben, war ebenfalls ungewohnt und ein Schreck. Denn er benahm sich ja immer wie der Beschützer meiner Mutter im Sudan. Nun an dem Nachmittag lief er weinend mit beiden Händen am Hinterkopf zu meiner Mutter, ich rannte neugierig hinterher. Er blutete am Kopf, nachdem er sich draußen mit einem sudanesischen Nachbarsjungen geprügelt und der Junge ihn mit einem Stein geschlagen hatte. Der Blick meiner Mutter schockierte mich damals. Ich sah den Schreck in ihren Augen, ohne genau zu wissen, was los war. Dieser Blick ließ meine Knie erzittern. Meine Mutter hatte sich all die Jahre zusammengerissen, um uns Kindern das Gefühl zu geben, dass alles in Ordnung sei. Und das, obwohl wir uns mitunter in großer Gefahr befanden. Sie hatte immer einen kühlen Kopf bewahrt. Sie schluckte alles. Das war unsere Rettung.

Ihre Coolness zog sie jeden Tag wie ein Kleid an und legte sie abends, wenn wir Kinder schliefen, wieder ab. So wiegte sie uns jahrelang mit ihrer Kraft in Sicherheit. Dabei war sie erst 28 Jahre alt, als sie mit uns in den Sudan floh. Allein ohne ihren Mann, ohne Familie, ohne wirkliche Freund:innen, nur mit ihren vier Kindern in einem fremden Land mit einer fremden Sprache. Sie machte alles, ohne jemals eine Miene zu verziehen, ohne Schmerzensschreie auszustoßen, ohne sich jemals über die Situation zu beschweren. Jedenfalls nicht so, dass wir Kinder es mitbekommen hätten. Mit einem Lächeln so strahlend wie die Mittagssonne schlug sie sich mit uns und für uns durch die schlimmste Zeit durch.

Dass Frauen weinten, vor allem am Hochzeitstag, war mir jedoch schon bewusst. In Gedaref sah ich innerhalb von kurzer Zeit eine sudanesische und eine indische Hochzeit. Die Bräute wurden bei uns in der Nachbarschaft mit Autos abgeholt. Von der Schönheit und der ganzen Aufmachung der Frauen überwältigt, bewunderte ich heimlich die Kleider, den Schmuck und die Schminke. Allerdings war ich sehr erstaunt und sogar beunruhigt, dass die Bräute immer weinten. Ich empfand das als sehr bedrückend. Sie gingen schön geschminkt feiern, aber anstatt Freude auszustrahlen, weinten sie. Irritiert grübelte ich so lange nach, bis ich zu der Einsicht kam, dass es die Trennung von ihren Familien sein musste, die sie traurig machte. Sie wurden rausgerissen aus ihren Familien und mussten sich zwischen ihrem Mann und ihrer Familien entscheiden. Aber diese Begründung überzeugte mich eigentlich nicht so richtig. Ich beschloss für mich, dass sie vor Freude weinten. Das fühlte sich besser an.

»Pass auf, dass sie dich nicht sieht.« Radhika krümmte ihren Rücken, bückte sich etwas und schaute durch das Loch in der Holzmauer, die unseren Hof vom Haus unserer indischen Nachbar:innen trennte. Gespannt sah ich ihr zu, wie sie mit einem zugekniffenen Auge und beide Handflächen gegen die Mauer gedrückt ihre Mutter beobachtete. Dann ging sie zur Seite und nickte mir zu, was ich als »Guck auch mal« deutete. Zaghaft schaute ich durch das Loch und sah, wie ihre Mutter die Veranda mit einem Holzbesen fegte. Die Schwiegermutter und Radhikas Vater tauchten aus dem Nichts auf und peitschten mit einem Wasserschlauch auf ihren Rücken ein. Erschrocken sprang ich zurück. Ich verstand nicht, was da passierte. Radhika jedoch lief sofort, als sie die weinende Stimme und das Klatschen des Wasserschlauches hörte, nach Hause zurück.

Das Weinen wurde lauter und die anderen Stimmen ebenso, ich hatte ein schreckliches Gefühl und entfernte mich von dem Zaun. Von dem Tag an wusste ich, dass diese arme Mutter ein ziemlich trauriges Leben führte. Ihr unterdrücktes Weinen habe ich oft gehört. Radhika kam nur noch selten zu uns in den Hof.

Jahre später, als wir schon in Deutschland waren, hörten wir, dass sich Radhikas Mutter das Leben genommen hatte. Sie hatte den schrecklichen Missbrauch nicht mehr ausgehalten, der von ihrem Mann und ihrer Schwiegermutter ausging. Erst Jahre später habe ich es verstanden. Als Kind sah ich zwar, dass das, was da passierte, nicht richtig war, konnte aber nicht ganz nachvollziehen, warum es so war. Jahre später habe ich an sie gedacht und daran, was ihr das Leben beschert hatte. An Radhika und ihre kleine Schwester dachte ich auch oft. Mit einem Kloß im Hals. Ob sie ihrem Vater in die Augen blicken konnten? Ob die Großmutter sich ohne Gewissensbisse im Spiegel anschauen konnte? Ich versuchte zu verstehen, wie eine Mutter einer anderen Mutter Schmerzen zufügen konnte. Ich dachte, dass Frauen doch immer zusammenhalten müssten, egal wie und wann.

Mir kamen all die Frauen in den Sinn, die so ein ähnliches Leben führten und immer noch führen. Jahre später und bis heute wird immer noch ein Unterschied zwischen Menschenrechten und Frauenrechten gemacht. Sind es nicht ein und dieselben Rechte? Und vor allem, wie lange wird es dauern, dass Söhne, die zu Männern werden, sich für die Rechte ihrer Mütter, Töchter und Schwestern einsetzen? Wie lange wird es dauern, dass alle Männer sich für die Gleichberechtigung der Frauen einsetzen? Klingt der Wunsch nach einem Einsatz der Söhne für die Gleichberechtigung der Frauen absurd?

Ernsthaft frage ich mich aber auch, wie es sein kann, dass ein Junge, der zum Mann heranreift, seine Herkunft vergisst. Der Schoss der Frau ist das heilige Tor zur Welt, wie kann der Mann dies ignorieren? Ich frage mich, werden all die kleinen Jungs irgendwann zu Verrätern ihrer Mütter?

Mann, sag mir, wann?

Sag mir,
wann hat es angefangen,
wann hast Du die Liebe,
die Sicherheit und das Vertrauen verloren?
Wann?
Sag mir,
wann hat Deine Schizophrenie begonnen?
Wann hast Du die Liebe verloren?
Wann?
Sie, in der Du entstanden bist.
Sie, in der Du gewachsen bist.
Aus ihrer Vagina Du entsprungen bist.
Das Loch, Dein Tor zum Leben.
Sie, eine Frau, Dein Fleisch und Blut.
Sie, Deine Mutter, so fein, so gut.
Du saugtest Kraft,
Als Du aus ihrer Brust Dir Leben trankst?
Als sie Dich in den Schlaf sang?
Und dann?
Sag mir!
Wann, Mann, wann?
Als Mann?
Du hast Angst?

Aus Angst,
Versagst Du ihr Liebe und Glauben.
Unterdrückst, betrügst, um ihr die Rechte zu rauben.
Du zwingst sie in die Knie und nimmst ihre Würde.
Du beleidigst und vergewaltigst.
Mann, oh Mann.

In meinen vielen Fragen trage ich die Erinnerung an unsere indischen Nachbarinnen in Gedaref heute weiter mit mir.

VERGISS MICH NICHT

»Und freust du dich? Ihr werdet bald nach Germany zu eurem Vater fliegen.« Das Schicksal hatte die USA-Pläne meines Vaters durchkreuzt und ihn stattdessen in Deutschland, in Hannover landen lassen. Ich saß auf unserer Veranda in Gedaref, um meine Vier-Uhr-Nachmittagszeremonie im Rüschenkleid abzuhalten, als Abrehet, unsere Nachbarin, plötzlich hinter mir auf der oberen Verandastufe stand und zu mir runterschaute. Ich war physisch zwar da, aber gedanklich so abwesend, dass sie ihre Frage wiederholen musste. »Und, freust du dich? Wirst du uns dann vergessen?« Irgendwann erst nahm ich ihre hohe, spitze Stimme wahr, und auch ihre Frage drang langsam in meinen Schädel. Sie vergessen? Wie denn? Wie soll ich denn all das vergessen? Ich blickte sie an und fragte zurück: »Warum soll ich dich vergessen? Ich werde dich nicht vergessen. Ich glaube auch nicht, dass ich hier weggehen werde. Und Germany? Wo ist das? Was ist da? Ich möchte nicht nach Germany.« Ich wandte den Kopf von ihr ab und schaute rüber zu meinem Lieblingsbaum. Ob es wohl Bäume gibt, dort in Germany? Unzufrieden mit meiner Antwort ließ sie mich in Ruhe und schlurfte langsam in die Küche. Hin und wieder hörte ich ihren melodischen Gang, wie ihre Flip-Flops schleppend auf den Verandakacheln aufschlugen und schlipp-schlapp riefen.

Ich dagegen saß wie erstarrt da und war auf die Idee, nicht nach Germany zu gehen, fixiert. Was sollte ich dort? Und was war überhaupt mit Asmara? Ich wollte nach Hause. Nach

Asmara. Auf der Verandastufe grübelte ich über dieses unbekannte Land. Mir war nicht klar, dass es unser letzter Abend in Gedaref war. Die Nachbar:innen und unsere Freund:innen spielten verrückt. Zu meinem Elend bekam ich ständig dieses Germany ins Gesicht geschleudert. Wie mein eigener Schatten verfolgte es mich den ganzen Tag. Germany hier, Germany da. Medina von nebenan drückte mich ständig an sich und schaute mir ins Gesicht, so als wolle sie es sich einprägen. Ihre Kinder wichen an jenem Abend nicht von unserer Seite.

An unserem letzten Abend saßen wir Kinder alle zusammen bei den indischen Nachbar:innen und schauten uns einen amerikanischen Film an. Einen Actionfilm, aber weder an seinen Titel noch an die Handlung kann ich mich erinnern. Nur daran, dass im Film alle Variationen des Fliegens vorgeführt wurden. Der Held machte Flugakrobatik, 360-Grad-Drehungen und Wellen. »Du wirst auch bald fliegen«, flüsterte mir Radhika lächelnd zu, aber die Traurigkeit in ihrer Stimme war nicht zu überhören. Erst da, obwohl meine Mutter uns schon über unsere Reise nach Germany aufgeklärt hatte, wurde mir bewusst, dass wir schon sehr bald Abschied nehmen mussten. Ich hatte es verdrängt. Ich wollte nicht wahrhaben, dass es die letzte gemeinsam verbrachte Zeit mit unseren Nachbar:innen und Freund:innen war, mit Radhika und ihrer Familie. Der letzte Abend, an dem ich meinen Baum insgeheim als »meinen« bezeichnen konnte. Der letzte Abend vor unserer Reise ins Ungewisse, ins unendlich fremde, ferne Germany. Meine Gedanken schweiften zu meinem Vater, mit der großen Hoffnung, dass er wusste, warum er uns nach Germany holte. Ich war fest davon überzeugt gewesen, dass wir unseren Vater abholen würden, um dann gemeinsam nach Hause, nach Asmara, heimzukehren. So fühlte es sich für mich gut an, so konnte ich die Situation und die Reise akzeptieren. Wenn das der Weg war, um nach Asmara zu kommen, dann sollte es so sein. Nachdem ich die Situation angenommen hatte, lockerte sich mein verkrampfter Magen etwas. Ich freute mich, meinen Vater wiederzusehen, es war sehr viel Zeit vergangen, seitdem er weitergezogen war. Es war so viel Zeit vergangen, dass ich mich anstrengen musste, um mich an sein Gesicht zu erinnern. Dass wir fliegen mussten, irritierte mich jedoch sehr, und der Film mit den abenteuerlichen Manövern war auch nicht die optimale Einstimmung für meine erste Flugreise.

Schneller als erwünscht war es dann so weit. Wie jeden Morgen in Gedaref begrüßte uns die strahlende Sonne, die den ganzen Hof wachküsste und uns nun den Abschied erschwerte. Noch ein letztes Mal lief ich durch den Hof und kletterte auf meinen Baum. Ich versprach ihm: »Ich werde dich nie vergessen, Gerebey.« Gereb heißt Baum auf Tigrinya, eine der neun Sprachen in Eritrea, und die Endung -ey ist das, was das Possessivpronomen »mein« ausdrückt. »Ich werde dich nie im Leben vergessen, du bist mein bester Freund, Gerebey. Vergiss mich nicht, denke immer an mich, so wie ich immer an dich denken werde!« Ich hing in den Ästen und war mir ganz sicher, dass mich der Baum hörte. »Bisraaaaat! Bisrat, wo steckst du?« Ohne Widerrede kletterte ich schnell runter, umarmte Baum, wischte mir meine Tränen aus dem Gesicht, lief noch schnell in alle Räume und verabschiedete mich vom Haus. Ich verabschiedete mich von der Dusche, von der Küche, von der Veranda. Als ich gerade die Verandasäule umarmte, schnappte mich eine kalte, raue Hand am Arm. »Du willst doch nicht wirklich hier bei mir bleiben, oder?« Die schrille, strenge Stimme über mir klang sehr überzeugend. In dieser Schrecksekunde malte ich mir aus, wie ich allein, ohne meine Mutter und meine Geschwister, bei

Abrehet leben würde. Sosehr ich sie mochte, nein! Ohne die anderen hier allein, niemals. Dann doch lieber nach Germany. Ich umklammerte sie an der Taille und sagte ihr: »Ich werde dich nie vergessen, hörst du. Niemals.« Ich wagte nicht, zu ihr hochzuschauen, ich mochte es nicht, weinend gesehen zu werden. Mein Gesicht drückte ich an ihren Bauch und wischte mir so meine Tränen weg. »Das weiß ich doch, Bisratey, ich weiß. Auch ich werde dich nicht vergessen«, bestätigte sie mir mit einer sanfteren Stimme als sonst, drückte mich fest an sich und versuchte, mich dabei vorsichtig in Bewegung zu setzen. Engumschlungen liefen wir zu meiner Mutter, die sich ebenfalls verabschiedete. Mahal, Medinas älteste Tochter, kam auf mich zu und drückte mir ein Foto von sich und ihrer Familie in die Hand. Sie sagte: »Vergiss mich nicht.« Sie tat es heimlich, denn Fotos waren sehr teuer. Wieso alle auf die Idee kamen, dass ich sie vergessen könnte, leuchtete mir damals nicht ein. Es war ein tränenreicher Abschied.

Als wir von Asmara fortgingen, gab es keine Verabschiedung und somit auch keine Tränen. Es ging einfach los, so habe ich nie aufgehört zu glauben, dass wir bald wieder zurückkehren würden. Der Abschied in Gedaref war mein erster bewusst wahrgenommener Abschied. Ich mochte es nicht. Abschiede sind bis heute nicht mein Ding.

WARTEN IN KHARTUM

Für mich stand Khartum gar nicht auf dem Plan. Nach dem Abschied in Gedaref dachte ich, nach ein bis zwei Tagen in Khartum ginge es weiter nach Germany. Aber in Khartum, der Hauptstadt des Sudan, wohnten wir bei der Cousine meiner Mutter, Tante Abey. Wir blieben letzten Endes über sechs Monate. Abey lebte schon sehr lange in der Hauptstadt und war mit einem Sudanesen verheiratet, einem Polizisten. Zu zweit wohnten sie im Stadtteil Omdurman. Khartum war viel größer als Gedaref, es war eine Großstadt. Abeys Haus war großzügiger als unsere Bleibe in Gedaref. Sie und ihr Mann überließen es uns und wohnten selbst vorübergehend bei einer Freundin. Aber sie kamen regelmäßig, um nach uns zu sehen.

Auch der Cousin meiner Mutter wohnte in Khartum, Onkel Benny. Direkt nach unserer Ankunft von Gedaref trat er in unser Leben. Ein gut aussehender, junger, lustiger Onkel, den wir alle großartig fanden. »Wenn ich mal groß bin, werde ich Onkel Benny heiraten!«, erklärte ich allen – das war noch einige Jahre vor meinem Plan, mithilfe von fünf verschiedenen Männern die Welt unter meinem Dach zu versammeln. In Khartum markierte ich sofort mein Revier. Benny war unser Sonnenschein. Wäre er nicht gewesen, wäre ich wahrscheinlich eingegangen. Ich vermisste Gedaref, unseren Hof und meinen Baum »Gerebey« sehr. Irgendwie blieb mein 16-Uhr-Tick in Gedaref zurück, die Weiterreise hatte er nicht überlebt. Zum Glück.

Beyene, so hieß unser Onkel Benny richtig, war auch nur auf

der »Durchreise«. Er kam aus Asmara, genauso wie wir, war den gleichen Weg gegangen und ebenfalls in Khartum gelandet. Er war Single und somit nur auf sich selbst gestellt. Er hatte also Zeit, meine Mutter in der Fremde etwas zu unterstützen. Er kam sehr oft zu uns, was meiner Mutter guttat. Wenn er bei uns war, wirkte sie erleichtert und fühlte sich geschützt. Manchmal, wenn sich der Tag vor dem Abend verneigte und das Nachtleben die Stadt erfasste, ging Benny mit uns ins Kino. Genau wie auf den abendlichen Marktspaziergängen in Gedaref schwebte auch hier ein ganz bestimmter Duft in der Luft, eine Mischung aus Oud, Myrrhe und würzigem Sandelholz. Bei Dunkelheit auf den bunten, hellerleuchteten Marktplätzen spazieren zu gehen und diesen Duft einzusaugen gab mir ein unbeschreiblich gutes Gefühl. Ein Stück Leichtigkeit.

Im Kino war es immer voll. Es war ein Freilichtkino, das Mütter, Väter, Großeltern, ganze Familien mit ihren Kindern in den Schauplatz eines abendlichen Ereignisses verwandelten. So wie auch wir warteten hunderte von Kinobesucher:innen voller Vorfreude auf den Filmbeginn. Um dann mit den Protagonist:innen zu weinen, schreien, singen oder gar zu streiten. Jedes Mal war es ein unvergessliches Erlebnis. Wir saßen nebeneinander, meine kleine Schwester bekam meistens nicht sehr viel mit. Sie saß oder lag entweder bei Benny oder meiner Mutter auf dem Schoss und schlief sofort ein. Die Filme waren Bollywood-Produktionen. Meine Begeisterung für Kleider, Schmuck und Tanz nahm an diesen herrlichen Freiluftkinoabenden ihren Anfang. Im Sudan schauten wir fast ausschließlich Bollywood-Filme im Kino. Bollywoods schrille, bunte Filme mit hervorragend choreografierten Tanzeinlagen begeisterten mich von Anfang an. »Mother India« war einer der beeindruckenden Filme aus meiner Kindheit, an den ich mich noch heute erinnere. Er handelte von starken, stolzen Frauen und ihren Kindern. Es war, als könnte ich mich teilweise in dem Film wiederfinden. Natürlich stimmte unsere Geschichte nicht mit der des Filmes überein, aber die Tatsache, dass die Mutter die tragende Rolle im Film spielte, berührte mich damals sehr. Es war wahrscheinlich der erste Film, den ich je gesehen habe, der die Frau nicht nur als Beiwerk des Mannes zeigte, sondern als eine starke Kämpferin, die sich für ihre Kinder wie eine Löwenmutter einsetzte.

Die Menschen vor und hinter uns knabberten gespannt kiloweise Sonnenblumenkerne, das sudanesische Popcorn, das zu einem Kinoabend einfach dazugehörte. Klick, klick, klick – das gekonnte Aufknacken der Sonnenblumenkerne klang so, als würden tausende kleine Heuschrecken auf einem Holzbrett einen Stepptanz veranstalten. Es war der Soundtrack eines ganz normalen Kinoabends. Auch abends beim Lauschen von Theatervorstellungen aus dem Radio durfte es nicht fehlen. Sonnenblumenkerne gehörten einfach dazu. Die Bollywood-Filme waren bei allen beliebt. Die Kinobesucher:innen tauchten sofort in das Geschehen ein und ließen ihren Emotionen freien Lauf. Wenn einem eine Figur nicht gefiel oder sie anders handelte als erwünscht, dann wurde diese beschimpft oder auch mal mit irgendetwas, was gerade griffbereit war, beworfen. Meist traf es die Leinwand oder einen Kopf in den vordersten Reihen, aber das war egal. Dem Ärger und der Enttäuschung wurde Luft gemacht. Amüsant war, wenn einige Zuschauer:innen emotional nach ihren Latschen griffen und sie voller Wucht gegen die Leinwand warfen. Am Ende des Abends war es immer eine große Herausforderung, die eigenen Schuhe wiederzufinden.

Onkel Benny nahm uns oft mit ins Kino. Diese Besuche wurden meine Highlights in dem öden Dasein in Khartum. Das

Leben im Sudan war wie eine Endlosschleife, ein langes Warten. Das Warten auf das Warten. Das Warten auf das Ende des Wartens. Das Warten auf meinen Vater. Das Warten darauf, dass er uns endlich nach Hause nach Asmara bringen würde. Das einzige richtige Zuhause, das ich kannte. Doch unser eigentliches Reiseziel war weiterhin Germany.

VATER IN GRAU

Am 16. Februar 1978 kamen wir nach einem langen Flug von Khartum über Frankfurt in Hannover an. Aufgeregt über das baldige Wiedersehen mit meinem Vater machte ich mir den ganzen Flug über Gedanken und versuchte, mir ein Bild von ihm ins Gedächtnis zu rufen. Es waren etwa zwei Jahre vergangen, in denen wir ihn nicht gesehen hatten. Vor Sehnsucht und Vorfreude musste ich weinen. Wie sah er aus? Wie hatte er sich verändert? Würden wir ihn erkennen? Würde er uns erkennen? Wie würde ich ihn begrüßen? Sollte ich ihn umarmen?

Aus dem heißen Sudan kommend, landeten wir im kalten Germany. Ich wusste gar nicht so richtig, wo Germany lag und was wir dort wollten. Die Vorstellung, meinen Vater wiederzusehen, gefiel mir, aber warum mussten wir dafür nach Germany? Wo würden wir genau leben? Was würde ich dort machen? Könnte ich dort auf Bäume klettern? Gab es denn Bäume? Würde ich Freund:innen finden? Und wann könnten wir nach Hause zurück? Ich sehnte mich nach Asmara. Tausend Fragen schwirrten mir im Kopf herum und ermüdeten mich. Der Abschied von unseren Freund:innen und Verwandten in Khartum war ebenso traurig gewesen wie der in Gedaref.

Am Flughafen in Hannover war es klirrend kalt. Wir waren den sudanesischen Temperaturen entsprechend angezogen. In unseren dünnen Sommerklamotten liefen wir dem Menschenstrom zur Gepäckausgabe hinterher, ich war von den vielen hellhäutigen Menschen etwas irritiert. Keine einzige Person mit brauner Haut war zu sehen. Endlich kam unser Gepäck, und wir konnten uns zum Ausgang bewegen. Es war ungewöhnlich, meinen aufgeweckten, dynamischen Bruder Yared so still und nachdenklich zu sehen. Vor Aufregung nahm meine Mutter plötzlich meine Hand in ihre und zerquetschte sie fast. Die automatische Schiebetür öffnete sich, und wir liefen eng nebeneinander langsam raus. Mein Blick wanderte hektisch durch die wartende Menschenmenge, und ich versuchte den Mann zu erkennen, der mein Vater war.

Ich merkte, wie meine Mutter um sich schaute und meine Hand dabei noch fester hielt, so dass es schon wehtat. »Da ist er! Tesfai, Tesfai!«, rief sie den Namen meines Vaters dann etwas lauter. »Lauft hin, dort ist euer Vater!« Ich entdeckte einen Mann mit einem kleinen Afro und Geheimratsecken, der winkend auf uns zueilte. Er trug eine graue Anzughose, einen schwarzen Rollkragenpullover und einen graumelierten Wollmantel. Meine Mutter kam nicht vom Fleck, sie stand da und weinte. Ihr ganzer Körper zitterte. Das Weinen meiner Mutter versetzte mich in eine innere Panik. Ein Schock. Sie weinte, obwohl ich felsenfest davon überzeugt war, dass Mütter nicht weinten. Weder in Eritrea noch im Sudan hatte ich sie je weinen gesehen. Ich mochte es nicht. Eigentlich war es mein Gefühl, ausgelöst durch das Weinen meiner Mutter, das ich nicht mochte. Das Gefühl des Infragestellens, ob meine Mutter, da sie nun weinte, schwach war. Dass mein Glaube »Heldinnen weinen nicht« zerbröckelte. Das war mein Dilemma. Aber dass es eigentlich ein Ventil war, ein Luftablassen, um die ganze angestaute Angst und Müdigkeit der Flucht rauszulassen, und gleichzeitig Erleichterung, verstand ich damals noch nicht. Wie muss es für sie im Sudan gewesen sein, allein in der Fremde, ohne die Sprache und Kultur wirklich zu kennen, mit vier Kindern, ohne ihren Mann und Vertrauten dem ungewissen Alltag ausgesetzt zu sein? Nach all den Jahren voller Angst und Sorge, nicht wissend, wann sie ihren Mann wiedersehen würde, ob sie ihn je wiedersehen würde, ob es ihm gut ging, nach alldem standen wir nun nur wenige Meter von ihm entfernt. Meine beiden älteren Geschwister liefen auf meinen Vater zu. Meine jüngere Schwester Sofia war an der rechten Hand meiner Mutter und ich an der linken. Ich hielt ihre Hand fest und war immer noch sehr eingeschüchtert. Ich fragte sie leise und vorsichtig: »Ist das unser Vater?« Ihr Gesicht war mit Tränen bedeckt. »Ja, ja, das ist er, lauf hin … los!«, schluchzte sie mit einer fast schon müden Stimme und bekam die Wörter nur mit Mühe raus. Sie schubste mich vorsichtig in die Richtung. Mein Vater umarmte meine älteren Geschwister, und als wir dann unmittelbar vor ihm standen, fielen sich meine Eltern in die Arme. Meine Mutter weinte laut. Die unterdrückte Angst der vergangenen zwei Jahre konnte sie nun endlich am Flughafen rauslassen und sich von ihr verabschieden. Sie ließ meine Hand los. Sofia und ich hingen links und rechts an ihr und weinten ebenfalls. Verunsichert und schockiert sah ich meinen Eltern zu, wie sie sich immer wieder gegenseitig die Tränen wegwischten und beteuerten, dass nun alles gut werden würde. Die beiden derart aufgelöst zu sehen verschlug mir die Sprache. Langsam kniete sich mein Vater zu uns runter und umarmte erst Sofia, die ihm um den Hals fiel. Ich zögerte noch, ich war immer noch dabei rauszubekommen, ob er wirklich mein Vater war. Ich sah in seine feuchten Augen, die vor Glück und Liebe sprühten. Er war es, er war es leibhaftig, mein geliebter Vater. Wir hatten es endlich geschafft. Freudentränen. So surreal.

Nach der langen, feuchten Begrüßung und vielen Umarmungen sahen wir die Leute, die meinen Vater begleiteten. Es war ein deutscher Mann im Alter meines Vaters mit drei Frauen an seiner Seite, Pastor Harm de Vries mit seiner Frau Elke und seiner Schwester Almut. Die dritte Frau, mit dem herzlichsten Lachen und der festesten Umarmung, war Schwester Gretel. Mein Vater stellte uns langsam allen vor. Schwester Gretel hatte einen Kurzhaarschnitt, war schnell und trug immer ein Lächeln um die Mundwinkel. Die Familie de Vries, Schwester Gretel und die reformierte Kirche Hannover hatten meinen Vater damals unterstützt und es ihm ermöglicht, seine Familie nach Deutschland nachzuholen. Ich habe sie alle sofort ins Herz geschlossen.

Meine Hand klebte in der meines Vaters. Es brauchte keine Eingewöhnungsphase, wir waren sofort wieder aufeinander eingestimmt. Wir waren alle vereint und in Sicherheit. Nur das zählte.

Mein Vater hatte die schönsten Hände der Welt. Die Form und die Proportionen stimmten. Das Nagelbett, sein Muttermal, alles war so perfekt. Ein Blick auf seine Hände, und ich verspürte Sicherheit. Mein Vater war da, ich konnte seine Hände sehen und wusste, ich wurde beschützt, nichts und niemand konnte uns etwas anhaben. Niemand konnte uns wehtun. Dank des Muttermals an seiner rechten Hand unterhalb des kleinen Fingers konnte ich die Hand meines Vaters auch jederzeit unter tausend verschiedenen Händen erkennen. Wenn ich sagen müsste, was meine Eltern an sich haben, das mir Zuversicht und Ruhe gibt, dann wären es bei meinem Vater seine Hände und bei meiner Mutter ihr Lachen.

Wir kamen in der Brandstraße 25 an. Das Haus gehörte der evangelisch-reformierten Kirche in Hannover, ein schlichter, großer Fünfzigerjahrebau. Schwester Gretel und Elke zeigten uns die Räume. Das Haus hatte zwei Etagen und einen Keller. In der obersten Etage gab es vollständig möblierte Schlafzimmer und ein Badezimmer. In der unteren Etage befanden sich die Küche, das Ess- und Wohnzimmer und noch zwei extra Räume, Bad und Toilette. Die großen Räume unten waren im Gegensatz zu denen oben aber völlig leer. Das war also unser neues, vorläufiges Zuhause. Familie de Vries und Schwester Gretel wohnten im Nebenhaus. Das Büro der Kirche und der Gemeinde lag zwischen uns und dem Haus der de Vries' und Schwester Gretels.

Der hannoversche Winter im Februar war eiskalt. Tag von Abend zu unterscheiden fiel uns schwer, denn der Himmel und das Licht waren ein Grau in Grau. Nur der Schnee, der wie frischer Puderzucker auf den Straßen lag, setzte den einzigen Kontrast. Es war alles so fremd. Ich war aber viel zu müde und zu aufgeregt, um alles genauer zu beobachten. Es war ein ziemlicher Einschnitt. Vor allem das fehlende Licht ging uns sehr an die Substanz.

Eines Abends, einige Tage nach unserer Ankunft, war mein Vater unterwegs, und wir waren mit meiner Mutter allein in unserem neuen Zuhause. Mental waren wir noch nicht wirklich angekommen. Während meine Mutter in der Küche das Abendessen zubereitete, verbrachten wir Kinder Zeit in unserem Schlafzimmer. Entspannt und zufrieden gingen alle irgendeiner Tätigkeit nach, bis plötzlich ein Donner zu hören war. Nach dem ersten folgte der zweite, der dritte und dann der vierte, es wollte einfach nicht mehr aufhören zu donnern. Alle blickten um sich, meine Mutter eilte zu uns ins zweite Geschoss, um zu schauen, ob alles in Ordnung war. Als wir meine Mutter in der Tür sahen, sprang ich zu ihr und klammerte mich an sie. Ich schaute ihr in die Augen und in die meiner Geschwister, nur um festzustellen, dass sie alle genau das Gleiche dachten wie ich. »Sie schießen, sie schießen, es ist wieder Krieg ...« Ich weiß nicht genau, wer zuerst anfing, seine Gedanken auszusprechen, aber ich hatte Panik. Wir hatten Angst. Der Schock lähmte uns alle, sogar meine Mutter.

All die Jahre im Sudan hat sie immer eine beruhigende Wirkung auf uns ausgeübt. Sie war die Sicherheit und die Kraft in Person, und uns konnte nichts erschüttern. Aber jetzt standen ihr Angst und Ratlosigkeit ins Gesicht geschrieben. Draußen wurde es immer lauter. »Bum, bum und zisch …« Den Sound vom Krieg, den kannte ich, den kannten wir alle nur zu gut. Dass es eventuell auch etwas anderes sein konnte als Krieg, kam uns nicht in den Sinn. Es war zu eindeutig, dass es nur im Krieg so donnern und knallen konnte. Wir schauten meine Mutter an, sie musste doch wissen, was da draußen los war. Wer schießt auf wen und warum? Wo ist Papa?

Nach einer gefühlten Ewigkeit voller Angst und Fragen hörten wir meinen Vater im Treppenhaus nach uns rufen. Wir hatten uns im Schlafzimmer auf den Boden gesetzt und die Tür geschlossen. Das dumpfe Rufen meines Vaters drang nur vorsichtig zu uns hoch. Endlich ging die Tür auf, und er stand unversehrt in der Tür, um uns fröhlich aufzufordern, nach draußen zu gehen. Ich dachte, ich hätte mich verhört. Wir sollten raus? Wir sollten raus in den Krieg? Was war nur los mit ihm? Was war mit ihm geschehen, dass er so etwas von uns verlangte? Ich hörte endlich auf, mir Fragen zu stellen, als mein Vater zu erklären begann. Es war der erste Tag des Schützenfestes, und er wollte mit uns raus. Zum Auftakt gab es immer ein Feuerwerk. »Beeilt euch, dann könnt ihr noch etwas sehen. Ihr braucht keine Angst zu haben.« Ich verstand nicht, was er da sagte. Aber ich vertraute darauf, dass er wirklich mein Vater war, der uns etwas Spannendes zeigen wollte und nichts Lebensbedrohliches. Also zog ich mir brav die Jacke und die Schuhe an und rannte den anderen hinterher.

Direkt vor der Haustür blieben wir stehen, mein Vater bat uns, nach oben zu schauen. »Bummm.« Ein ohrenbetäubender Knall, und der Himmel leuchtete grün, rot und golden. Lauter kleine Sternchen fielen uns entgegen. Sie verschwanden genauso schnell, wie sie aufleuchteten, wieder im dunklen Februarhimmel. Das Schauspiel wiederholte sich noch einige Male. Immer laut und immer bunt und immer funkelnd. Es machte für mich keinen Sinn. All diese Menschen, die genauso wie wir mit den Köpfen im Nacken draußen standen und das Spektakel verfolgten, mit viel Freude und großer Begeisterung. Ob sie schon mal Krieg erlebt hatten? Ich konnte die Aufregung und Freude nicht teilen. Bei jedem Bumm stockte mein Herz. Bei jedem roten Strahlen hoch oben am Himmel kam die schreckliche Angst aus Dekishehay wieder hoch und schlang sich um meinen Hals. Die »Ahs« und »Ohs« in der Straße machten sich selbstständig und waren laut zu vernehmen. Ein Schauer lief mir den Rücken hinunter. Ich zog meine Schultern hoch und fühlte eine innere Unruhe. Es hatte für mich etwas Bedrohliches, etwas ganz Schreckliches. Auch die bunten schönen Sternchen konnten das lebensbedrohliche Gefühl des Krieges nicht vertreiben.

Bis zum heutigen Tag bereitet mir diese Knallerei Beklemmungen, dabei ist es nun etliche Jahre her, aber das Gefühl geht nicht weg. Ich verstehe auch den Sinn von Feuerwerk nicht. Es ist ein weltweites Phänomen, Gelder einfach so in der Luft zu verpulvern. Und das meine ich nicht mal metaphorisch. Es ist genau so: Geld wird verpulvert. Obendrein wird mal eben die Natur irritiert. Feuerwerk heißt: die Luft zu verschmutzen, einen Berg an Müll zu fabrizieren, Vögel und andere Erdenbewohner:innen zu verschrecken und zu traumatisieren. Wo liegt da der Sinn bitte? Ich möchte keine Spielverderberin sein, aber Feuerwerk ist das Allerletzte!

ICH BIN ICH BIN ICH BIN BRAUN

In Hannover war vieles neu für mich. Ich kann mich noch sehr genau an den Moment erinnern, als mir in der Schule bewusst gemacht wurde, dass ich anders gesehen werde, als ich mich fühlte. Meine Klassenkamerad:innen sagten mir ins Gesicht, dass ich von Kopf bis Fuß, von den Haaren bis zur Haut anders sei als alle anderen in der Klasse und auf der gesamten Schule. Ich fand aber erst nach einiger Zeit heraus, wie es zu ihren Reaktionen auf mich kam.

Weiße Menschen kannte ich schon aus Eritrea, als meine Geschwister und ich damals auf die British School in Asmara gingen. Die Briten waren nach den Italienern ungefähr 10 Jahre in Eritrea. So war die Existenz von britischen Schulen in den ehemaligen Mandatsgebieten völlig normal. Und an dieser Schule lernten Kinder aus Großbritannien, Indien, Italien und eritreische Kinder gemeinsam. Wir kamen mit unterschiedlichen Nationalitäten in Berührung, dennoch verschwendete ich nie einen Gedanken an mein Erscheinungsbild oder das der anderen. Und meiner Hautfarbe habe ich sowieso nie Aufmerksamkeit geschenkt. Bis zu dem Moment, als ich in der dritten Klasse in Hannover zu einer Klassenkameradin eingeladen wurde.

Ich war noch neu in dieser Grundschulklasse – es war meine erste von vielen. Da wir sehr oft umgezogen sind, musste ich dreimal die Grundschule wechseln. Für die dritte Klasse in der Goethe-Schule war mein Sitzplatz schon vorbestimmt. Ich sollte neben Oliver sitzen. Da unsere Familien befreundet und wir gleich alt waren, wurde ich Oliver regelrecht aufgedrängt. Ich kann mir vorstellen, dass ein Achtjähriger nicht sonderlich erfreut darüber war, einem neuen Kind ständig helfen zu müssen. Aber die Eltern forderten es von ihm: »Hilf Bisrat, sich einzugewöhnen.« Ein Kind, das durch sein bloßes Aussehen schon so viel Aufmerksamkeit auf sich zog und dann zu allem Übel auch noch ein Mädchen war, das gar nicht wie ein Mädchen aussah – wegen meiner Afrohaare wurde ich öfter für einen Jungen gehalten. Obwohl es noch zwei kurzhaarige Mädchen in der Klasse gab, klebten alle Augen an meinem Kurzhaarschnitt. Bei meiner ersten Sportstunde in der Klasse wunderten sich fast alle Kinder, dass ich in die Mädchenumkleide ging. Einige riefen mir noch hinterher, dass es die falsche Tür sei. Als ich in meinem Turnanzug rauskam, war die Verwunderung riesengroß.

»Ihr seid wie verheiratet. Du wirst ihr ab jetzt immer helfen!«, höre ich unseren Klassenlehrer noch zu Oliver sagen. Er hätte eigentlich lieber neben einem Freund gesessen oder zumindest neben einem anderen Jungen. Aber ihm blieb nichts anderes übrig, als neben der Platz zu nehmen, die kaum Deutsch sprach.

Ganz offen zeigte Oliver mir von da an seinen Hass. Ich kann gar nicht mehr nachvollziehen, wie ich damit umgehen konnte. Geschluckt habe ich es wohl. Ohne daran zu ersticken und ohne ihn mit jemandem zu teilen, habe ich den Hass einfach runtergewürgt. Gedanken an die Zukunft halfen mir dabei. Ich glaubte fest daran, dass ich es durchstehen würde. Dass es irgendwann besser werden würde. Ich musste nur das Hier und Jetzt aushalten. »Bisrat, die ganze Klasse hasst dich. Sie hassen dich alle«, berichtete Oliver mir grinsend immer dann, wenn keiner in der Nähe war. »Sie finden dich alle hässlich!« Bis dahin kannte ich keinen Hass. Obwohl wir dem Krieg entflohen waren und es ganz klare Feindbilder gab, kannte ich damals Hass als Gefühl gar nicht, ich kann mich jedenfalls nicht an so eine extreme Emotion erinnern. Nun erlebte ich einen Hass, der nur mir allein galt.

Umso mehr freute ich mich über die Einladung von Karla, meiner Klassenkameradin, sie zu Hause zu besuchen. Das war das erste Mal seit unserer Ankunft in Hannover, dass ich von einem anderen Mädchen eingeladen wurde. Obwohl wir in der Schule nie zusammen spielten, wunderte mich die Einladung nicht, ganz im Gegenteil: Ich war glücklich darüber. Der Weg von der Schule zu ihr nach Hause war nicht sehr weit. Während wir zu ihr trödelten, wechselten wir kaum ein Wort. Ihre Mutter öffnete uns die Tür, und die Großeltern eilten aus der Küche herbei. Im Flur neben einer braunen Holzkommode stand ein Stuhl, dort sollte ich mich gleich hinsetzen. Sehr merkwürdig, dachte ich mir, aber wahrscheinlich ist es in Deutschland so üblich. Man nimmt Platz, bevor man richtig eingetreten ist. Plötzlich war ich umringt von den Großeltern und der Mutter meiner vermeintlichen neuen Freundin. Sie alle starrten mich mit großen Augen an. Ich nahm eine undefinierbare Aufregung über meine Anwesenheit wahr. Sie redeten miteinander, aber nicht mit mir. Irgendwann berührten die Großeltern vorsichtig meine Haare, so als wäre ich ein schlafendes Tier. Oder ein Tier, das beißt, wenn es eine Berührung bemerkt. Dann trauten sich auch die restlichen Händepaare – um genau zu sein, griffen acht Hände in mein Haar, in mein Gesicht und nach meinen Händen. Zwischendurch kam ein Staunen: »Ahh, das kleine N-Mädchen.« Ich verstand das alles nicht. Ich begriff nicht, warum sie meine Haare begrabschten, mein Gesicht, meine Hände, und schon gar nicht, was sie sagten. Ich habe nicht verstanden, was an mir so ungewöhnlich sein sollte. Auch das N-Wort war mir bis dahin nicht geläufig.

Dass meine Haare, mein Afro, in Deutschland damals wie heute so eine Attraktion sein könnten, hätte ich niemals gedacht. Die Tegadelti in Eritrea, die Kämpfer:innen, die ihr Leben für die Freiheit und Unabhängigkeit Eritreas einsetzten, trugen alle Afro. Auch die Frauen schnitten sich die Haare kurz, sobald sie sich der Freiheitsgruppe anschlossen. Der Afro symbolisiert für mich nichts anderes als Stärke, Mut und Kraft. Er ist wie eine Faust, die nach oben gerichtet ist. Die Haare strecken sich nur so vor Power gen Himmel. Sind kaum kleinzukriegen. Nicht mal die Erdanziehungskraft schafft es, sie runterzuholen.

Doch im Globalen Norden[7] wurden die Haare Schwarzer Menschen seit jeher benutzt, um sie zu entmachten und kleinzukriegen. In den USA war es Schwarzen Menschen beispielsweise während der Zeit der Versklavung nicht gestattet, ihre Haare in ihrer natürlichen Pracht zu tragen. Um Menschen einen wichtigen Teil ihrer Identität und ihrer Freiheit, sich auszudrücken, zu nehmen, rasierte man ihnen die Haare ab. Sie wurden entwürdigt, ihnen wurde das Menschsein entzogen. Sie wurden vollständig dehumanisiert.[8]

Ich könnte ein ganzes Buch nur über Afrohaar, Unterdrückung und Widerstand schreiben. Fest steht, dass Afrohaar immer ein Politikum ist, auch in Deutschland. Und dass es inzwischen eine Bewegung für die Schönheitsideale von Schwarzen und People of Color gibt, was großartig ist! Es ist an der Zeit, dass wir sehen, dass die Welt vielseitiger ist, als sie oft dargestellt wird.

Aber zurück nach Hannover zu meinem jungen Ich. Ich hatte also die Hände von Karlas Familie in meinen Haaren, und die Zeit zog sich unendlich in die Länge. Ich wurde erforscht. Fehlte nur noch, dass sie meine restlichen Körperteile begutachten wollten. Dass sie mir die Hose auszögen, um zu sehen, ob meine Beine und mein restlicher Körper genauso braun sind wie mein Gesicht. Nachdem sie mich genug untersucht hatten, sollte ich dort im Flur einfach sitzen bleiben. Sie alle gingen in die Küche und aßen zu Mittag. Den Spruch »Andere Länder, andere Sitten« kannte ich bestimmt noch nicht, aber ich habe sicherlich etwas Ähnliches gedacht. Es war mir fremd, eingeladen zu werden, um im Flur ausgestellt und abgetastet zu werden. Es war mir auch fremd, nichts weiter zu tun, als auf einem Stuhl im Flur zu sitzen und zu warten, während alle anderen in der Küche waren und aßen. Ich wusste nicht genau, was vor sich ging, und versuchte mir einzureden, dass es sich so gehörte. Ich schob es auf eine mir noch unbekannte Kultur. Und fand die Situation, die Groß-eltern, die Mutter und meine Klassenkameradin dennoch sehr befremdlich. Wenn ein Gast zu uns nach Hause kam, egal wie alt und woher, wurde ihm immer erst einmal ein Tee angeboten, und natürlich lud man ihn anschließend auch zum gemeinsamen Mahl ein. Es wurde höflich nach dem Wohlbefinden des Gastes gefragt und miteinander gesprochen. Konzentriert versuchte ich zu verstehen, was sie über mich gesagt hatten und was das alles bedeuten sollte. Ich war voller Fragen, die in meinem Kopf hin und her hallten.

Nachdem die Familie mit dem Essen fertig war, wurde ich nach Hause geschickt. Ich habe mich nie wieder mit dem Mädchen verabredet. Durch die »Examinierung« wurde mir klar, dass meine neue Umgebung mich als »das Andere« wahrnahm. Dass sie mich nicht so sahen, wie ich mich selbst sah. Dass ich anders aussah. Alles an mir schien anders zu sein. Meine Haare, mein Gesicht, meine Hautfarbe, dass ich nicht gut Deutsch sprach, das Aussehen meiner Eltern, meiner Geschwister, unsere Gewohnheiten, eben alles. Alles an uns war anders als bei meinen Schulkamerad:innen oder unseren Nachbar:innen und den meisten Menschen in Hannover. Wir hatten fast zwei Jahre im Sudan verbracht. Das war auch ein fremdes Land mit fremder Sprache, die ich noch nie vorher gesprochen hatte. Dort gab es fremde Musik und fremdes Essen. Aber trotz der schwierigen Lebenslage im Sudan hatte ich mich damals nicht fremd oder unwohl gefühlt. Aufgrund der Hautfarbe fiel ich auch nicht auf. Mit brauner Haut war ich in Hannover aber alles andere als unauffällig. Ich fing an, mich unwohl zu fühlen. Ich wollte nicht anders sein. Ich wollte unauffällig sein, am liebsten unsichtbar. Wobei mich genau das, dieses Sich-unsichtbar-machen-Wollen, sehr störte, ich wollte einfach, dass mich diese Außenbetrachtung und die Meinung anderer nicht mehr berührten. Ich wollte, dass es mir egal war, was andere dachten, und dass ich mich mit mir in meiner Haut wohlfühlte.

Ich versuchte mir einzureden, dass es nichts mit mir zu tun hätte, dass ich o.k. war, wie ich war. Ich sagte mir: »Ich bin bloß in der falschen Umgebung, im falschen Land, für mich, für meine Haut und Haare.« Ich glaubte daran, dass es einen Ort gäbe, an dem ich so sein konnte, wie ich war. Einen Ort ohne Krieg und miese Kinder. Ich versuchte daran festzuhalten. Ich sagte es mir, sooft ich konnte. Obwohl ich zugeben muss, dass es nicht einfach war. Ich weiß nicht, woher ich die Stärke hatte, aber ich sagte mir immer wieder und wieder: »DU bist, wie DU bist, und das ist gut so!!!«

Das war in den Achtzigern. Eine Zeit ohne Social Media, geschweige denn irgendeiner Art von Vernetzungsmöglichkeiten für Menschen meines Alters. In meinem Alltag gab es keinerlei Vorbilder. Whitney Houston, Sade und Queen Latifah kamen viel später.

Ich weiß auch nicht, wann und wie ich den Song »I will survive« von Gloria Gaynor fand, wahrscheinlich lief er im Radio.
Mit neun Jahren habe ich das Lied entdeckt, das zu meiner
Hymne wurde, zu meinem Kindheitssoundtrack. Mein Mor-
gengebet direkt nach dem Aufwachen und mein Abendgebet
kurz vor dem Schlafengehen. Vor allem aber hörte ich diesen
Song, wenn ich zum Schulschwimmen musste.

Oh no, not I, I will survive[9]
Oh, as long as I know how to love, I know I'll stay alive
I've got all my life to live
And I've got all my love to give and I'll survive
I will survive
I will survive

Wie an jedem Mittwochmorgen sagte ich auch an diesem Tag
vor der Schule mein Gebet auf: »I will survive! I will survive …«
Danach machte ich die schwere Eingangstür der Schwimmhalle auf und bewegte mich mit meinem kleinen Rucksack in
Richtung Umkleidekabine. Gloria Gaynor war stets meine Verbündete, von ihr fühlte ich mich verstanden, in ihrem Song aufgehoben und geborgen. Zumindest bildete ich mir das ein. Ich
kannte auch nur den Refrain. Worum es im Lied ging, wusste
ich nicht. Es war nur der Refrain, der zu mir sprach. Alles
andere hatte ich nicht verstanden. Aber das war egal, denn
das Lied in Dauerschleife zu hören (ich musste die Kassette im
Kassettenrekorder jedes Mal zurückspulen) gab mir Kraft, die
ich brauchte. Denn es verging kein Tag, an dem mir nicht auf
unmissverständliche Art und Weise gezeigt wurde, dass mein
Aussehen für meine Mitschüler:innen nicht o.k. war.
»Wenn Bisrat ins Wasser geht, dann gehen wir nicht rein. Sie

ist voller Kacke.« Die Kinder weigerten sich, ins Schwimmbecken zu gehen, es sei denn, ich bliebe draußen. Ich sprach zwar zu dem Zeitpunkt noch nicht perfekt Deutsch, aber ich hatte es verstanden. Ich sollte noch nicht ins Wasser, kam von der Lehrerin. Da ich noch nicht schwimmen konnte, dürfte ich erst am Ende des Unterrichts ins Becken. Wobei ich nicht die Einzige war, die nicht schwimmen konnte. Es machte mich traurig. Ich schämte mich auch ein bisschen. Ich stand da, in meinem schwarzen Badeanzug mit einem weißen Seitenstreifen. Ich fühlte mich gefangen in einer Realität ohne Ausweg, in der nicht mal ein Hintertürchen existierte. Der Schulalltag schien in vielerlei Hinsicht nicht auf meiner Seite zu sein. Nichts schien auf meiner Seite zu sein. Niemand. Meine Familie versuchte ich mit meinen Belangen nicht zu belasten. Meine Geschwister gingen auf eine andere Schule, somit war ich allein in meinem Schulalltag und mit meinen Sorgen. Ich mit meinem Afro und meiner braunen Haut, die meiner Meinung nach ja, wenn ich meine Haut überhaupt mit irgendwas vergleichen würde, eher an Vollmilchschokolade erinnerte. Jede Woche das Gleiche. Sie darf nicht ins Wasser. Sie hassten mich und ekelten sich vor mir. Ich habe nie geweint. Ich habe es nie jemandem erzählt. Weder meinen Eltern noch meinen Geschwistern. »Wenn ich über etwas nicht spreche, wird es von selbst auch wieder verschwinden«, sagte ich mir. Langsam bewegte ich mich rückwärts, ich brauchte einen Halt und lehnte mich an die Hallenwand. Ich war in der 4. Klasse einer Grundschule in Hannover. Alle Kinder gingen ins Becken, nur ich blieb wie festgeklebt stehen und schaute ihnen beim Schwimmunterricht zu. Während ich bis zum Unterrichtsende wartete, sang ich ganz leise für mich »I will survive …« und versuchte, mich gedanklich in die Zukunft zu zaubern.

Heute, im Gegensatz zu den Achtzigern, hat sich bezüglich der Vielfalt des Landes einiges getan. In Musik, Literatur und Politik finden wir einige Schwarze und POC, die eine wichtige und großartige Arbeit leisten und so als Vorbild für die Next Generation fungieren. So wie Pippi Langstrumpf durch ihr rotes Haar zur Symbolfigur der Rothaarigen wurde (die früher ja auch stigmatisiert wurden), so wünsche ich mir eine empathische, respektvolle Heldin mit einem Afro. Eine, die unsere Welt zeigt, wie sie ist: bunt und vielfältig. Die zeigt, dass Koexistenz möglich ist. Kinder könnten mit dieser Heldin und durch diese Heldin erfahren, wie es ist, die Welt mit ihren Augen zu sehen. Eine Welt, die »Same same, but different« ist, also gleich und doch so schön verschieden. Das wäre großartig und bereichernd.

FARBLOSE GEDANKEN

Als Kind stellte ich mir manchmal in meinen Tagträumen vor, wie ich anderen half. Wie zum Beispiel Menschen mit Vorurteilen, ihre Vorurteile loszuwerden. Ich sagte mir damals, wenn jemand gemein ist, dann ist die Person krank. Wenn sie anderen das Leben nicht schwer machten, wenn sie anderen nicht Schmerzen zufügten und ihnen nicht übel mitspielten, dann würden sie selbst Schmerzen erleiden. Sie sind krank. Sie sind Gefangene ihrer Vorurteile und merkten es nicht mal.

Es machte mich unglaublich wütend, wenn ich Ungerechtigkeiten sah. Ob mir Ungerechtigkeit widerfuhr oder anderen, das war egal. Beides machte mich gleich wütend, und diese Wut tat mir nicht gut. Wut schränkt ein und macht physisch und psychisch auf Dauer krank. Daher beschloss ich, dass mir diese Menschen, die einem nur Böses wollen, leidtaten. Es tat mir leid, dass sie sich ständig anstrengen mussten, etwas zu finden, um anderen Schmerzen zuzufügen. Sie sahen ihre Bösartigkeit nicht, die sie entstellte. Andere kleinzumachen, zu ärgern, sie bloßzustellen muss ermüdend sein. Was für ein unnötiger Kraftaufwand – traurig und armselig zugleich. Ich sagte mir: »Hab Mitleid mit ihnen, denn sie wissen nicht, dass sie arm dran sind mit ihrer schlimmen Krankheit!« Ich hielt an diesem Gedanken fest. Er wurde zu meinem Schutz. Meine Hülle aus Panzerglas, dicht und glatt, an der jede Gemeinheit abrutschte und nie mehr zu mir durchdringen konnte.

Die Examinierung während meines ersten und letzten Besuches bei Karla zu Hause vergaß ich nie wieder. Ich war noch nie zuvor mit Rassismus konfrontiert gewesen, hätte ihn damals auch nicht beim Namen nennen können. Wenn ich heute darüber nachdenke, kommt gegen meinen Willen wieder Wut in mir hoch. Vielleicht bin ich auch traurig, ich kann es nicht genau sagen. Es ist jedenfalls ein Gefühl, das ich nicht mehr fühlen möchte. Es ist ein Gefühl, das nicht gut ist und mir Sodbrennen bereitet. Ich bin nicht über die Kindheitserfahrung wütend, sie hat mich zu dem Menschen gemacht, der ich heute bin. Und das ist gut. Nein, mein Gefühl bezieht sich eher auf das Heute: Denn heute, genau wie damals, ist der strukturelle Rassismus tief in der Gesellschaft verankert. Er sitzt so tief, dass es vielen – vor allem weißen Menschen – gar nicht mal bewusst ist.

Und selbst heute, wo jede beliebige Information nur einen Mausklick entfernt ist und Millionen Menschen über Soziale Medien miteinander verbunden sind, so dass wir eigentlich mehr Gründe hätten, uns über unsere Gemeinsamkeiten zu freuen und uns über sie zu definieren, wird weiterhin nach Unterschieden gesucht, nach Dingen, die ausgrenzen, verletzen und degradieren.

Von der Schulzeit über die Studienzeit bis hin zum heutigen Tag ist Rassismus ein Bestandteil meines Alltags. Wo auch immer ich hingehe, ich kann mit größter Wahrscheinlichkeit damit rechnen, dass ich irgendeinen Satz bezüglich meiner Hautfarbe, meiner Haare oder andere grenzüberschreitende Dinge hören werde. Solche Kommentare oder Aussagen kommen von Menschen egal welchen Alters, von Akademiker:innen oder Künstler:innen, von Frauen oder Männern. Es kommt sehr oft vor und ist natürlich »gar nicht böse gemeint«. Menschen sagen etwas Rassistisches, und ihnen ist gar nicht klar, dass es rassistisch ist. Sie fühlen sich sehr sicher in dem, was sie von sich geben.

Wenn ich zum Arzt gehe, stülpe ich mir oft meinen flexiblen Panzerglasanzug über, denn ich muss gerüstet sein für das, was kommen könnte. Viele meiner vergangenen Arztbesuche verliefen nämlich ähnlich: Nach der allgemeinen Untersuchung kam immer die Frage. Inzwischen überrascht sie mich gar nicht mehr, stattdessen empfinde ich eher Mitleid mit dem Arzt. Es waren immer männliche Ärzte. Nein, ich meine damit nicht alle Ärzte. Ich möchte nicht pauschalisieren und damit sagen, dass jeder einzelne Arzt, den ich je konsultiert habe, rassistisch gewesen wäre und Grenzen überschritten hätte. Auf keinen Fall ist das so gemeint, denn ich habe eine große Hochachtung für Arzt- und Pflegeberufe, für alles, was diese Menschen leisten, um Menschenleben zu retten und zu helfen. Ich kenne unheimlich viele wunderbare Ärzt:innen aus meinem Familien-, Freund:innen- und Bekanntenkreis. Großartige Menschen, die ich liebe und schätze, was auf Gegenseitigkeit beruht.

Jedenfalls verliefen dennoch diese Arztbesuche so, dass mir immer die gleiche Frage gestellt wurde, unbedacht und fast schon mit Stolz über die eigene Weltoffenheit. Los ging es in der Regel mit: »Darf ich Sie mal etwas Persönliches fragen?« Inzwischen habe ich gelernt, »Nein, ich gebe nichts Persönliches von mir preis!« zu antworten. Wenn ich es zugelassen hatte, lautete die Frage immer: »Wo kommen Sie eigentlich her?« Die Frage an sich finde ich noch gar nicht schlimm. Aber ich muss mit Nachdruck sagen, dass ich hier nur für mich spreche. Als in Eritrea geborene Eritreerin spreche ich gerne über Eritrea, und manchmal signalisiert die Frage nach der Herkunft tatsächlich ein gewisses Interesse. Manchmal! Auch das sage ich mit Vorsicht. Denn es gibt einen großen Unterschied, wie, wann, warum, von wem und an wen diese Frage gestellt wird. Sehr oft bleibt es nicht bei der Frage. Meist folgt ein Rattenschwanz weiterer Fragen, die dann doch gewisse Grenzen überschreiten. Ich komme in solchen Fällen gar nicht dazu, im Detail über Eritrea zu sprechen. Denn mit dem Fragen wollen sie, in diesem Fall diese Ärzte, eigentlich immer auf etwas anderes hinaus. Denn noch bevor ich überhaupt antworten kann, fragen sie schon weiter: »Ich errate es, warten Sie, Sie kommen doch bestimmt aus dem Osten Afrikas, oder?« »Ja, richtig«, nicke ich meist. »Ah, habe ich mir doch gleich gedacht.« Ihre Gesichter leuchten vor Freude, so als hätten sie im Lotto den Hauptgewinn ergattert. »Denn die Ostafrikaner«, fangen sie an zu erklären, »haben eine ganz andere Kopfform als die anderen Afrikaner. Und die Nase …« Dann höre ich längst nicht mehr zu. Früher belächelte ich so ein Verhalten und hielt es aus. Aber inzwischen unterbreche ich sie an dieser Stelle und erzähle ihnen von der pseudowissenschaftlichen Rassenlehre aus dem 19. Jahrhundert, der sich zum Beispiel die Nationalsozialisten im Dritten Reich bedient hatten.

Ungefähr so: Die koloniale Expansionspolitik des 19. Jahrhunderts brauchte eine Begründung für die Ausbeutung der Kolonisierten, und die Wissenschaftler:innen lieferten sie: Sie behaupteten, wissenschaftlich belegen zu können, dass die Menschen in den kolonialisierten Ländern unterentwickelt seien. Die Einteilung in Menschenrassen zeigte sich vor allem in der Ungleichbehandlung. Menschen wurden in »Eingeborene« und »weiße Herrenrasse« unterteilt. Dabei waren die »Eingeborenen« Objekte der Forschung. Sie wurden entkleidet, beschrieben und vermessen, anhand von Schädelmessungen sollte die Überlegenheit der weißen »Herrenrasse« bewiesen werden. Oder diese wurden nach Deutschland gebracht, um in sogenannten »Völkerschauen« ausgestellt zu werden.

In der damaligen deutschen Kolonie Deutsch-Südwestafrika,

dem heutigen Namibia, verantworteten die Deutschen den ersten Genozid[10] des 20. Jahrhunderts. Der Völkermord an den Herero und Nama. Darüber hinaus richteten sich Deutschlands Interessen auf ihre Kolonien, um ein umfassendes »Archiv der Rassen« aufzubauen.[11] Frauen in den Arbeitslagern, die die Deutschen vor Ort errichtet hatten, wurden gezwungen, die Köpfe von Toten mit kochendem Wasser und Glasscherben von Haaren und Haut zu säubern. Um die Muskulatur zu erhalten, wurden viele Leichen in Formaldehyd eingelegt. Die Kisten sandte die Schutztruppe etwa an das Pathologische Institut in Berlin, wo sie sogenannten rassenanatomischen Untersuchungen unterzogen wurden. Heute, nach mehr als 100 Jahren, lagern immer noch tausende Schädel und menschliche Gebeine in deutschen Museen und Universitätskliniken. Schädel von Menschen ohne Namen, Schädel von Menschen, die ihres Lebens beraubt wurden, für immer eingesperrt in Glasvitrinen.

Ich sehe zwischen dem pseudowissenschaftlichen Rassismus von damals und den heutigen Ärzten, die mir unnötige Fragen stellen, Verbindungslinien. Diese weißen Ärzte, die meistens nichts von der eigenen Kolonialgeschichte ihres Landes und ihres Berufs wissen, die aus ihrer Position heraus meine Physiognomie erörterten, erkennen ihr grenzwertiges Verhalten nicht. Mir erzählen zu müssen, wie meine Kopfform und meine Nase aussehen. Dass meine Gliedmaßen so fein seien und sie dies als schön empfinden. So als wollten sie mir damit sagen, dass es o.k. sei, dass ich aussehe, wie ich aussehe, und mir ihre Zustimmung zu meinem Erscheinungsbild geben. WHAT THE FUCK!?

Was wollen sie mir damit wirklich sagen? Interessanter noch: Was sagen ihre Erörterungen über meinen Körper über sie selbst aus? Was ist das für ein Drang, fast schon krankhaft, anderen mitteilen zu müssen, wie sie aussehen, und dabei so insistierend zu sein, als könnten nur sie Recht haben? Als wäre das, was sie für schön halten, das oberste Gesetz. Irritierend finde ich vor allem diesen Stolz, der aus all ihren Poren kriecht. Sie sind so stolz auf sich, etwas erkannt zu haben, als würden sie mir was Neues erzählen. Welch eine Ignoranz! Welche Absurdität!

Wenn ich meinen Geschichtsvortrag dann beendet habe, sind die Ärzte, die mich gerade behandeln, zuerst ziemlich sprachlos und sehen oft betroffen aus, nur um ganz schnell in eine Abwehrhaltung überzugehen. Sie fühlen sich angegriffen. Sie fühlen sich missverstanden und fast schon beleidigt. Sie finden, das eine hätte nichts mit dem anderen zu tun. Denn eigentlich wollten sie etwas Gutes sagen und finden auch, dass sie mir geschmeichelt hätten. Und dass ich undankbar auf ihr Kompliment reagiere. Genau da ist aber der Haken, genau das ist das Problem. Sie haben einen Vergleich angestellt und mich verbal in Einzelteile zerstückelt, um dann das, was ihrer Meinung nach europäischen Gesichtszügen nahekommt, als positiv zu definieren. Sie sagen mir, was in ihren Augen schön ist. Sie sehen gar nicht, dass sie ein absurdes Machtspiel an den Tag legen. Dass sie die Deutungshoheit fest an sich krallen und nicht lockerlassen wollen. So als würden sie einen Riesenverlust erleiden, wenn sie es täten. Ich versuche anhand von Beispielen noch besser zu erklären, wie der Kolonialismus das Afrikabild komplett verzerrt hat. Ich sage auch, dass der Rassismus, der unseren Alltag auch heute noch beherrscht, eine koloniale Folge ist. Dass der Globale Norden immer noch das kolonialistische Pferd reitet und sich seiner Verantwortung der Welt, der Umwelt, dem Menschen allgemein gegenüber entzieht.

Abgesehen von den Ärzten gab es auch in anderen Bereichen

meines Lebens einprägsame Begegnungen mit dem Rassismus der anderen. So begegnete ich einmal einer Frau um die sechzig, die mir erzählte, sie sei Psychotherapeutin. Das war auf einem Literaturfestival, ich begleitete eine Freundin zu ihrer Lesung. Zum Abschluss der Lesung gab es ein Dinner, wir saßen alle an einer langen Tafel. Während das Essen serviert wurde, unterhielt ich mich mit dieser Psychotherapeutin, die rechts von mir saß, wir sprachen über Mode. Sie schien sich für meine Arbeit zu interessieren. Aber plötzlich, als meine Ravioli bei mir ankamen, wechselte sie das Thema und sagte: »Sie haben bestimmt einen weißen Mann!« Die Ravioli blieben mir fast im Halse stecken. Ich dachte, ich hätte mich verhört. Ohne eine Pause zu machen, fuhr sie fort: »Ich habe Recht, oder? Also weiße Männer stehen auf Frauen wie Sie. Und das, verstehen Sie mich nicht falsch, das sage ich mit Respekt. Weiße Männer lieben Ihre Hautfarbe.« Meine Freundin, die links neben mir saß, fing lauthals an zu lachen und schüttelte dabei den Kopf, sie konnte nicht glauben, was sie da hörte. Was für eine Farce! Und die Psychotherapeutin wiederholte sich. Es wurde noch sehr absurd an dem Abend, ihre Fragen nahmen immer groteskere Ausmaße an, während sie einfach unbeschwert weiterplapperte. Und das Schlimmste daran ist: Sie merkte gar nicht, welche Grenzen sie da überschritt, nahm auch die anderen Reaktionen am Tisch überhaupt nicht wahr. Sie, genau wie die erwähnten Ärzt:innen, wie einige Handelsvertreter:innen auf diversen Stoff- und Modemessen, wie eine Schuhverkäuferin in der Hamburger Innenstadt, wie der Exfreund einer Freundin und viele andere, merkte nichts, rein gar nichts. Inzwischen reagiere ich nur noch mit Mitleid. Ich tue dieses Verhalten als Krankheit ab und schreibe dieses Buch gegen die pure Rassismusignoranz. Vielleicht fällt es einem von ihnen in die Hände.

EIGENE HELDIN

Rechtzeitig zum Schuljahresbeginn der Orientierungsstufe 5. und 6. Klasse zog meine Familie wieder um. Diesmal von der Lavesallee in die Stolzestraße in der Südstadt von Hannover. Zum ersten Mal wurde ich richtig eingeschult, mit Zeremonie und Kuchen und Glückwünschen. Inmitten von vielen aufgeregten Kindern, Eltern und anderen Familienangehörigen saß auch ich mit meinen Eltern, mit vor Aufregung nass geschwitzten Händen und heißen Ohren in der Schulaula. Nervös wartete ich, dass mein Name aufgerufen wurde. Diesmal kam ich nicht mitten im Schuljahr als »die Neue« in eine Klasse, sondern als eine von vielen Neuen. Es ist ein anderes Gefühl und Selbstverständnis, zusammen mit anderen Anfänger:innen den unbekannten Klassenraum zu betreten, die neue Klassenlehrerin zu begrüßen und ein neues Gesicht zwischen vierundzwanzig weiteren neuen Gesichtern zu sein. Alle teilten die gleiche Nervosität, und so begann ein entspanntes neues Kapitel in meinem Leben.

Einige Mitschüler:innen kannten sich bereits von der Grundschulzeit, aber andere waren genauso neu und allein wie ich. Ich kam in eine Klasse mit einer sehr freundlichen, emphatischen Klassenlehrerin. Zu den Kindern, egal ob Jungs oder Mädchen, fand ich sofort Anschluss. Es war rundum ein guter und einfacher Neubeginn und eine völlig andere Situation als meine vorherige Schulerfahrung. Nach einigen Monaten merkte ich, dass hier weder Mobbing, Hinterhältigkeit noch Ausgrenzung an der Tagesordnung waren. Genauso ungewohnt war es auch, dass ich zum Spielen nach Hause mitgenommen wurde, ohne dass es sich um eine Einladung zur privaten Völkerschau oder Examinierung handelte. Ihr Interesse galt nur mir, Bisrat, Mädchen, Kind und Freundin. Ich war plötzlich normal, was auch immer normal sein mag, aber aus der Perspektive der anderen gehörte ich auf einmal dazu. So als hätte es eine Mutprobe gegeben, und ich hatte sie bestanden.

Auch ich nahm Klassenkameradinnen mit nach Hause, die mit uns zu Mittag eritreisch aßen, meine Familie kennenlernten, mich fern von der Schule meine Sprache sprechen hörten. Meinen neuen Freundinnen gewährte ich einen Einblick in meine Welt. Ob nun das Essen oder die Musik, alles war neu für sie. Vor allem an dem Essen hatten sie ihre Freude. Manchmal fragten sie auch, wann es denn wieder Injera gab. Injera ist ein dünnes, luftiges Fladenbrot, das vom Aussehen her etwas an Crêpes erinnert. Es wird traditionell mit Teff-Mehl zubereitet, man kann aber auch feines Weizenmehl verwenden. Auf die Injera werden verschiedene Gerichte verteilt. Die Zubereitung ist so aufwendig, dass es nicht so oft Injera zu Hause gab.

Ich fühlte mich großartig. Alles war auf einmal anders und gut. Ein Gefühl, das mich stärkte und dazu führte, dass ich mich viel positiver wahrnahm als je zuvor. Dafür, dass ich zuvor immer die Außenstehende gewesen war, die immer nur beobachtete und nie gewagt hatte, etwas zu sagen, lernte ich schnell dazu. Ganz von selbst, ohne viel Zauberei oder mühsame Übung, funktionierte meine Stimme wieder reibungslos. Zuvor, in der 3. Klasse, hatte mich unser Mathelehrer mal gefragt, ob ich meine Zunge verschluckt hätte, da ich nicht viel sagte. Es gab viele Gründe dafür, dass ich damals nicht viel sprach. Ich war neu in der Klasse, gerade mal ein halbes Jahr in Deutschland und noch nicht angekommen. Ich war noch unsicher mit der Sprache – eigentlich unsicher mit allem. Diese Unsicherheit griffen die Kinder auf, die sich über jeden Fehler und alles, was für sie fremd war, lustig machten. Was bei mir eine innere Wut auslöste. Diese Wut und Unsicherheit verblassten, als ich mich nach und nach an das neue Leben gewöhnte, und vor allem, als ich langsam der deutschen Sprache mächtig wurde.

Auf einmal konnte ich mich ausdrücken, ohne Angst zu haben, etwas Falsches zu sagen oder etwas, was für mich von Nachteil wäre. In der 5. Klasse sprach ich schon recht gut Deutsch, und auch das Schreiben fiel mir leicht. Aus unerklärlichen Gründen hatte ich viel Freude an der Grammatik. Ich lernte die deutsche Sprache lieben. Grundsätzlich lagen mir Sprachen sehr, am liebsten hätte ich sie alle gesammelt – wie andere wertvolle Briefmarken, die einzigartig und nur für Auserwählte erschwinglich sind. Je mehr Sprachen ich sprechen kann, desto reicher bin ich, dachte ich schon damals. Ein Reichtum, den mir kein Mensch wegnehmen kann, der nicht viel Platz braucht und unkompliziert ist. Sprachen sind etwas Wertvolles. So lernte ich später auch Englisch und Französisch mit großer Leidenschaft.

Aber was durch meine neu gewonnene Selbstsicherheit noch zusätzlich dazukam, waren nicht nur die neuen Freundinnen oder das Dazugehören, sondern ein ganz neues Auftreten – und Mut. Meine über einige Jahre hinweg angestaute Wut wandelte sich zu Mut. Tatsächlich machte sie einen regelrechten Kopfstand: Die Wut entwickelte sich zu großartigem Mut. Ich wurde so mutig, dass ich mich selbst zur Anführerin der Gerechtigkeit ernannte. Fortan war ich bedacht, mich für das Gute und für die Ausgegrenzten einzusetzen. Wo auch immer ich Ungerechtigkeiten sah, klinkte ich mich ein und unterstützte die Wehrlosen.

Mein täglicher Schulweg führte mich entweder unsere Straße entlang, die Stolzestraße runter bis zur Sallstraße, um dann links einzubiegen und immer der Nase nach circa zehn Minuten bis zur Schule zu laufen, oder ich nahm für drei Stationen den Bus. Ich ging sehr gern zur Schule und freute mich morgens auf das, was ich lernen und erleben würde. Nach der Schule hatte ich es meistens nicht sehr eilig, nach Hause zu kommen. Statt zügig zu gehen, schob ich mich lieber langsam die Straße runter, um den Nachhauseweg so weit wie möglich auszudehnen und Menschen zu beobachten. Ich schlenderte, schaute Fußgänger:innen nach und dachte mir für alle, die an mir vorbeiliefen, eine Geschichte aus. Woher sie wohl gerade kamen und wohin sie gingen, wie sie hießen und was sie dachten. Ich imitierte manchmal Gespräche, in denen ich ihnen die Worte von den Lippen abzulesen versuchte. Meistens glaubte ich, was ich mir selbst erzählte. Dass mir keiner auf die Schliche kam und mich für irre erklärte, wunderte mich.

Eines Tages, während ich so die Sallstraße entlangschlurfte und in meiner Fantasiewelt eine Heldin mimte, sah ich von Weitem, wie vier Kinder, zwei Mädchen und zwei Jungs, ein anderes Mädchen ärgerten. Sie mussten in der dritten Klasse gewesen sein und ebenso wie ich von der Schule nach Hause laufen. Worum es genau ging, konnte ich nicht erahnen, dafür waren sie zu weit weg. Ich legte einen schnelleren Gang ein und lief den Kindern unauffällig hinterher. Ihre Ranzen auf dem Rücken schaukelnd rückten sie dem anderen Mädchen auf die Pelle. Sie schubsten und bedrängten das arme verschreckte Ding und hörten einfach nicht auf. Die vier genossen es förmlich zu schikanieren. Ich konnte mich nur zu gut in die Lage des Mädchens versetzen. Für mein Alter, ich war zehn oder elf, war ich recht groß, meistens wurde ich für sechzehn oder siebzehn gehalten. Dies hatte seine Vor- und Nachteile. Die Nachteile waren, dass ich jedes Mal, wenn ich mit dem Bus fahren wollte, nachweisen musste, dass ich auch wirklich ein Kind war und eine Kinderfahrkarte kaufen durfte. Das war nervig und auch peinlich, wenn die Blicke aller Mitfahrenden sich auf mich richteten. Aber in dieser Situation war meine Größe ein Vorteil.

Ich beobachtete, wie die vier Kinder das Mädchen zwischen parkende Autos drängten und ihr wehtaten. Als ich mich ihnen näherte, konnte ich einige Wortfetzen hören. »Du bist so fett, dass …« O.k., jetzt reichte es mir. Ich musste mir schleunigst etwas einfallen lassen und dazwischengehen. So leise wie möglich stellte ich mich unmittelbar hinter die Jungs, die erst mal nichts tuend und grinsend neben den beiden Mädchen standen. Sie bemerkten mich erst, als ich sie mit »Was ist denn hier los? Was macht ihr?« ansprach. So als wären sie im Rausch, äfften sie das Mädchen nach und machten Laute, als würden sie heulen. »Mmmhhhh, heul doch, du Heulsuse, ruf doch deine Mami …«, riefen die Jungs, die kleiner und spargeliger waren als die Mädchen. Sie gingen mir grad mal bis zur Brust. Ohne Mühe hätte ich sie locker packen und zu Boden werfen können. Ungerechtigkeiten ertrug ich umso weniger, wenn es vier gegen eine waren. Das war so feige und ein typisches Anzeichen für dumme, gemeine Weicheier. Nun packte ich sie einen nach dem anderen an ihren Ranzen und schob sie zur Seite. Dabei schimpfte ich laut: »Ihr Sumpfkühe!« Das Wort Sumpfkuh hatte ich gerade erst neu aufgeschnappt, was es genau bedeutete, wusste ich gar nicht. Durch das PF und U klang es irgendwie gemein und furchteinflößend, fand ich.

»Verschwindet! Sonst mach ich euch alle platt!« Verunsichert schauten sie sich an. Die Mädchen fragten frech: »Wer ist denn die?« »Wer ich bin, willst du wissen?«, warf ich zurück. »Ich bin ihre Freundin.« Dabei zeigte ich auf das Mädchen, das geärgert wurde. »Und meine großen Brüder sind auch ihre Freunde. Und wenn ich euch jemals wieder dabei erwische, wie ihr andere Kinder ärgert, habt ihr ein Riesenproblem. Merkt euch das!« Ich redete langsam und betonte jedes einzelne Wort deutlich und mit Nachdruck. Ich hatte das mal in einem Film gesehen, dadurch wirkt man bedrohlicher. »Ich sehe euch immer und überall, meine großen Brüder sehen euch auch immer und überall. Immer. Und überall! Und jetzt weg mit euch, aber zackig!« Ich duckte mich leicht, so wie eine Raubkatze auf Beutejagd, und scheuchte sie mit meinen Händen davon, so wie es mein Bruder manchmal tat, wenn er mir Angst machen wollte. Die Scout-Ranzen wippten hin und her, als die vier ihre Beine in die Hand nahmen und das Weite suchten.

Das verängstigte Mädchen lehnte noch zwischen den parkenden Autos und beobachtete verwirrt die ganze Szene. Während ich ihr versprach, dass diese gemeinen Kinder sie nie mehr ärgern würden, reichte ich ihr die Hand und half ihr aus ihrer kleinen Lücke heraus. Sie war etwas größer als die Jungs, die sie geärgert hatten, aber kleiner als die Mädchen. Schnell gewann ich ihr Vertrauen, und sie erzählte mir, dass sie um die Ecke wohnte. Zusammen gingen wir ein Stück des Weges, bis sie in ihre Straße einbiegen musste. Sie bedankte sich noch mal schnell und verschwand hinter den Autos.

Mit meinem ersten Einsatz war ich ausgesprochen zufrieden. Grinsend und glücklich lief ich weiter nach Hause. Kurz vor der Haustür entschied ich mich, mir noch schnell zur Belohnung bei »Zindel«, dem Tante-Emma-Laden von gegenüber, eine Süßigkeit zu holen. Schokolade habe ich nie gemocht, aber Milky Way schon. 40 Sekunden reichten mir, um meinen Schokoriegel genüsslich zu verdrücken, bevor ich unsere Haustür erreichte.

HELDIN MIT WUT

Die Schule machte mir sehr viel Spaß. Alles nahm seinen Lauf. Alles schien normal zu sein. Ich fühlte mich wohl und gehörte dazu. Die einzigen Dinge, die mir an meinem Schulalltag nicht gefielen, waren Mathe und Chemie. Sonst mochte ich alles. Vor allem freute ich mich auf meine Foto-AG. Ich war begeistert von Fotografie und der ganzen Sensation um die Entstehung eines Bildes, von der Dunkelkammer und der Magie, wie einzelne Erinnerungen langsam unter dem Rotlicht in einer kleinen Plastikwanne zum Leben erweckt wurden.

In Gedanken bei meinem frisch entwickelten Film, lief ich die Treppe in die zweite Etage des Schulgebäudes hoch. Wie nach jeder großen Pause herrschte im Treppenhaus ein Riesengedrängel. Obwohl es keiner eilig hatte, wollten alle doch schnell oben ankommen. Da hörte ich: »Mach den Weg frei, du N-Schlampe!« Das Wort hatte einen schalen Klang, es war plump und irgendwie bitter, bis es sich in giftig und grässlich auflöste. Es traf mich, bevor es im langen Schulflur verschwand. Es traf mich mitten in der Magengrube. Sofort passierte etwas mit mir. Es fühlte sich an, als hätte jemand auf ON gedrückt und einen Schalter umgelegt, der noch nie zuvor betätigt worden war. Ich war plötzlich voller Wut. Eine Wut, die ich in dieser Intensität bisher nicht so kannte. Sie war wuchtig. Mein Kopf schaltete sich aus, und in diesem Augenblick entzündete die Wut meinen Mut.

Ich drehte mich um und versuchte herauszubekommen,

welche ungezügelte Zunge sich traute, mir so etwas Ekliges auf den Rücken zu schmieren. Ich wollte diese Zunge finden, sie langziehen, sie in Stücke reißen und mit den Füßen platttreten. Diese Zunge gehörte einem zwölfjährigen Jungen mit strahlend blauen Augen und glatten braunen Haaren aus der Parallelklasse. Er versuchte sich an mir vorbeizudrängeln und wagte es sogar noch mal. Diesmal schaute er mir sogar in die Augen und fügte ein »Verpiss dich endlich!« hinzu.

Nun bestand ich nur noch aus MutWut, so als hätte sich mein Körper komplett in diese zwei Wörter verwandelt. Diese Gefühlskombination kannte ich zwar von meinem ersten Einsatz, bei dem ich interveniert hatte, als vier Kinder ein Mädchen mobbten, aber nicht in diesem Ausmaß – vielleicht weil es mich diesmal selbst betraf. Mut und Wut hatten die Kontrolle. Sie nahmen die letzten beiden Stufen auf einmal und sprangen dieser Zunge, die aus einem blau-orange karierten Hemd ragte, hinterher. Der Junge stand vor mir im Flur der zweiten Etage. Ich packte ihn von hinten am Kragen, wirbelte ihn einmal komplett herum und blinzelte ihn mit meinen dunkelbraunen Augen an. Er sah sehr überrascht aus, um nicht zu sagen völlig geschockt. Nie im Leben hätte er damit gerechnet, dass die kleine N-Schlampe ihn wie ein flinker Jaguar angreifen würde. Nie im Leben hätte er gedacht, dass ein Mädchen es wagen würde, ihm das Gift in seinem Kopf wie einen eitrigen Pickel auszudrücken. Verdattert taumelte er nach hinten, riss die Augen weit auf und hob die Hände: »Hey, was soll das?«

Es ging alles blitzschnell. Die Wut steuerte mich. Ich sah nichts anderes mehr. Um mich herum wirkte alles verschwommen. In meinem Wutrausch drückte ich ihn gegen die Wand. »Was hast du eben zu mir gesagt?«, fragte ich mit leiser, ruhiger Stimme, die dabei sehr klar und bestimmt klang. »Los!

Entschuldige dich!« Er bekam kein Wort heraus, ich dagegen wurde langsam immer aggressiver. Er versuchte, sich zu wehren, blieb aber mit seinem Hemd an irgendwas an der Wand hängen. Ich zog ihn in meine Richtung, und das Hemd riss. Mir war alles egal, ich wollte, dass er sich entschuldigte. Er tat es aber nicht. Plötzlich bildete sich eine Menschentraube um uns herum, einige Jungs aus meiner Klasse waren dabei. »Bisrat, Bisrat!«, hörte ich ihre melodischen Rufe wie aus weiter Ferne. Die feuerten mich an? Das hatte ich nicht erwartet.

Nun lagen wir auf dem Boden. Ich hatte Zunge zu Boden geworfen. Auf seinem Bauch sitzend drückte ich seine Hände hinter seinem Kopf auf das kalte Linoleum. Es wurde peinlich für ihn, und ihm blieb nichts anderes übrig, als kleinlaut ein »Tut mir leid« zu piepsen. »Geht doch!«, schrie ich ihn an. Nervös sprang ich auf, als mein Verstand langsam wieder einsetzte. Verwirrt lief ich in meine Klasse und setzte mich am ganzen Körper zitternd auf meinen Platz. Von mir selbst entsetzt fragte ich mich, wie das passieren konnte. Ich konnte mich selbst nicht verstehen. Doch tief in meinem Inneren war ich auch stolz auf mich. Ich war stolz, dass ich mich nicht mehr rumschubsen und mir so etwas gefallen ließ. Dass ich mich von so einem Schwachnacken nicht hatte einschüchtern lassen. Das sollte nun endgültig vorbei sein. Nie wieder werde ich mir so einen Dreck gefallen lassen. Die Jungs aus meiner Klasse kamen nach und nach an meinem Tisch und lobten mich, weil ich es dem Idioten gezeigt hatte.

Später machten sich einige zweifelnde Fragen in meinem Kopf breit und schlugen Purzelbäume: Was, wenn sich der Idiot rächt? Was, wenn er mir irgendwann nach der Schule auflauert und mich genauso fertigmacht, wie ich ihn fertiggemacht habe? Was, wenn er seine Kumpels überredet, mir nachzustellen? Zu

Hause erzählte ich niemandem von meinen Problemen in der Schule. Weder meinen Eltern noch meinen Geschwistern oder sonst wem. Einfach wegignorieren war eine meiner Strategien. Trotzdem war ich voller Sorgen und fantasierte rum. Tagein und tagaus wartete ich, dass irgendein Rachefeldzug kam. Eine Zeitlang traf ich immer exakt zur »Schulrushhour« in der Schule ein und verließ auch das Gebäude genau dann, wenn alle das taten. Ich versuchte, möglichst nicht zu früh oder zu spät zu sein. Aber nichts passierte. Er hat sich weder gerächt noch sich jemals wieder etwas Gemeines erlaubt.

Zu meinem Erstaunen kam es ganz anders als befürchtet. Bei zufälligen Begegnungen im Treppenhaus, auf dem Schulhof oder wenn sich aus Versehen unsere Blicke trafen, nickte er nur höflich oder lief stumm an mir vorbei. Nicht mehr, nicht weniger. Er hat mich nie wieder auf irgendeine Art und Weise belästigt. Das hat mir letztendlich gezeigt, wie wichtig es ist, für sich selbst einzustehen. Mut zahlt sich immer aus, egal in welcher Situation oder Lebenslage.

Wenn ich heute an diese Situation zurückdenke und meine Gedanken über Mut weiterspinne, frage ich mich, ob Mut nicht auch etwas mit Würde zu tun hat. Zivilcourage wäre doch der Mut, der die eigene Würde und die der anderen Person beschützt und verteidigt. Im deutschen Grundgesetzbuch § 1 steht: »Die Würde des Menschen ist unantastbar.« Inwiefern ist sie denn unantastbar, wenn wir sie bereitwillig mit Füßen zertrampeln? Ich habe den Eindruck, dass wir Menschen uns mehr Gedanken über Würde machen sollten. Und wenn es doch passiert, wenn jemandem die Würde entrissen wird, dann ist die daraus entstandene Wut berechtigt. In dem Fall ist die Wut Teil der Würde – sozusagen eine würdevolle Reaktion.

Es ist überaus komplex, Würde zu definieren, zu begreifen und zu ergreifen, denn sie ist unantastbar. In erster Linie ist es aber eine Auslegungssache. Würde hat etwas mit Selbstbestimmung zu tun! Für mich ist sie direkt verwandt mit Freiheit, Anstand und Moral. Würde ist die Mutter von Respekt und Liebe. Die Basis unseres Tuns und Handelns. Sie ermöglicht ein gesundes und friedliches Miteinander. So kompliziert die Würde zu erfassen scheint, so wichtig, fragil und schutzbedürftig ist sie. Die Würde sollte ständig, unbedingt und immer wieder aus allen Winkeln, Perspektiven und mit allen Stimmen besprochen, beschützt und geachtet werden. Sonst bleibt sie nur eine Hülle, ein leeres Wort im Rahmen des deutschen GG.

WEIS(S)HEIT UND ALTER

Ich fühlte mich fast schon erwachsen. Mit 13 Jahren hatte ich meinen ersten Job. Eine Studentin aus der Nachbarschaft war hochschwanger und fragte mich, ob ich sie nicht vertreten möchte. Sie überzeugte mich, wie vorteilhaft es sei, eigenes Geld zu verdienen. Einmal die Woche für zwei bis drei Stunden für eine alte Dame im Viertel einkaufen zu gehen, den Zaun zu streichen, Tee zu kochen und ihr Gesellschaft zu leisten, das klang machbar. Und zwölf Mark die Stunde war eine Menge Geld. Frau Petry, so hieß die ältere Dame, mochte mich und willigte ein, dass ich Tina, die Studentin, vertrat. Frau Petry war alleinstehend und um die 78 oder vielleicht auch älter, ich konnte es nicht genau sagen und fragte sie auch nie nach ihrem Alter. Da ich nie zuvor etwas mit alten Menschen zu tun hatte, kamen mir alle Menschen mit grauen Haaren und künstlichem Gebiss uralt vor. Eigentlich wirkte sie auf mich fast wie hundert. Jeden Dienstagnachmittag, wenn ich bei ihr war, saß sie im Wohnzimmer, schaute fern oder las eine Zeitung. Anders kannte ich sie nicht, bloß im Wohnzimmer sitzend. Wenn sie aufstand, dann nur mit sehr viel Mühe und mithilfe eines braunen Gehstocks. Sie wohnte in einem großen, dreistöckigen Haus, das komplett vollgestellt war. Es war randvoll mit Möbeln, Geschirr, uralten Zeitungen und übereinanderliegenden Teppichen. Dem Haus war lange kein Leben mehr eingehaucht worden, fast hatte es den Anschein, als wäre es in den Fünfzigern stehen geblieben. Als hätte jemand den Stecker gezogen und die Zeit angehalten.

Einmal sollte ich Frau Petry eine Zeitung aus einem Raum gleich neben dem Wohnzimmer holen. Der Raum war rechteckig, lang und roch nach Mottenkugeln. Auf der linken Seite war ein meterbreiter, offener Schrank mit dicht aneinander aufgehängten Kleidern. Rechts davon lagen hunderte Zeitungen sauber aufeinandergestapelt. Ich fand zu meinem Erstaunen die gewünschte Zeitung sofort, ohne lange suchen zu müssen. Zu gern hätte ich mich länger in diesem Raum aufgehalten und mir jedes einzelne Kleid genauer angeschaut. Kleider liebte ich, vor allem solche, die funkelten und glitzerten. Aber leider war ich nicht zum Kleideranschauen bei Frau Petry.

Für eine Dreizehnjährige war es eigentlich ein recht verantwortungsvoller Job, das erkannte ich nach den ersten Wochen. Denn abgesehen vom Zaunstreichen, Treppenhausfegen, Einkaufengehen, Teekochen und Michunterhalten fragte Frau Petry mich ab und an, ihr beim Gang auf die Toilette zu helfen. Anfangs war es mir sehr unangenehm, und ich war leicht beschämt. Sie aus dem Sessel zu hieven war ein Kraftakt und mit sehr viel Geduld verbunden. Sie war so hilflos. Ich hätte weinen können, so sehr tat sie mir leid. Eigentlich wusste ich gar nichts über sie. Ich wusste nicht, ob sie Kinder hatte oder mal verheiratet gewesen war, ob sie gearbeitet hatte, ob ihr Freund:innen oder Familie manchmal einen Besuch abstatteten. Einmal die Woche, fast zwei Jahre lang, habe ich sie immer nur allein gesehen. Nach getaner Arbeit verabschiedete ich mich meist mit einem mulmigen Gefühl im Bauch. Sie so mutterseelenallein in ihrem Sessel sitzend zu verlassen fand ich traurig. Einem Familienmenschen wie mir fiel das schwer.

Manchmal bat sie mich, ihr bei ihrem Nachmittagstee – am liebsten trank sie ostfriesischen – Gesellschaft zu leisten. Tee mochte ich nicht besonders, also lehnte ich höflich ab und saß mit ruhigen, gefalteten Händen da und schaute mit ihr fern. Sie in ihrem roten Samtsessel und ich auf dem Sofa an der Wand. Die Unterhaltung war sehr karg oder eher gar nicht als solche zu bezeichnen. Ich saß nur da, damit Frau Petry beim Teetrinken nicht allein war. Meist fragte sie mich, ob ich ihr den braunen Kandiszucker reichen könnte und ob ich einen von den Butterkeksen möchte, die ich ihr zum Tee serviert hatte.

Eines Nachmittags lief eine Doku über Flora und Fauna, irgendwas Geografisches, ich schaute nicht wirklich hin. Plötzlich ließ Frau Petry ihre Teetasse auf die Untertasse fallen und griff nach ihrem Stock, um damit gegen das Tischbein zu klopfen. Sie schaute mich an und schüttelte dabei hektisch ihren alten Kopf, so als wollte sie etwas nicht wahrhaben. Ich verstand nicht, was los war. »Igitt, igitt. Schalte um. Ich kann die nicht sehen. Die sind ja so schrecklich hässlich. Man möchte meinen, dass es keine Menschen sind. Schnell, das ist ja furchtbar.« Ich schaute Frau Petry an und verstand nicht gleich, zu sehr war ich noch in meinen Gedanken versunken. »Diese N…! Mach sie weg! Schnell!« Sie fuchtelte ungeduldig mit ihrem Gehstock und zeigte immer wieder auf den Fernseher. Wie in Trance drehte ich mich in Richtung Mattscheibe. Ihre Worte wirbelten durch meinen Kopf, ich versuchte sie einzuordnen und zu verstehen.

Über den Bildschirm flimmerte das Afrika aus der Sicht des weißen Mannes in seinem Kolonialkostüm. Es war eine Schwarz-Weiß-Dokumentation über das Klischee-Afrika. Zum ersten Mal in meinem Leben wurde ich mit einer solchen visuellen Darstellung Afrikas konfrontiert, den dort lebenden Menschen und der Reaktion einer weißen Rezipientin. Damals dachte ich sicher nicht, dass es sich hier um einen Film »aus der Sicht des weißen Mannes« handelte, dafür war der Begriff des alten weißen Mannes noch zu unbekannt. Aber mir war beim Anblick dieser Bilder sofort klar, dass die Weißen ein ziemlich verzerrtes Afrikabild erschaffen hatten. Ich war ganz verwundert, nein, eher irritiert. Und auch wütend. Die Darstellungen im Fernseher waren nicht in Ordnung. Die Menschen wurden alle unbekleidet gezeigt und standen verängstigt in Gruppen zusammengedrängt, während die gut gekleideten weißen Männer sie hin und her schoben. Ich fühlte mich unwohl und war entsetzt, schnell sprang ich auf und schaltete um. Dann stand ich neben dem Fernseher wie erstarrt und hatte noch die »Afrikabilder« und die Worte von Frau Petry unsortiert im Kopf.

Ich war unentschlossen, was ich schlimmer fand: die Reaktion von Frau Petry oder die Bilder. Was ich an diesem Nachmittag sah, war nicht das Afrika, das ich kannte. Es war das Afrika der weißen europäischen Kolonialisten, der Ausbeuter. Sie hatten ein Bild erschaffen, um den Kolonialismus zu rechtfertigen. Gezeigt wurde ein Afrika, das nicht auf eigenen Beinen stehen kann. Als würde der Kontinent und die Menschen dort darauf warten, von den Weißen gerettet zu werden. Sie konstruierten sich selbst als überlegen und machten das ihnen Unbekannte damit kleiner. Afrika wurde jegliche Vielfältigkeit aberkannt. Sie untergruben ihre Komplexität.

Jahre später verstand ich die Zusammenhänge besser. Durch jahrhundertelangen Sklavenhandel ermöglichten sich die Kolonialmächte wirtschaftliche Sicherheit und Stabilität. Sie behaupteten, andere Länder zu besetzen, um die Menschen im Namen des Fortschrittes und des Christentums zu zivilisieren. Aber im Grunde genommen ging es nicht um die Menschen oder um Wohltätigkeit. Es ging vielmehr darum, Land, Menschen und Bodenschätze zu rauben. Und so hat der Kolonialismus nicht nur in der Vergangenheit Menschenleben, Existenzen und Kulturen zerstört, sondern wütet bis zum heutigen Tag weiter. Die koloniale Vergangenheit ist weder in Italien, England noch in Frankreich oder Deutschland aufgearbeitet worden. Einige Europäer:innen denken heute noch, dass die Kolonisation ihre Berechtigung hatte und dass es dem sogenannten rückständigen Afrika auch Vorteile gebracht hatte, besetzt und unterdrückt zu werden. So spricht die heutige Ignoranz, der ich das erste Mal in Form von Frau Petry begegnet war.

Viele Wissenschaftler:innen und Schriftsteller:innen zeigen die kolonialen Ungerechtigkeiten auf. Der afrokaribische Schriftsteller und Politiker Aimé Césaire[12] schrieb:

Eine Zivilisation, die sich unfähig zeigt, die Probleme zu lösen, die durch ihr Wirken entstanden sind, ist eine dekadente Zivilisation.

Eine Zivilisation, die beschließt, vor ihren brennendsten Problemen die Augen zu verschließen, ist eine kranke Zivilisation.

Eine Zivilisation, die mit ihren eigenen Grundsätzen ihr Spiel treibt, ist eine im Sterben liegende Zivilisation.

Tatsache ist, dass die sogenannte »europäische«, die sogenannte »westliche« Zivilisation, so wie zwei Jahrhunderte bürgerliche Herrschaft sie geformt haben, unfähig ist, die beiden Hauptprobleme zu lösen, die durch ihre Existenz entstanden sind: Problem des Proletariats und das koloniale Problem; dass dieses Europa, vor die Schranken der »Vernunft« wie vor die Schranken des »Gewissens« gestellt, außerstande ist, sich zu rechtfertigen; und dass es sich mehr und mehr in eine Heuchelei flüchtet, die umso abscheulicher wird, je weniger Aussicht sie hat, hinters Licht zu führen. Europa ist unhaltbar.

Ich kenne nur einen winzig kleinen Teil von Afrika und bin mir dessen bewusst. Frau Petry meinte aber durch einen einzigen

Fernsehbeitrag und von ihrem roten Wohnzimmersessel aus den ganzen Kontinent und all seine Bewohner:innen zu kennen. Zumindest wirkte es so auf mich, ich habe sie nie gefragt, ob sie vielleicht mal in Afrika war. Afrika ist groß – 84-mal größer als Deutschland. Afrika ist Asmara. Afrika ist Eritrea. Afrika ist Khartum und Sudan. Afrika ist mehr, unendlich groß und vielseitig. Auf dem Kontinent werden mehr als 2000 Sprachen und Dialekte gesprochen. Trotzdem passiert es in Deutschland, dass Afrika auf ein Land mit nur einer Sprache reduziert wird, »Afrikanisch«. »Ein Land«, in dem die Menschen den lieben langen Tag nichts anderes machen, als auf den weißen, mächtigen, allwissenden Mann zu warten, der sie erlöst. Und der weiße Mann hat sich in diesem Bild zum Retter aller Afrikaner:innen ernannt, weil nur er die Lösung für die Probleme Afrikas in seiner Aktentasche trägt. Das war das Bild von Afrika, das ich in den Achtzigern in Hannover kennenlernte, als ich bei Frau Petry auf dem Sofa saß. Das Fatale ist, dass sich seitdem immer noch nicht viel geändert hat. Mir begegnet exakt dieses simple Afrikabild, das durch einen eurozentrischen Blick geformt ist, auch heute noch in meinem Alltag.

Das Afrikabild der Weißen nährt auch den heutigen Rassismus. Und solange sich die Weißen mit ihrer kolonialen Vergangenheit nicht auseinandergesetzt haben, so lange werden sie auch weiterhin rassismuskrank bleiben. Solange sie nicht einsehen, dass sie allein der Schlüssel zu ihrer eigenen Genesung sind, werden sie auch weiterhin nicht verstehen, dass sie rassistisches Gedankengut in sich tragen. Es ist wie mit dem Alkoholiker, der nicht aufhört zu saufen, weil er nicht kapiert, dass er ein Säufer ist. Ich wünsche mir, dass Menschen aufhören, ihre Probleme zu den Problemen anderer zu machen. Wenn Menschen ihre Verantwortung erkennen, dann können sie was verändern. Die Rassismuskonstruktion kann nur von ihren Erbauer:innen dekonstruiert werden. Fangen wir mit der Sprache an. Es wäre ein erster wichtiger Schritt, bestimmte Wörter aus dem persönlichen Sprachgebrauch zu streichen, Wörter, die für bestimmte Menschengruppen sehr verletzend und mit weit zurückreichenden Verletzungen verbunden sind. Und aufzuhören sich zu beschweren, dass sie, die diese Wörter weiter aufrechterhalten wollen, sich sonst in ihrer Freiheit eingeschränkt fühlen. Ein kleiner Schritt für jede:n Einzelne:n – aber ein großer Schritt in Richtung Demontage der Rassismuskonstruktion.

Mit dreizehn Jahren konnte ich das noch nicht so klar formulieren. Ich weiß noch, wie ich sprachlos neben dem Fernseher stand und Frau Petry mir angewidert erzählte, wie unappetitlich der Anblick dieser N… für sie sei. Die sie als hässlich, dumm und unmenschlich definierte, wie sie mir ungefiltert an den Kopf warf. Sie hörte gar nicht mehr auf zu reden, diese einsame, weiße, alte Frau. Ich versuchte verzweifelt, den Knoten in meiner Zunge zu lösen, um ihr von meinem Afrika zu erzählen. Ein komischer Geschmack breitete sich in meinem Mund aus. Meine Hände waren feucht, und mir wurde ganz flau. Als ich in mich hineinhorchte, erkannte ich, dass ich eine riesige Wut im Bauch hatte. Ich wusste nicht, wohin damit. Den Mut, der alten Frau meine Meinung zu sagen, fand ich noch nicht, weil ich zu viel Mitleid mit ihr hatte.

Die Woche darauf schaffte ich es dann doch, ihr etwas über mein Afrika zu erzählen, das Afrika, das ich kannte. Ich erzählte ihr von Asmara, von unserem Hund Solomon und dem Granatapfelbaum und seinen Früchten. Aber meine Worte verklangen im verdunkelten Wohnzimmer und zerbröselten wie Kekskrümel über dem Samtsofa. Frau Petrys Afrikabild steckte viel zu fest in ihrem Kopf, als dass es hätte ausradiert werden können. Was mich besonders betrübte, war, dass dieses festzementierte Bild keinen Raum für meine Erfahrungen und Erzählungen bot. Nach diesem Nachmittag veränderte sich etwas grundlegend für mich. Bis dahin hatte ich immer gedacht, dass ältere Menschen lebensklug sind. Dass sie mit den Erlebnissen und Erfahrungen eines ganzen Lebens weise werden *müssten*. Dass sie aus Fehlern gelernt hatten und es mit der Zeit, im Alter, alles besser machten. Davon war ich überzeugt. Aber die Scheuklappen des Weißseins hatte ich dabei nicht mitgedacht. Nun wusste ich, dass Alter keine Garantie für Weisheit war.

WUT OHNE MUT

In meiner Schullaufbahn von der Grundschule bis zum Abitur erlebte ich eine gewisse Steigerung in puncto Ausgrenzung, Ankommen, Gemeinschaft und Zusammenhalt. Am obersten Punkt der Skala stand »Angekommen und Angenommen«. Wie sich das anfühlte, machte mir – wie bereits erwähnt – die Orientierungsstufe, in der 5. und 6. Klasse, klar. In der Zeit entdeckte ich meinen Mut und eignete ihn mir wieder an. Dass ich unter Menschen war, die mir wohlgesinnt waren und von denen ich mich verstanden fühlte, gab mir Kraft und Selbstbewusstsein. Ich fühlte mich mit mir im Einklang. Dieses Gefühl legte sich wie eine schützende Haut um mich und um meine Emotionen, so dass mir böswillige Beleidigungen oder Angriffe weniger anhaben konnten. Gemeinheiten prallten an mir ab, so als trüge ich eine Rüstung. Einen Schildkrötenpanzer. Emotional gesund und vor externen Angriffen geschützt. Ich konnte weiterziehen und war bereit für die nächste Schuletappe, für die 7. Klasse.

Die neue Klasse war die wildeste Klasse, die man sich hätte vorstellen können. Unheimlich frech und manchmal sogar grenzwertig. Unsere Französischlehrerin, an die ich mich sehr gut erinnere, da Französisch eins meiner Lieblingsfächer war, durchlitt mit größter Gewissheit einige schlaflose Nächte. Oft kam sie schon mit roten Augen in die Klasse, so als hätte sie vor dem Eintritt in den Raum geweint. Einige Jungs aus meiner Klasse brachten einmal einen kleinen Hund mit und versteckten das arme Tier im Schrank. Während des Unterrichts kratzte und knurrte es aus dem Schrank heraus. Es dauerte, bis unsere Lehrerin rausfand, wo die Laute herkamen. Diejenigen, die auf die merkwürdigsten Ideen kamen, waren ausschließlich Jungs. Es waren keine bestimmten Personen, stattdessen fanden sich abwechselnd neue Duos und Trios. Mal diese, mal jene. Aber es waren immer Jungs, so als hätten sie sich geschworen, immer zusammenzuhalten. So wie Arsch und Loch.

Wenn der eine etwas Unwitziges erzählte, lachten sich alle anderen schlapp. Man könnte ihr Verhalten auch in die Pubertätsschublade schieben, um sich zu beruhigen und nicht die Hoffnung zu verlieren – irgendwann würden sie sich bestimmt verändern. Zum Glück gab es wenigstens ein paar Kandidaten, die nicht wie eine Horde hirnloser Kreaturen alles machten, was ihr Testosteron ihnen befahl. Das waren die Vernünftigen, die Reflektierten.

Wir waren ungefähr 28 Schüler:innen in der Klasse. Die meisten Lehrer:innen waren cool. Für mich liefen die 7. und die 8. Klasse wie geschmiert, bis sich in der 9. etwas veränderte: Ausgerechnet meiner Klasse, mit mir, der einzigen Schwarzen auf der ganzen Schule, wurde ein Naziskinhead zugeteilt. Ich kannte ihn vom Sehen, er war in einer der oberen Klassen. Als er sitzenblieb, kam er in die 9. Klasse zu uns. Ich saß weit hinten, in der dritten von vier Reihen, und hinter mir saß er. Er trug den klassischen Skinheadlook, schwarze Bomberjacke, mit Domestos gebleichte Jeanshose und Springerstiefel. Um das Bild zu vollenden, hatte er die Haare abrasiert.

Er hieß Alexander, genannt Axi. Axi war schmächtig und hatte eine geduckte Körperhaltung. Eigentlich war er ein kleiner Junge mit einer zu großen Klappe. Er war der erste Skinhead, den ich jemals richtig wahrnahm. Ich kannte sonst keine

Skinheads. Ich kannte auch niemanden, der mit rechten Parolen jonglierte. Überhaupt hatte ich eine naive Vorstellung von Nazis und mir bis dahin keine ernsthaften Gedanken über sie gemacht. In meiner Welt existierten sie eigentlich gar nicht wirklich. Nun aber wurden sie wegen Axi in meinem Schulalltag zur Realität. Die Nazis – in Form von pubertierenden Jungs – waren plötzlich da, und zwar in unmittelbarer Reichweite.

Axi wurde Teil unserer Klassengemeinschaft. Anfangs war er still, unauffällig und für sich. Auch seine Beteiligung am Unterricht war eher dezent. Erst mit der Zeit fügte er sich aktiver in die Klasse ein. Genauso langsam und schleichend wurde mir bewusst, was sich an unserer Schule abspielte und sich mit jedem Tag veränderte. Denn die Zahl der Skinheads nahm kontinuierlich zu. Wie eine Epidemie breiteten sie sich aus. »Wenn du sie ansiehst, steckst du dich womöglich noch an. Also schau ihnen nie in die Augen!«, flüsterte ich meiner blonden Schulfreundin und Sitznachbarin zu. Wir standen zusammen in der Pausenhalle und schauten durch die großen Hallenfenster auf den Schulhof. Verwundert stellten wir fest, dass einer aus der Parallelklasse, einer der auffällig schönen Jungs, der immer super modisch gekleidet war, ein Popper mit kaum Haarwuchs im Gesicht und vermutlich ganz weichen Händen, nun ein Expopper war: Auf einmal drängte er sich mit Glatze, Bomberjacke und den dazugehörigen Stiefeln ins Schulbild hinein. Einfach so, über Nacht, hatte er aufgehört, ein softer, liebenswerter Popper zu sein. Plötzlich wurde er zu einem Abziehbild seiner selbst, aber im neuen, kalten Nazilook. Mit seinen Spargelbeinchen in diesen knallengen, verwaschenen Jeanshosen, beiläufig rotzend, so als wäre lautes, abfälliges Rotzen das Erkennungszeichen seiner neuen Coolness, stand er bei den Skinheads in der Raucherecke. Ständig drehte einer in einer ruckartigen Bewegung den Kopf zu Seite und spuckte, mit gespitzten Lippen, verächtlich und fast schon gewalttätig Schleim auf den Boden. Als wäre der Boden ihr größter Feind. Es hätte mich auch nicht gewundert, wenn sich die Typen mit dem harten Schulhofboden geprügelt hätten. Dieser Hass, den sie ausspuckten, zog sich schleimig hinter ihnen her.

Eines Morgens kam Axi in die Klasse, sprang auf das Lehrerpult und rief von seiner Empore, mit einer übertrieben lauten Stimme,»Wie lautet die Parole?« in die Klasse runter. Wie ein Echo brüllten ihm einige der Jungs stehend und mit nach vorn gestreckten Armen im Chor entgegen:»Axi ist Erster! Axi ist Erster!«»Setzen!«, sagte er und grinste. Und alle setzten sich auf Kommando synchron hin. Es war verrückt. Es war wie ein Spiel. Den leuchtenden Gesichtern nach zu urteilen machte es ihnen Spaß. Es wurde gelacht dabei. Aber eigentlich war nichts lustig daran. Die Reaktionen der Mädchen reichten von Kopfschütteln über Grinsen bis zu»Ihr spinnt ja wohl!«.

Aus Neugier fragte ich Axi einmal in der Pause, was er denn Spannendes auf seinem Walkman höre. Sein Kopf lag meist umschlossen von seinen Armen auf seinem Pult. Er saß für sich allein, ohne Tischnachbar:in. Egal, ob im Unterricht oder in der Pause, seine Kopfhörer schienen immer an seinen Ohren zu kleben. Er gab mir die Hörer und sagte lächelnd, ich solle doch selbst reinhören. Es waren Radioberichte über den Zweiten Weltkrieg, über Hitlers Siege. Er lauschte diesen alten Radioberichten fast täglich. Kriegsmärsche, Bombardierungen, Tod und Siegesfeiern. Der pure Krieg steckte bildlich in seinem Ohr und pustete ihm durch die ganzen Unterrichtsstunden hindurch das Hirn weg.

Ob Axi beim Hören dieser Berichte seine Augen geschlossen

hatte, kann ich gar nicht mehr sagen. Aber ich weiß noch, dass ich mich unentwegt fragte, was einen Menschen dazu bewegte, sich den Krieg anzuhören? Freiwillig den Krieg zu umarmen? Und das nicht nur einmal aus geschichtlichem Interesse, sondern ständig. Jeden verdammten Morgen begrüßte er den Tag mit vergangenen Verbrechen. Ich konnte mir nicht vorstellen, dass ein Kind, das mit Liebe aufwächst, auf einmal von Hass und Gewalt angezogen werden kann. Denn ich bin davon überzeugt, dass wir als kleine unschuldige Wesen auf diese Welt kommen. Dass kein Mensch böse geboren wird. Aber dass durch Einflüsse, Verletzungen, Manipulationen und Liebesentzug sich der Hass entwickelt. Ich bin keine Psychologin, das sagt mir mein Bauchgefühl. Und ich glaube, dass, wer Liebe erfährt, auch Liebe geben kann.

Vielleicht kommt vor der Liebe die Erkenntnis, dass Gemeinsamkeiten verbinden und dass das Finden einer einzigen Gemeinsamkeit einen davon befreit, immer das Fremde in Mitmenschen zu suchen. Gemeinsamkeiten eröffnen uns viele neue und großartige Möglichkeiten der Begegnung, des Lernens, des Entdeckens. Das denke ich. Das lebe ich. Ich versuche stets, etwas Gemeinsames zu finden, was mich und mein Gegenüber in Kontakt bringen könnte. Egal, ob es etwas völlig Banales wie das Sternzeichen, die Lieblingskünstlerin oder der Lieblingsfilm ist. Hauptsache, es ist etwas, was uns verbindet. Etwas, das zeigt, dass wir unterschiedlich gleich sind. Das wir teilen können, ohne uns gegenseitig etwas wegzunehmen. Etwas, worüber wir zusammen lachen und worauf wir aufbauen können.

Ich bin überzeugt davon, dass Menschen eigentlich nach Glück im Leben streben. Nach Liebe. Nach Zufriedenheit. Das Sprichwort »Geteiltes Leid ist halbes Leid! Geteilte Freude ist doppelte Freude!« bringt es für mich immer wieder auf den Punkt. Teilen ist das ultimative Glück. Durch das Teilen baue ich mir ein Fundament für eine soziale Bindung, eine Beziehung. Dass ein Mensch in Beziehung zu einem anderen Menschen oder einer Gruppe steht, ist ein Grundbedürfnis. Es entsteht ein Austausch, es entsteht ein Gefühl der Zugehörigkeit, und dieses steigert unser Wohlbefinden. Wenn ich teile, empfange und gebe ich Liebe. Das macht mich zufrieden, und in meiner Zufriedenheit erlebe ich Glücksmomente.

Es liegt an uns selbst, es liegt an mir, wie ich etwas sehen möchte. Ich kann entweder nach dem Unbekannten fahnden und mich dabei immer beängstigt fühlen, weil ich nicht weiß, wie es tickt. Oder ich versuche etwas zu finden, das mich mit diesem noch Unbekannten verbindet. Gemeinsamkeiten, die auf den ersten Blick ersichtlich sind oder weniger schnell erkennbar. Wir müssen es nur versuchen, denn wir haben mehr Gemeinsamkeiten, als es jemals Unterschiede geben wird.

So absurd es klingen mag, aber so wie Axi auf seinem Walkman seinen Kriegsnachrichten lauschte, verfolgte auch ich manchmal eritreische Kriegsnachrichten. Wobei jeweils eine ganz andere Motivation dahinterstand. Zu Hause mit meinen Eltern schauten wir uns manchmal Berichte über den Unabhängigkeitskampf Eritreas auf VHS-Kassetten an. Freiwillig. Es waren Nachrichten von Siegen und Verlusten, von Kämpfen und Bombardements und den damit verbundenen Schmerzen und Tränen. Meist war ich danach kaputt, schwach, voller Wut und Hass. Ich war wütend über die Ungerechtigkeiten dieser Welt und hasste den äthiopischen Feind. Damit meine ich die Regierung, nicht die Bevölkerung. Dass ich nicht alle in einen Topf werfen darf, war mir auch damals schon bewusst. Aber der Hass machte was mit mir. Er machte mich müde. Zu hassen nimmt so viel Raum ein und schluckt wertvolle Energie. Ich hasste es, zu hassen.

Nur vereinzelt konnte ich mir diese Nachrichten anschauen. Es beunruhigte mich und machte mich traurig zu wissen, dass da, wo ich mal gelebt hatte, immer noch ein schrecklicher Krieg tobte. Dass viele Menschen tagtäglich ums Überleben kämpften. Während ich zur Schule ging, wussten viele Menschen gar nicht, ob sie den nächsten Tag überhaupt erleben würden. Während ich mich über Französischhausaufgaben aufregte oder mir für Sekunden Axis Kopfhörer aufsetzte, um die alten Kriegsberichte anzuhören, suchten andere Menschen unter irgendwelchen Trümmerhaufen in Eritrea nach ihren vermissten Angehörigen. Es waren aktuelle Kriegsnachrichten, über einen Krieg, der immer noch stattfand. Über einen Krieg, dessen Ende noch in der Ferne lag. Krieg ist grauenhaft. Krieg ist Schmerz und Tod. Krieg ist das Schlimmste, was Menschen sich gegenseitig antun können. Krieg ist zu furchtbar, um ihn sich in Form alter Berichte ins Ohr zu stecken. Ich fragte Axi, der in einem friedlichen Land ohne Krieg, ohne Hunger oder sonstige Katastrophen geboren und aufgewachsen ist, jedoch nie, warum er so etwas machte.

Nach dem Unterricht an einem gewöhnlichen Tag strömten die Schüler:innen ungeduldig Richtung Ausgang, zum Schultor, um endlich den Heimweg anzutreten. Da beobachtete ich, wie es sich am Tor staute. Unruhe war zu hören. Es klang, als hätten sich dort ein Dutzend Soldaten versammelt. Befehle erfüllten die Luft: »Stehen bleiben!«, »Weitergehen!« Die Gesichter, vor allem die der Jungs aus den unteren Klassen, sahen verschreckt aus. Es ging nur langsam voran. Keiner wagte es zu drängeln oder laut zu werden. Je näher ich dem Tor mit all den Schüler:innen kam, desto größer wurde meine Neugier und desto lauter die Stimmen, die den Ton angaben. Als ich unmittelbar vor dem Tor stand, sah ich Axi umgeben von mindestens acht anderen Skinheads. Sie wirkten stolz und fuchtelten wild mit den Händen. Die anderen waren wesentlich größer als Axi und ziemlich breit gebaut, wie eine Mauer hatten sie sich vor dem Eingang aufgebaut. Ich konnte mich nicht entscheiden, ob ich sie mit ihren kahlen Köpfen und ihrem kargen Style lächerlich und albern oder aber armselig und gemein fand. Während ich so überlegte, beobachtete ich, wie diese Halbwüchsigen uns Schüler:innen sortierten – wie bei Aschenputtel, mit den guten und den schlechten Erbsen. »Deutsche nach rechts und Ausländer nach links!«, rief einer der Kerle, der größte. Gewaltvoll und voller Hass sprangen ihm diese Worte aus dem Rachen. Das blasse, runde Gesicht mit dem kahlgeschorenen Kopf sah furchteinflößend aus. Ein vergnügter Axi stand mittendrin und grinste.

Und ich, weder wollte ich nach links noch nach rechts, sondern nur geradeaus und nach Hause. Einerseits konnte ich die Situation nicht ernst nehmen, andererseits sah ich, wie sie einige Siebtklässler:innen behandelten. Axi schaute in meine Richtung, unsere Blicke trafen sich. Ich blickte ihn eindringlich an, und er winkte mir zu. Währenddessen krallte sich der größte Kahlkopf einen kleinen, dunkelhaarigen Jungen und malte ihm mit einem schwarzen Edding einen krakeligen Davidstern auf die Stirn. Das Winken von Axi und der Davidstern irritierten mich. Axi rief mir laut zu: »Bisrat, du kannst gehen, tschüss!« Ohne mich umzuschauen oder innezuhalten, lief ich weiter. Ich merkte, wie mein ganzer Körper sich versteifte, als ich wie eine Aufziehpuppe mit großen Schritten mechanisch geradeaus eilte.

In meinem Kopf trieb ein Tornado mit lauter Fragen sein

Unwesen. Was bitte schön war das? Die armen kleinen Jungs. Was machen sie mit ihnen? Wer sind die anderen? Wo kommen die alle auf einmal her? Warum lässt Axi mich gehen? Ich, die einzige Schwarze unter den Schüler:innen, durfte einfach rausmarschieren? Als Ausländerin bezeichnet zu werden störte mich nicht. Denn ich habe mich nie wirklich deutsch gefühlt, also nie als Inländerin begriffen. Viel mehr störte mich, dass diese riesigen Kerle kleine Jungs verängstigten und schikanierten. Das war so erbärmlich. Eine krampfartige Wut im Bauch meldete sich unverzüglich, nachdem ich diesem Naziaufmarsch entkommen war. Deprimiert und nachdenklich setzte ich meinen Nachhauseweg fort. Dass ich nichts tun konnte, machte mich völlig fertig. Die Ohnmacht zeigte sich in diesem Moment zum ersten Mal als meine größte Gegnerin. Sie begleitete mich den ganzen Nachhauseweg wie ein schwerer, belastender Mantel.

Obwohl Axi freundlich zu mir gewesen war, wusste ich in dem Moment, dass es nicht wirklich witzig wäre, sich mit diesen Typen anzulegen. Die postpubertäre Gruppendynamik verhieß nichts Gutes. Eine Gruppe Jungs in dem Alter fühlt sich unendlich mächtig und stark. Sie stützen und bestärken sich gegenseitig. Ich sah ihnen an, dass ihre Ignoranz keinen Platz für Reflexionen ließ. Jeder Einzelne für sich wäre nur ein kleiner, postpubertärer Junge mit Angst, in der Gesellschaft vollständig übersehen zu werden. Erst die Gruppe machte sie wagemutig. Zu Hause erzählte ich nichts von dem Vorfall. Ich sprach nie viel über Ereignisse aus der Schule, nur wenn es sein musste und ich ausdrücklich gefragt wurde. Auch diesmal, nach dem Vorfall am Schultor, fiel niemandem etwas auf und es mir nicht schwer, nichts zu erzählen. Mit Kummer im Bauch wartete ich den nächsten Tag ab. Ich wollte meinen Mitschüler zur Rede stellen. Ich wollte wissen, was das war und was er sich dabei gedacht hatte, die kleinen Jungs so dermaßen zu verängstigen. Warum er mich gehen lassen hatte?»Dich kenne ich, du bist anders! Die anderen, na ja, ich mag halt keine Ausländer!« Das war die Antwort damals. Nicht mehr und nicht weniger. Ich fragte mich, ab wann er angefangen hatte, mich als Person zu sehen, also mich so zu sehen, dass ich nicht in sein Hassschema reinpasste. Ab welchem Moment hatte er über meine Hautfarbe und mein »Ausländerin-Sein« hinwegschauen können und erkannt, dass ich ein Mensch war? Oder war es vielleicht andersherum? War es so, dass ich ihn zuerst gesehen hatte und er sich von mir gesehen fühlte? Vielleicht hat er tatsächlich gemerkt, dass ich ihn sah. Dass ich ihn, den Jungen, sah und nicht das neu designte Erscheinungsbild. Vielleicht können andere unseren Blick erwidern, wenn sie merken, dass wir sie sehen und hinter die beabsichtigte oder unbeabsichtigte Fassade des Hasses schauen können. Vielleicht. Vielleicht reicht es, sich zu kennen, sich als Mensch zu begegnen, den ähnliche Sorgen, Freuden und Zweifel bewegen. Denn scheinbar löst nur das Unbekannte Ängste aus, unerklärliche Ängste.

Axi kannte mich, ich war ihm nicht fremd und dadurch nicht bedrohlich. Wir standen in einer Beziehung als Klassenkamerad:innen, und so wie ich durch seine Maske den Jungen sehen konnte, der er war, konnte er mich als Person, als Mensch begreifen, ohne mich auf meine Hautfarbe zu reduzieren. Er wusste durch die Diskussionen im Unterricht, welche Meinung ich zu bestimmten Themen hatte, und konnte mich einordnen. Ich denke, dass es so mit allen Menschen funktionieren kann. Nur eine einzelne Gemeinsamkeit reicht, um ins Gespräch zu kommen, was es wiederum ermöglicht, diverse andere Gemeinsamkeiten zu entdecken. Aber um dahin zu kommen, müssen wir bei der Gemeinsamkeit des Mensch-seins anfangen. Keine oder keiner ist besser oder schlechter als der oder die andere. Und jede und jeder hat die unantastbare Berechtigung des Seins, wir alle, ausnahmslos.

HEIMAT IN MUSIK

1978, als ich acht Jahre alt war und meine Familie in Hannover ankam, waren wir die erste eritreische Familie dort. Als um 1980 herum weitere eritreische Familien die Stadt erreichten, hielten meine Eltern ganz selbstverständlich für alle Hilfesuchenden Türen und Arme offen und nahmen sie auf, bis sie eine Bleibe fanden. Ich kann gar nicht aufzählen, wie viele Menschen bei uns ein und aus gegangen sind. Durch die Gäste erlebte ich unser Ankommen in Deutschland immer wieder aufs Neue. Die schwermütigen Stimmen einiger traumatisierter Väter, die in unserem Wohnzimmer von ihren Sorgen um ihre Kinder und Frauen erzählten, blieben mir noch lange im Gedächtnis. Abend für Abend saßen sie mit meinen Eltern zusammen in unserem Wohnzimmer und sprachen sich aus. Das Glück, sich zu haben und die ganze Familie im sicheren Niedersachsen zu wissen, versuchten meine Eltern, die selbst Trost darin fanden, mit den Trostsuchenden zu teilen. Unser Wohnzimmer war oft von einer lähmenden Traurigkeit erfüllt. Genau wie mir fiel es vielen zunächst schwer, richtig in Hannover anzukommen.

Tagsüber, wenn ich in der Schule war, konnte ich Deutschland und die für mich noch sehr fremde Kultur entdecken. Ich versuchte, mich an die neue Umgebung anzupassen, dem fremden Klang der Sprache mächtig zu werden. Ich war dabei ungeduldig, denn ich wollte alles verstehen. Die Ungeduld war mein größtes Hindernis, aber zu meinem Glück schafften meine Zunge und meine Lippen im Teamwork schon bald die Umlaute und die hintereinander gereihten Konsonanten gekonnt, ohne schräge Verrenkungen auszusprechen. Das Unmögliche wurde möglich, ich sprach irgendwann Deutsch.

Meine neuen Fähigkeiten halfen aber nicht unbedingt dabei, mich angekommen zu fühlen. Emotional schwebte ich noch irgendwo zwischen der Realität und den Erinnerungen an die Menschen und Erlebnisse in jenen Ländern, die ich hinter mir gelassen hatte und die meine ersten acht Lebensjahre geprägt hatten. Eritrea und Sudan. Mir fehlten die bekannten Gesichter, mit denen ich viele Erlebnisse verband. Meine Großmütter und Tanten. Meine Cousinen und Cousins, das ganze alte Leben. Zum Glück waren mir die guten Momente mit den geliebten Menschen gedanklich präsenter als der traumatisierende Krieg. Das Wechselbad zwischen Realität und Erinnerungen war ein riesiger Spagat. Ein Bein hier und das andere Bein dort. In so einer Haltung kann man keinen guten Sprung machen. Um zu springen, müssen beide Beine in Sprungposition sein. In meinem Spagat wollte der Sprung in das Hannover der Gegenwart zunächst nicht gelingen.

Darüber hinaus machten mir das kalte, graue Wetter und die mir zum Teil unbekannten Gerüche zu schaffen. Der Dunst von Dosenravioli oder anderem Dosenessen, wie er eine Zeitlang in jedem Treppenhaus oder Hauseingang hing, war neu für mich und bereitete mir starke Kopfschmerzen. Und auch die distanzierte Art und Weise, mit der die Menschen miteinander umgingen, blieb mir fremd. Sehr lange klammerte ich mich auch an die Hoffnung, dass wir bald wieder nach Asmara zurückkehren würden. Ich war nicht die Einzige, die diese Gedanken hegte, meine Eltern und die meisten Erwachsenen dachten genauso. Wenn meine Eltern Besuch hatten, bekam ich manchmal Wortfetzen mit. Und meine Schlussfolgerung war, dass die meisten Erwachsenen entweder in der Vergangenheit lebten oder in der Zukunft. So, als wäre die Gegenwart zu schlecht und ungenießbar. Sie wurde einfach vermieden.

Ich hörte die Erwachsenen sagen: »Wenn bald Frieden ist, dann kehren wir wieder nach Eritrea zurück!« Ihre Aussagen klangen selbstbewusst und machten mir große Hoffnung, dass es bald zurückginge, dass wir bald wieder in Asmara leben würden. Ich behielt meine Hoffnung und malte mir aus, dass mein Alltag, das versteckte Leben im Sudan, die Flucht an sich, dass das alles vielleicht nur ein böser Traum gewesen war und ich, eh ich mich versah, aufwachen und mich in Asmara wiederfinden würde. In einem Asmara ohne Krieg. Diese Gedanken teilte ich mit niemandem. Es war mein innigster Wunsch und meine Hoffnung, die ich aber tief im Herzen versteckt hielt. Ich behielt fast alles für mich, da ich jeden Tag sah, wie meine Eltern litten, wie sie versuchten, immer glücklich und dankbar zu wirken. Teilweise waren sie es auch, aber ich sah durch ihr Lächeln hindurch, dass ihnen der Krieg in der Heimat, die Daheimgebliebenen und das Leben in der Fremde Sorgen bereiteten. Ich entschied mich, meine Probleme selbst zu lösen, indem ich sie wegignorierte oder indem ich mich in Gedanken in die Zukunft beamte und mir ganz fest vorstellte, wie ich später über all die vergangenen Probleme lachen würde.

Nach der Schule, beim Eintritt in unsere Wohnung, war ich zwar nach wie vor in Hannover, aber durch die Gegenwart unserer Gäste, an denen die Fluchterfahrung wie frischer Leim klebte, wurde der Krieg in Eritrea mit seinen Traumata hier immer wieder aufs Neue präsent. Ich spürte es durch jede einzelne Pore meiner Haut. Krieg und Flucht waren fortwährend Thema Nummer eins zu Hause. Wie eine riesengroße Hand packten mich so die Erinnerungen unerbittlich am Nacken und warfen mich wieder und wieder zurück. Eritrea, die Flucht und die Zeit im Sudan mit allen Menschen, die uns begegnet waren, blieben für mich allgegenwärtig. Die Vergangenheit wollte sich nicht an die Regeln halten und verhielt sich so, als wäre sie immer noch meine Gegenwart, das Hier und Jetzt. Es war das Leben in zwei Welten oder vielleicht auch das Leben zwischen zwei Welten.

Nachdem Anfang der 1980er Jahre eine Handvoll eritreischer Familien Hannover erreicht und die Stadt zu ihrem neuen Zuhause gemacht hatten, sorgten unsere Eltern dafür, dass wir Kinder und Jugendlichen jeden Samstagnachmittag eritreischen Unterricht bekamen. Sie richteten eine informelle Samstagsschule für uns ein, in der Geschichte, Politik, Kultur, das Lesen und Schreiben von Tigrinya unterrichtet wurde. Dadurch, dass wir uns alle kannten und die meisten der Familien bei uns gewohnt hatten, waren diese Samstagstreffen ein bisschen so, als hätten wir uns zu einer Geburtstags- oder Familienfeier versammelt. Es herrschte stets eine harmonische Stimmung. Wir waren circa 16 bis 20 Kinder und Jugendliche im Alter von fünf bis 18 Jahren. Unterrichtet wurden wir von einigen Eltern. Während meine Schulkamerad:innen sich am Samstag zum Spielen oder Bummeln trafen, ging ich zur eritreischen Schule. Anfangs schob ich mich widerwillig und schimpfend zum Unterricht. Ich wollte am liebsten nur frei haben und ohne Verpflichtungen mein Ding machen – was auch immer mein Ding war, vielleicht bloß abhängen. Aber sehr schnell lernte ich zu schätzen, wie wertvoll diese Nachmittage waren. Insgeheim gestand ich mir ein, dass die Samstagsschule wie meine kleine, zarte Oase war, in der ich so sein konnte, wie ich war. Ich musste mich nicht verstellen. Das Zusammensein fühlte sich an wie das Heilwasser einer heiligen Quelle. An den Samstagen schöpfte ich Kraft für die Woche.

Nach kurzer Zeit entwickelte sich aus dem Samstagsunterricht eine Musik- und Theatergruppe. Was wir in der Theorie über Eritrea, die Bevölkerung, die Geschichte und den Kampf für die Gleichberechtigung lernten, setzten wir künstlerisch um. Wir dichteten, sangen, tanzten, debattierten, lernten Musikinstrumente und wuchsen zu einer richtigen kleinen Band zusammen.

Mein großer Bruder, der schon immer ein Vollblutmusiker war, spielte Saxophon. Bereits in Eritrea hatte er Musikunterricht erhalten, denn mein Vater legte viel Wert auf Kunst und Kultur und somit auch auf Musik. Ich dagegen war erst seit der 5. Klasse in der Musikschul-AG und lernte eifrig die Blockflöte, die aber kein super Standing hatte. Ich merkte schnell, dass ich mit meiner Blockflöte keine großen Ahs und Ohs ernten konnte. Am liebsten hätte ich ihr Image aufpoliert, wusste aber nicht so recht wie. Also schrieb ich die Blockflöte schnell wieder ab und wurde mit meiner damals besten Freundin Fiory Teil des Tanzensembles.

Nicht nur in Hannover, sondern in vielen weiteren deutschen Städten bildeten sich Anfang der Achtziger eritreische Exilgemeinschaften. Die größten Communitys gab es in Frankfurt und Stuttgart. Die meisten der damals sogenannten »Auffanglager« waren in Hessen und Baden-Württemberg, alle Neuangekommenen wurden dahin verteilt, bis ihre Asylanträge bearbeitet wurden. Die Antragsteller:innen blieben meistens in den Orten, in denen sie angekommen waren. Im norddeutschen Raum, in Städten wie Hannover, Hamburg oder Kiel, waren die eritreischen Communitys im Vergleich zu denen im Süden recht klein. Während sich in Eritrea die Situation kein Stück veränderte, lebten wir uns doch langsam in Deutschland ein und versuchten uns aus der Ferne, so gut es ging, auf dem Laufenden zu halten. Die Samstagsschule und eritreische Festivals, die einmal im Jahr in Bologna und Frankfurt stattfanden, waren unsere damaligen Informationsquellen.

Wir Kids aus Hannover waren über unsere Eltern mit anderen eritreischen Communitys deutschland- und weltweit gut vernetzt. Die in Hannover gegründete Kulturgruppe war die erste in der europäischen Diaspora und ist nach eritreischem Vorbild entstanden. In den befreiten Gebieten Eritreas gab es Formationen von Jugendlichen, die sich ROTE BLUME nannten. Auch wir nannten uns so, Rote Blume Hannover. Die Basis unseres Tuns und Handelns beruhte auf Werten wie Ehrlichkeit, Einheit und Toleranz, weil dies auch die ganzheitliche Philosophie der eritreischen Roten Blume war.

Von der während des Befreiungskampfes gegründeten Kulturgruppe in den befreiten Gebieten Eritreas, aus Meda[13], kamen einmal im Jahr Musik- und Videokassetten zu uns nach Hannover. Diese waren weltweit in den eritreischen Communitys erhältlich. Auf ihnen befanden sich Lieder vom Kampf für die Unabhängigkeit, über Gerechtigkeit, die Vergangenheit und die Zukunft. Diese emotionalen Stücke thematisierten die Schönheit Asmaras und die Liebe zur fehlenden Familie. Songs der Revolution, voller politischer Botschaften und Emotionen. Die Lieder zu hören war, als würde man sein trauriges Herz betäuben, um die Schmerzen für eine gewisse Zeit zu stillen. Es war wie ein Feiertag, wenn wir die Meda-Kassetten bekamen, dann saßen wir alle aufgeregt und voller Vorfreude zusammen um den Rekorder und lauschten aufmerksam den Stimmen aus der Ferne, Song für Song, Text für Text. Wenn wir uns den Text nicht sofort merken konnten, schrieben wir ihn auf. Die Finger spielten zwischen Rücklauf, Stopp und Vorlauf ihre eigene Komposition.

Diese Kassetten aus Meda haben mich durch sämtliche Alltags- und Schulkatastrophen getragen. Sie hatten eine therapeutische Funktion für uns alle und schienen uns »Kinn hoch! Rücken gerade!« zuzurufen. Mit ihnen im Ohr konnten wir die schwierigen Situationen des Lebens in der Diaspora einfacher meistern. Vor allem aber wurde uns durch die Songs immer wieder verdeutlicht, wie privilegiert wir waren, dort zu sein, wo wir waren. Diejenigen, die uns diese musikalischen Botschaften schickten, verbrachten ihr Dasein im Gegensatz zu uns zwischen Bombardements und im Kugelhagel. Trotzdem schafften sie es, so viel Zuversicht und Hoffnung in sich zu tragen, dass sie diese Gefühle mit uns teilen konnten. Das machte mich unendlich traurig, erfüllte mein Herz aber gleichzeitig mit großer Freude. Es war unbeschreiblich, wie mich diese Musik berührte und mir Stärke, Freude, Liebe, Glück, Hass, Trauer, Hoffnung, Zufriedenheit, Ungeduld, Gelassenheit, Resignation, einfach alles einhauchte. Damals genauso wie auch heute.

Manchmal entdeckte ich meine Mutter, wie sie vor Rührung über den einen oder anderen Song Tränen vergoss, die sie heimlich wegwischte. Meine schluckte ich meistens schnell runter. Es waren immer sehr wortstarke, pfeilartig spitze Songs, die mitten ins Herz gingen. Musik war die Brücke zwischen uns, den Diaspora-Kids und denen, die an der Front für die Befreiung des Landes kämpften. Musik war für mich wie eine unsichtbare Nabelschnur, die mir als Exileritreerin die notwendigen Nährstoffe gab, um den Alltag zu überstehen. Durch die Samstagsschule und die jährlichen Festivalbesuche war ich fest mit dieser Nabelschnur verbunden, die mir zeigte, woher ich kam und wohin ich gehen sollte. Diese Verbindung verschaffte mir Klarheit. Es war für mich glasklar, dass ich Eritreerin war. Und dieses Wissen – oder vielleicht eher das Gefühl – zu spüren, da komme ich her, und das ist ein großer Teil von mir, das erklärt, wer ich bin, was und wie ich denke, war mir sehr wichtig.

Das Gefühl der Verbundenheit wurde durch die Musikgruppe zusätzlich verstärkt. Mit der Roten Blume bereisten wir sämtliche Städte Deutschlands, alle Länder Europas und sogar die Vereinigten Staaten. Wir besuchten eritreische Communitys und führten auf den eritreischen Festen unsere Tänze und Gesänge vor. Es war eine besondere Zeit und auch ein gewaltiges Kontrastprogramm zum Schulalltag. In der Schule erzählte ich niemandem von meinen Wochenend- und Ferienaktivitäten. Ich war recht verschlossen. Irgendwann im Mai 1983 oder 1984 kam tatsächlich mal mein Mathelehrer auf mich zu und hielt mir einen Zeitungsausschnitt entgegen, auf dem er eine Person eingekreist und mit einem Namen und Fragezeichen versehen hatte. »Bisrat?« Er fragte, ob ich das nicht wäre. Das Bild stammte von einem Auftritt der Roten Blume auf dem Maifest von Hannover, irgendeine Lokalzeitung hatte darüber geschrieben. Ausgerechnet ich war neben einigen anderen in traditioneller eritreischer Kleidung auf dem Foto zu sehen. Ich verneinte es eiskalt, so unangenehm war mir dieses Bild. Ich wollte bloß nicht auffallen. Unbewusst war mein Alltag so aufgeteilt, dass ich eritreische Wochenenden und Ferien und deutsche Wochentage hatte.

Die Reisen, die wir mit unserem Ensemble machten, wurden durch die Eintrittsgelder und Spenden der Community finanziert. Gereist sind wir hauptsächlich mit unserem Hauptlehrer, der die Gründung der Gruppe verantwortete, und zwei weiteren Begleiter:innen. Zusätzlich hatte ich meinen Bruder, der als Saxophonist dabei war. So traten wir sogar in Bologna auf,

auf dem größten eritreischen Festival weltweit. Im Publikum befanden sich über zehntausend Menschen. Dieses Festival, das eher eine eritreische Kulturfestwoche war, fand 1974 zum ersten Mal statt. Initiiert von den eritreischen Communitys in Italien und mit Unterstützung der gesamten eritreischen Diaspora wurde es zum jährlichen Highlight aller Eritreer:innen weltweit.

In der ersten Augustwoche pilgerten tausende Eritreer:innen aus allen Ecken der Welt nach Bologna, um eine Woche lang Kultur und Kunst zu erleben und politisch-pädagogischen Seminaren in der wunderschönen historischen Stadt der Emilia-Romagna beizuwohnen. Es war laut, kunterbunt, lustig, warm, informativ, herzergreifend, lebendig, aber vor allem stärkend. Durch die Besuche dieser Veranstaltungen blieb ich mit Eritrea und der Kultur verbunden. Auch lernte ich dadurch viele eritreische Jugendliche kennen. Es wurden weltweit zahlreiche Freundschaften geschlossen, die bis heute halten. Ich bin meinen Eltern sehr dankbar, dass wir teilnehmen konnten.

Nachdem ich das erste Mal mit meinen Eltern eins dieser Festivals besucht hatte, war ich dem Ganzen sofort verfallen. Es war ein bestimmtes Gefühl, das ich auf dem Festival empfand und das mich schnell süchtig machte. Das Bologna-Festival und alles, was dazugehörte, löste bei mir das Gefühl der Vollendung aus, das Gefühl zu sein, im Sinne von: ICH bin. Eine Woche lang Gleichgesinnte zu sehen, eine Woche lang eine vertraute Sprache zu sprechen und zu singen. Oder auch gar nicht zu sprechen und zu singen, sondern einfach nur zu sein. Ich konnte Kind sein, ohne darauf zu achten, ob ich nun ein braunes oder gelbes Kind war, und deshalb gefragt zu werden, warum ich so aussah, wie ich aussah. Es war Freiheit, pure Freiheit. Einfach nur frei und losgelöst von allem. Frei und unbeobachtet.

Das Bologna-Gefühl ist nicht mit einfachen Worten zu beschreiben. Es ist ein Gefühl des Ankommens und Annehmens, der Zusammengehörigkeit und Stärke. Für eine ganze Woche lebten wir alle wie in einer riesigen Blase. So als hätten wir alle Zeit der Welt, so als würde es nie aufhören und für immer so bleiben. Wir alle ignorierten, dass der Tag, an dem wir uns verabschieden müssten, unweigerlich kommen würde. Es wurde vermieden, es auszusprechen, so als könnten wir dadurch die Zeit stoppen und den Abschied eliminieren.

In meinen Gedanken versuchte ich mir auszumalen, wie es sein würde, in einem Land zu leben, in dem alle so aussahen wie ich, in dem alle so sprachen wie ich. So als wäre das Bologna-Festival ein konkretes Land. Als wäre es Eritrea. Bologna, die Stadt in der Emilia-Romagna, stellvertretend für das Land Eritrea. Aber es sollte ein Ort frei von Gewalt und Krieg sein. Frei von Angst und Bombardements. Frei von Vorurteilen und Ängsten. Es müsste auch gar nicht mal ein Land sein. Das Festival auf dem Zeltplatz, auf dem Campinggelände, das hätte mir, uns allen, damals vollkommen gereicht. Für mich und für meine Freund:innen wurde dieses Festival zu einer Heimat. Wie ein wahr gewordener Traum.

Eine Woche lang in eine Welt einzutauchen, in der es nur pure Freude und Glückseligkeit gab. Eine Woche lang nicht schlafen und essen zu wollen, da die Freude den Hunger stillte und, na ja, auch um bloß nichts zu verpassen. Bologna symbolisierte das Zuhause, das uns zuvor abrupt und mit Gewalt entrissen worden war. Für uns Kinder und Jugendliche war es das Paradies. Und gewiss ging es den Erwachsenen ähnlich.

Als Jugendliche habe ich mich nie mit meiner Herkunft beschäftigt. Durch die Treffen mit anderen Eritreer:innen und die Erlebnisse in Bologna war es nicht nötig für mich, die

Frage nach der Identität zu stellen. Ich denke, ich fühlte mich beschützt durch die Community. Denn auf diesen Festivals ging es im Grunde genau darum, dass wir nie in Selbsthinterfragungen in Bezug auf unsere Herkunft oder in einer Identitätskrise verharrten. Dass wir, die Exilkinder, die das Leben zwischen zwei Welten verbrachten, nicht stecken blieben, gefangen in einer Ritze des Nirgendwo. Stattdessen durften wir einmal im Jahr für eine Woche eine Welt betreten, in der diese Fragen am Tor in die Abfalltonne getreten wurden. Ich war froh, wenn es diese Fragen nicht gab, ich empfand sie als lästig, und sie raubten mir Energie. Fragen nach der Identität können so viel Raum und Kraft beanspruchen. Stattdessen verbrachten wir Zeit mit anderen Menschen, die eine fast identische Vergangenheit und Gegenwart mit sich herumschleppten. Ein Gefühl der Solidarität und Verbundenheit machte sich fast ohne Worte oder große Erklärungen breit. Dieses Gefühl trug uns durch die restliche Zeit des Jahres bis zum nächsten Treffen.

Anfang der Achtziger trafen sich meine Eltern, die beide der EPLF angehörten, jeden Samstag mit anderen Mitglieder:innen bei uns zu Hause. Als sich die Anzahl vergrößerte, gründete mein Vater den ersten Deutsch-Eritreischen Verein in Hannover, in dessen Räumlichkeiten sämtliche politische und soziale Treffen stattfanden. Die Vereinsstrukturen waren mit Vorstand, Vertreter:innen und eine:r Schatzmeister:in ganz klassisch aufgeteilt, alle Amtsinhaber:innen wurden demokratisch gewählt. Zusätzlich gab es Arbeiter:innen-, Frauen-, Ältesten- und Jugendgruppen, die alle noch einen eigenen Vorstand, eine Vertretung und eine Schatzmeisterin hatten. Die Jahresversammlungen fanden in den Städten statt, in denen die größten Communitys ansässig waren: in Frankfurt, Gießen oder Stuttgart. Die weltweite Vernetzung der EPLF machte die verschiedensten Reisen der an die jeweiligen Städte gebundenen Kultur- und Musikgruppen, wie auch unserer Rote-Blume-Gruppe, möglich.

Meine Eltern – ob bewusst oder unbewusst – hatten vorgesorgt und schon in jungen Jahren mit mir über die existentiellen Fragen des Lebens gesprochen. Über Zugehörigkeit und Selbstrespekt. Sie erzogen uns vier Kinder mit solcher Lässigkeit in der Diaspora, als hätten sie heimlich an einem Workshop für »Wie komme ich im Exil über die Runden« oder »Wie erziehe ich meine Kinder in einem fremden Land« teilgenommen. Wie können wir unsere eigene Kultur vermitteln und somit auch die eigene Identität erhalten, ohne uns selbst dabei zu verlieren? Wie weit müssen wir uns anpassen, ohne dabei unsere eigene Herkunft und Werte zu vergessen?

Nach der langen traumatischen Flucht, voller Schmerzen und innerer Zerrissenheit und dieser Angst, in der neuen Realität nicht anzukommen oder zu versagen, gaben meine Eltern uns Stabilität. Es ist unbegreiflich, wie meine Eltern ihre eigene stabile Mitte in Hannover finden konnten. Wie sie mit all dieser Verantwortung für uns Kinder, für sich, für ihre Zurückgebliebenen und für ihren Glauben zurechtgekommen sind. Was müssen sie für einen starken Überlebenswillen gehabt haben! Ich bewundere sie noch heute, als erwachsene Frau, für ihre Stärke, ihren Glauben und ihren Mut. Sie haben mit ihrer Haltung einen Ausweg für sich und uns geschaffen und eine Zukunft aufgebaut. Auch wenn es offensichtlich keinen Ausweg zu geben schien, war der Glaube daran so tief und stark, dass sich doch einer auftat. Auch wenn alles hoffnungs- und aussichtslos schien – die Hoffnung haben meine Eltern nie verloren.

MOIN HAMBURG

Vertrauen und Glaube setzten meine Eltern auch in meine beiden älteren Geschwister und mich, als sie uns ein halbes Jahr früher nach Hamburg schickten, ehe sie selbst hinterherkamen. Rechtzeitig zum Schulbeginn im Sommer 1985 zogen wir zu dritt von Hannover nach Hamburg ins Grindelviertel. Durch Freund:innen meiner Eltern fanden wir eine Dreizimmerwohnung zur Untermiete. Da mein Bruder bereits 18 war, war er verantwortlich für mich. Meine Eltern und meine jüngere Schwester konnten erst später folgen, da mein Vater bis Ende des Jahres noch in Hannover arbeiten musste. Während es in Hannover auf meiner alten Schule immer unruhiger geworden war – mehr Skinheads, mehr Tumulte, mehr Rassismus –, erlebte ich in Hamburg ein völliges Kontrastprogramm.

Ich war fünfzehn und kam in die 10. Klasse einer Realschule in Altona. Mitte der Achtzigerjahre war Altona noch ein sehr diverses Pflaster. Laut, bunt war es, und mir begegneten in meiner neuen Heimat Menschen aus den verschiedensten Ecken der Welt. Oder wie man früher noch sagte: Altona war ein Viertel mit vielen Ausländer:innen. So war es auch in meiner neuen Klasse. Der Anteil von Deutschen und Nichtdeutschen war fast 50/50. Am stärksten vertreten waren Griechenland und die Türkei. Obwohl ich wieder die einzige Schwarze auf der ganzen Schule war, fühlte es sich diesmal anders an. Es war okay.

Ich war zwar die Neue, aber diesmal stand ich nicht mehr am Rand. Diesmal bewegte ich mich in der Mitte. Diesmal gehörte ich sehr schnell dazu. Ob es daran lag, dass es mein sechster Schulwechsel war und ich schon darin geübt war, der Neuzugang zu sein, oder weil ich sehr schnell in die Klassengemeinschaft aufgenommen wurde, kann ich nicht so genau sagen. Vielleicht war ich einfach zum richtigen Zeitpunkt am richtigen Ort. Ich denke, es wird von beidem etwas gewesen sein. Außerdem brachte mir unser Umzug noch einen zusätzlichen Vorteil. Dadurch, dass die niedersächsischen Schulanforderungen höher waren als die in Hamburg, war ich mit dem Schulstoff bereits weiter und schrieb nur noch gute Schulnoten. Ohne viel Mühe hatte ich auf einmal Einsen und Zweien. Plötzlich gehörte ich zu den Klassenbesten. Sogar Mathe und Physik, also Fächer, die mir sonst immer viel Kummer und Kopfschmerzen bereitet hatten, waren auf einmal einfach und zugänglich für mich. Dass mir die Schule Spaß machte und die guten Noten ein Ansporn wurden, weiterhin am Ball zu bleiben, war eine Erfahrung, die mich um einige Zentimeter wachsen ließ. Ich fühlte mich auf einmal stärker und größer als jemals zuvor.

Und lernte mich gleichzeitig von einer ganz neuen Seite kennen. Das war ein neuer Einblick und ein großer Schub für mein Selbstbewusstsein. Was gute Noten doch bewirken, was es ausmacht, für sein Lernen geschätzt zu werden! Wie viel Macht Wertschätzung auf die Psyche ausübt, ist erstaunlich. Ich ging auf einmal viel selbstsicherer auf andere zu. Für meine Leistung bekam ich eine Anerkennung, die mir bestätigte, dass ich mich immerhin in Bezug auf die Sprache nicht mehr von den anderen unterschied. Und andere sahen mich auf einmal mit ganz anderen Augen. Denn dadurch, dass ich die Sprache sprach, ich verstand und verstanden werden konnte, gab ich ein anderes Bild ab.

Wenn wir andere nicht verstehen oder nicht verstanden werden, erzeugt das Unsicherheiten. Als ich noch kein Deutsch sprach, erlebte ich große Frustration. Die einfachste Kommunikation war mir unmöglich. In der Schule nicht zu verstehen, was die Lehrer:innen erzählten, und dann Schwierigkeiten zu haben, die Hausaufgaben allein zu erledigen, machte mich unendlich fertig. Ich fühlte mich so ohnmächtig und klein. Minderwertigkeitsgefühle schlichen sich hinterhältig in meinen Kopf. Ich wurde nicht gesehen. Übersehen. Nein, die Wörter »untersehen« und »unterhört« treffen eher zu, denn ich kam mir jahrelang vor wie ein unnützer Gegenstand, der auf den Boden fällt, unters Bett rollt und einfach von der Bildfläche verschwindet. Nicht mehr gesehen und auch nicht länger gebraucht wird. Ich konnte sagen, was ich wollte, niemand hörte mich. Ich war da und trotzdem unsichtbar. Es war eine riesige Einschränkung für mich, eine Sprache nicht zu verstehen und mich nicht mitteilen oder erklären zu können. Ich konnte in der Schule nicht von meinen Erfahrungen erzählen. Ich konnte nicht die sein, die ich eigentlich bin. Ich konnte nicht lustig sein, Witze reißen, meinen Frust erklären oder meine Trauer kundtun. Ich konnte meine Schwächen nicht erklären, meine Stärken nicht zeigen. Ohne Sprache ist man weniger als die halbe Person, ohne Sprache verschwinden die komplette Person und die Persönlichkeit im Schatten.

Mithilfe von Sprache oder Kommunikation aller Art gehen wir unsere erste Verbindung mit der Außenwelt und die zu anderen Menschen ein. Mit Sprache können wir unser Innenleben aufzeichnen, Gefühle kommunizieren und Beziehungen eingehen. Sprache ist der Stift, mit dem wir uns auf einem weißen Blatt Papier zeichnen, um gelesen zu werden. Um uns verständlich zu machen, gesehen und gehört zu werden. Um

Erfahrungen auszutauschen. Um Moral und Werte zu teilen. Oder, ganz einfach, um zusammen eine gute Zeit zu verbringen. Und wenn dieser Stift nicht zeichnen kann, dann bleibt das Blatt Papier völlig weiß und leer. Oder es stehen Zeichen drauf, die niemand entziffern kann, was dann dazu führt, dass das Stück Papier nicht gesehen und gehört wird und sich wie zusammengeknüllt in einem Papierkorb fühlt. Das alles sah ich aufgrund meiner persönlichen Entwurzelungserfahrung und der daraus resultierenden Sprachlosigkeit so. Ich habe nur mit der Lautsprache Erfahrung, aber die Gefahr, nicht verstanden, gesehen oder gehört zu werden, gilt eigentlich auf allen Ebenen und Arten der Kommunikation.

Wenn eine Person eine neue und noch ungelernte Sprache nur gebrochen spricht, wird diese gleich für unfähig gehalten. Die Intelligenz dieser Person wird in Frage gestellt und ihr womöglich sogar vollständig aberkannt. So als würde ein Akzent oder das nicht hundertprozentige Beherrschen einer Fremdsprache die gesamte Person ausmachen. Sprache macht was mit uns. Sprache ist Macht. Ich meine hier die Lautsprache, in der ich mich am besten auskenne. Aber es gibt nicht nur die Lautsprache, obwohl diese die weltweit lauteste ist. Wenn ich heute an meine Situation von damals denke, stelle ich mir weiterführende Fragen. Wie geht es wohl den Menschen, die visuelle Sprachen sprechen? Mein Eindruck ist, dass z. B. Gebärdensprachen in dieser Gesellschaft weniger Akzeptanz und Anerkennung erfahren. Zum Glück gibt es Menschen, die sich dafür engagieren, Barrieren abzubauen. Die erste großartige Veränderung, die ich beklatsche, ist die GRETA und auch STARKS APP, die meine Freundin Seneit Debese entwickelt hat. Diese App ermöglicht seh- und hörbehinderten Menschen mithilfe von Audiodeskription oder Untertiteln ein barrierefreieres Kinoerlebnis. Es wäre schön, wenn es in der Hinsicht viele weitere gesellschaftliche Veränderung gäbe.

Aber zurück nach Hamburg. Das erste halbe Jahr wohnte ich also zusammen mit meinen älteren Geschwistern – ohne unsere Eltern – in einer Dreizimmerwohnung in der Rappstraße im Grindelviertel. Eine richtige WG! Es war ein neues Abenteuer. Ich weiß gar nicht mehr genau, wie und wann meine Eltern uns von dem Umzug erzählten, aber ich kann mich sehr gut daran erinnern, dass ich mich unglaublich darüber freute, Hannover den Rücken zu kehren. Endlich. Ich hatte so oft nächtelang in meinem Bett gelegen und mir nichts sehnlicher gewünscht, als aus dieser Stadt und meiner unglücklichen Schulzeit dort rauszukommen. Nun wurde mein Wunsch erhört. Ich wollte niemandem etwas Böses, und Hannover hatte auch seine guten Seiten: Momente, an die ich mich gern erinnere, schöne und unvergessliche Augenblicke, die sich für immer in mein Gedächtnis eingebrannt haben. Das Wiedersehen mit meinem Vater, ihn nach der unerträglichen Zeit der Ungewissheit am Flughafen Hannover in die Arme schließen zu dürfen. Die großherzige Familie de Vries, Schwester Gretel und die evangelisch-reformierte Kirche, die meinem Vater und uns immer zur Seite standen. Diesen Teil Hannovers trage ich dankbar in mir. Dennoch wünschte ich mir von ganzem Herzen, dass ich von dem Ort wegkam, der meiner Kinderseele nicht guttat. Manchmal, wenn wir ganz fest an etwas glauben, unsere Wünsche klar und deutlich aussprechen und sie als konkretes Bild vor uns sehen, dann verwirklichen sie sich. Das kann ich bezeugen.

Dass wir ausgerechnet nach Hamburg umgezogen sind, hat mich nie sonderlich beschäftigt, es hätte auch irgendeine andere Stadt sein können, Bremen oder Cuxhaven vielleicht, es war mir egal. Hauptsache, weg aus Hannover. Vor unserem

Umzug habe ich mich auch nie wirklich mit der Stadt auseinandergesetzt. Alles ging sehr schnell. Die Alster und die Elbe
lernte ich auf einem Wochenendtrip kennen. Schon in den
ersten Momenten, als ich am Hamburger Rathaus stand und
an den Alsterarkaden spazieren ging, verliebte ich mich in die
Hansestadt. Das Wasser und die Brücken haben es mir sofort
angetan. Ganz anders als Hannover sah Hamburg mit den Alsterarkaden, der Handelskammer, den ganzen alten Bauten, die
vom Zweiten Weltkrieg unberührt geblieben waren, und seinem Hafen so viel mehr nach Weltstadt aus, als Hannover es
je hätte sein können. Hannover war ein Sonntag, schwer und
melancholisch, dagegen lag in Hamburg eine gewisse Leichtigkeit in der Luft. Hamburg hatte etwas Weiches, Zugängli-
ches.

Die ersten fünf Monate allein mit meinen älteren Geschwistern verstrichen im Nu. Meine Eltern kamen uns anfangs jedes
Wochenende besuchen und dann, als sie sich vergewissert hatten, dass wir gut zurechtkamen, alle zwei Wochen. Für meine
neuen Klassenkamerad:innen war ich die Neue, die ohne ihre
Eltern wohnte. Im Gegensatz zu ihnen konnte ich tun und lassen, was ich wollte. Es gab niemanden, der mir sagte, ich sollte
um Punkt acht Uhr zu Hause sein. Keine strengen Eltern, die
mir auf die Finger schauten. Aber zum Strengsein brauchten
meine Eltern gar nicht in der Nähe zu sein. Ich war selbst streng
genug zu mir. Weder habe ich jemals verschlafen, noch kam ich
auch nur ein einziges Mal zu spät in die Schule. Fürs Zuspät-
kommen hatte ich nie den Nerv gehabt. Auch die Schule zu
schwänzen interessierte mich nicht – dafür hatte ich viel zu
viel Spaß an meinen guten Noten. Nach der Schule fuhr ich
meist schnell wieder nach Hause, weil ich das Grindelviertel
und auch das Alleinsein in unserer Wohnung spannend fand.

So etwas wie Langeweile wäre mir nie eingefallen. Das war ein Fremdwort für mich.

Bis meine Geschwister nach der Schule wieder zu Hause waren, erkundete ich entweder das Viertel, las nach dem Erledigen der Hausaufgaben ein Buch oder lauschte NDR2 mit Volker Thormählen. In der Wohnung hatten wir keinen Fernseher, sonst hätte ich höchstwahrscheinlich meine ganze kostbare Zeit vor der Glotze vergeudet. Vor dem Radio konnte ich mich ganz in meiner Traumwelt verlieren und mich von den Hits in die knallbunte Musikwelt der 1980er tragen lassen. Würde ich einen Soundtrack zu meinen ersten Monaten in Hamburg erstellen, dann würde er aus diesen Songs bestehen: Sam Cook »Wonderful World«, Tears for Fears »Shout«, Rick Springfield »Celebrate Youth«, Ashford & Simpson »Solid« und Kool and the Gang »Cherish«. Gewünscht hätte ich mir zwar deutlich mehr Soul, aber ich arrangierte mich trotzdem mit dem, was das Radio mir anbot. Bereits in Hannover hatte ich oft NDR2 gehört, und wenn mal etwas Gutes kam, war ich immer auf Zack, um auf die rote Taste vom Kassettenrekorder zu drücken und so meine neu entdeckten Songs festzuhalten. Unbeabsichtigt löschte ich so manch wertvolle Erinnerungskassette meiner Eltern für immer. In Hamburg hatte ich jedoch schon geschnallt, keine alten Songs für neue zu opfern. Im Dezember 1985 kamen meine Eltern nach, und schließlich zogen wir als komplette sechsköpfige Familie in eine neue, große Wohnung im bunten Altona. Ein neues Kapitel in Hamburg begann, und Hannover war damit ein für alle Mal abgeschlossen.

ZURÜCK IN DIE ZUKUNFT

Fast zwei Jahre nach unserem Umzug in die Hansestadt und nachdem wir die eritreische Community in Hannover hinter uns gelassen hatten, erzählte mir meine Freundin Fiory von einer besonderen Reise und fragte mich, ob ich nicht daran teilnehmen möchte. Es ging um eine Reise nach Eritrea in die befreiten Gebiete, in die Berge, organisiert von den eritreischen Community in Süddeutschland.

Da die Hamburger Community viel kleiner war und wir anfangs keinen eritreischen Samstagsunterricht hatten, war Fiory besser informiert als ich. Diese Reisen hatten in den letzten Jahren meist Erwachsene gemacht, und nun gab es die Möglichkeit auch für uns Jüngere. Ohne viel Zeit zu verlieren, war meine Antwort auf Fiorys Frage ein »JA!«. Weder hatte ich mit meinen Eltern gesprochen noch mir genaue Details eingeholt. Das war alles auch total egal. Einzig wichtig war, dass ich dabei sein würde. Ich musste nach Meda. Nach meinem Entschluss erzählte ich es begeistert meinen Eltern, die zuerst zögerten, aber dann einwilligten. Als Familie entschieden wir, dass ich im Namen von uns allen ein Geschenk mitnehmen würde: eine transportable Dunkelkammer. Ich hatte also eine Mission zu erledigen.

Am 29. Juni 1987 fuhr mich mein Vater in Begleitung meiner jüngeren Schwester Sofia von Hamburg nach Frankfurt zum Flughafen. Sofia äußerte während der Autofahrt ihre Sorge um mich. Zwischen uns liegen knapp vier Jahre Altersunterschied, und wir hingen sehr aneinander. Ich versicherte ihr, dass ich zurückkommen würde. Kurz vor Mitternacht sollte es losgehen. Meine Freundin Fiory war in Begleitung ihrer Mutter. Weitere Reiseteilnehmer:innen waren junge Leute aus Hannover, Stuttgart, Frankfurt und Mannheim, die der Roten Blume der jeweiligen Städte angehörten. Einige wenige mit einem oder beiden Elternteilen.

Wenn ich ein Wort für diese Reise finden müsste, dann würde ich sie »Zeitreise« nennen. Zum einen war es eine Reise in die Vergangenheit, dahin zurück, wo ich zur Welt kam und unsere Flucht begann. Zwischen der Flucht und dem Leben in Deutschland lagen nur neun Jahre, die sich aber wie eine Ewigkeit anfühlten. Und zum anderen war es auch eine Reise in die Zukunft, so paradox es klingen mag. Aber ich war damals der Meinung, dass eine Reise in die Vergangenheit mir helfen würde, in der Zukunft besser klarzukommen. So legte ich es zumindest für mich fest. Denn mich plagten oft, zwar ganz unterschwellig, aber trotzdem sehr präsent, Schuldgefühle. Ich hatte mich in den Jahren in Deutschland oft schuldig gefühlt, dass meine Familie und ich in Sicherheit waren. Dass wir die Flucht überlebt hatten und uns ein neues, gutes Leben in Deutschland hatten aufbauen können. Während viele, die zurückgeblieben waren, diese Chance nicht hatten. Dieses Schuldgefühl war die Basis meines Daseins. Deshalb war ich stets mit der Frage beschäftigt, wie ich mein Leben und mein Tun so aufbauen könnte, dass ich teilte. Ich wollte von meinem Glück etwas abgeben. Denn ich, wir, meine Familie hatten das Glück gehabt, dem Schrecken des Krieges entkommen zu sein.

Es ist ein Privileg, in einem friedlichen Land leben zu können. Obwohl es kein Privileg, sondern das Grundrecht aller Menschen dieser Welt sein sollte. Aber die Welt ist auf Machtstrukturen, Wirtschaft und Profit aufgebaut. Eine erfolgreiche Wirtschaft bedeutet, das Sagen zu haben. Für dieses Ziel wird sogar gemordet. Ich denke dabei besonders an die Waffenindustrie. Und so gesehen wird es wohl ein naiver Gedanke bleiben, dass ein friedliches Leben als Recht aller Menschen irgendwann Realität wird. Ich jedenfalls wollte im Kleinen etwas bewirken und etwas teilen. Ich wollte jeden Tag eine gute Tat vollbringen. Gelder sammeln für zurückgebliebene Verwandte oder Bekannte. Über die Situation in Eritrea aus eritreischer Perspektive berichten. Das tat ich auch und zwar mithilfe der Schulzeitungen. Ich wollte bedürftigen Menschen auf der Straße Brot kaufen oder etwas Geld geben. Einer alten Dame beim Tragen einer schweren Tasche helfen. Eine gute Tat am Tag. Genau das taten meine Eltern auch, sie lebten diese Philosophie des Teilens vor. Sie haben uns so erzogen, und ich bin heute eine überzeugte Teilerin.

Vor der anstehenden Reise nach Meda war ich erstaunlicherweise nicht aufgeregt. Eher neugierig, ruhig und voller Vorfreude. Dass es genau genommen ein ziemlich gefährlicher Trip war und es sich um ein Kriegsgebiet handelte, in das ich reisen wollte, ging an mir vorbei. Ich weiß nicht, welcher Schalter in mir ausgeknipst war. Die jugendliche Naivität oder Abenteuerlust war es sicherlich nicht. Ich denke, mich trieb eher die Sehnsucht, dort hinzukommen, von wo all diese lebenserhaltenden Maßnahmen in Form von Musikkassetten zu mir gelangten. Aus Meda kam unsere Musik, dort lebten unsere Held:innen. Also sehnte ich mich danach, diese Orte mit eigenen Augen zu sehen, sie zu fühlen und zu erleben und mich von der Situation Medas selbst zu überzeugen.

Meda bedeutet Feld und beschreibt sowohl den Teil Eritreas, wo der Krieg tobte, als auch die befreiten Gebiete, wo sich die Tegadelti eine neue, geschützte Existenz in den Bergen aufgebaut hatten. An der Front standen sich eritreische Kämpfer:innen und äthiopische Soldaten gegenüber. Die einen ließen für die Freiheit und Unabhängigkeit Eritreas ihr Leben, die anderen für die Unterdrückung des Landes. Der Alltag in den befreiten Gebieten fand fast ausschließlich unterirdisch statt. Ich hatte zwar einige Videos gesehen, die dieses Leben dokumentierten, aber so richtig vorstellen konnte ich es mir nicht. Es gab Hospitäler, in denen sie unterirdisch Herzoperationen durchführten, den Strom aus Generatoren ziehend. Unterirdische Druckereien, in denen Schul-, Sachbücher und Romane gedruckt wurden. Unterirdische Fabriken, die trotz der widrigen Bedingungen sogar eigene Tabletten und Infusionslösungen produzierten. Oder Hygieneartikel wie Monatsbinden. Schuhfabriken, die Schuhe aus alten Autoreifen herstellten. Möbel aus Bombenteilen. In orthopädischen Werkstätten stellten beinamputierte Kämpfer:innen selbst Beinprothesen her. Pures Re- und Upcycling, wenn man so will. »Auf die eigenen Kräfte vertrauen«, das war immer die Devise der EPLF und der eritreischen Bevölkerung gewesen. Der Kampfgeist und die Verbundenheit waren überaus stark. Ich wollte mit eigenen Augen sehen, wie sich diese mutigen Menschen organisierten. Ich wollte die Zero School, die mir von Reportagen bekannte Schule, und das Waisenheim in Orota besuchen. Ich wollte meinen Held:innen gegenüberstehen und ihnen meinen Dank und meine Verbundenheit aussprechen. Ich wollte ihnen zeigen, dass wir sie immer in unsere Gebete einschlossen und unsere Gedanken bei ihnen waren.

Das Geschenk, das ich im Gepäck hatte, war für die Zero School gedacht. Die transportable Dunkelkammer mit Zubehör und Kameras kam aus Russland über Freund:innen meines Vaters. Alles wartete sicher verpackt, um den Weg nach Eritrea zu finden. Nun würde ich diese Koffer voller Material selbst nach Meda bringen können. Die Möglichkeit, zu fotografieren und die eigenen Fotos in der Dunkelkammer entwickeln zu können, war etwas, was mir meinen Alltag immer wieder verzauberte. Es war nicht nur die Magie, die das Einfangen von besonderen Augenblicken für mich bedeutete, sondern das Versinken in einem sphärenartigen, selbst geschaffenen Raum. Ich konnte Stunden in der Dunkelkammer verbringen. Die Zeit, die an mir vorbeirauschte, bemerkte ich dann meist gar nicht, weil ich selbst wie im Rausch war. Anderen diese Möglichkeit zu schenken, in ihrem schweren Alltag kurzzeitig in eine selbst geschaffene Welt flüchten zu können, füllte mein Herz mit Wärme.

Endlich flogen wir los, von Frankfurt über Kairo nach Khartum und dann weiter nach Port Sudan. Irgendwo in der hintersten Schublade in meinem Kopf tauchte während der langen Flugstunden immer wieder die Frage auf, ob ich einen Kulturschock erleben und wie es sich anfühlen würde zurückzukehren. Würden meine Kindheitserinnerungen wieder wachgerüttelt werden, wenn ich nach so vielen Jahren im Sudan landete? Welche Erinnerungen würden es sein? Würde es mir dadurch schlecht gehen? Wie würden meine Geschwister oder meine Eltern reagieren?

Nach mehrtägigem Aufenthalt in der sudanesischen Hauptstadt ging die Reise richtig los. Am Samstag, dem 4. Juli, stand mittags vor dem EPLF-Büro, in dem wir untergebracht waren, ein Lastwagen für uns bereit. Das Büro war ein großes weißes Haus mit zwei Etagen, ein Begegnungsort für alle Eritreer:innen in Port Sudan. Die EPLF hatte weltweit ihre Büros. Da, wo es eritreische Communitys gab, gab es ein EPLF-Büro. So wie in

Port Sudan dienten sie überall als Ort, an dem Treffen abgehalten werden konnten.

Neugierig und voller Aufregung hievte ich mich nun vor dem EPLF-Büro in Port Sudan auf den mit Getreidesäcken beladenen Lastwagen und suchte mir eine gute Ecke zum Sitzen. Dass wir die Reise auf der Ladefläche eines Lastwagens bestreiten würden, war von vornherein klar und keine Überraschung. Die meisten Reisen in Meda werden auf solchen Lastwagen angetreten. Nur bei kleinen Gruppen wurde auch mal ein Pickup oder ein Geländewagen genommen. Ich kann mir vorstellen, dass die Gründe dafür die unebenen Straßen waren.

Der erste Abschnitt der Fahrt sollte knapp zwei Stunden dauern. So unbequem es auch war, die Vorfreude auf Eritrea betäubte meinen ganzen Körper. Fiory hatte sich auch ein Plätzchen neben mir ergattert. Durch den ohrenbetäubenden Motorlärm fanden Unterhaltungen nur schwer statt. Aber im Grunde brauchten wir auch keine Worte zu wechseln, denn das Dauerlächeln auf unseren Gesichtern sprach Bände. Im Wechsel zwischen Stehen und Sitzen nahmen wir die strapaziöse Fahrt auf uns. Mal lag Fiorys Kopf auf meiner Schulter oder meiner auf ihrer. Um uns vor der brennenden Sonne zu schützen, drapierten wir Baumwolltücher, die wir auf dem Souk – dem Markt – in Port Sudan erstanden hatten, kunstvoll auf unseren Köpfen.

Unser erster Stopp war Suakin, eine der ältesten Hafenstädte Afrikas am Roten Meer. Von der Stadt selbst sahen wir nicht viel. Der Lastwagen warf uns am Stadtrand bei einer großen Werkstatt der EPLF ab, in der kaputte Fahrzeuge wiederhergerichtet wurden. Alte Fahrzeugteile wurden zu neuen Fahrradsätteln, Armaturenbrettern und Autositzen recycelt. Sogar alte abgeschossene Bomben wurden wiederverwertet – sie wurden zu Tischen, Kanistern oder Ähnlichem umfunktioniert. So konnte das Problem der Ressourcenknappheit überwunden werden. Die Kreativität kennt keine Grenzen. Für einige Stunden durften wir uns umschauen und alle Mechaniker:innen mit Fragen löchern.

Von der Hitze und der hohen Luftfeuchtigkeit erschöpft, goss ich mir, um nicht zusammenzubrechen, Wasser auf mein Kopftuch und setzte es mir wie eine Krone auf das Haupt. So hielt ich es bis zu unserer Weiterfahrt aus. Hitze und Müdigkeit waren aber nicht das Einzige, an das ich mich neu gewöhnen musste. Giftige Schlangen, Skorpione, Spinnen und alles, was sich kriechend fortbewegt und nur Panik in mir auslöst, hatte ich völlig aus der Gedankenwelt meiner letzten neun Jahre verbannt. Würde mir eine kleine niedliche Hamburger Spinne auf meinem Kopfkissen begegnen, ich würde auf der Stelle vor Schreck aufspringen. Doch in Meda sollte ich von freundlichen eritreischen Spinnen, Skorpionen und anderen kleinen Freunden der Natur noch einige Exemplare kennenlernen. Nach einem Tag, an dem ich viel Altes und mir aus der Kindheit noch Wohlbekanntes noch einmal neu erleben durfte, erreichten wir am späten Nachmittag den ersten Ort in Eritrea. Dieser Ort lag in einem Tal, umgeben von einer Berglandschaft, und er hätte für mich nicht magischer sein können. Wie von einer Hand geformt, reihten sich die Berge engumschlungen aneinander, so als würden sie sich gegenseitig Geheimnisse zuflüstern. Das war Beref im Norden Eritreas.

Im Herzen von Beref floss ein schmaler, flacher Bach mit glasklarem Wasser, der in der Mittagssonne wie der Star einer Show seine Fans anstrahlte. Auf dem Rücken des Lastwagens stehend entdeckten wir sein Glitzern schon aus der Ferne. Vor Freude jubelten wir und klatschten in die Hände. Alle hatten es

auf einmal sehr eilig, vom Laster abzusteigen, ein paar Wage-
mutige versuchten sogar schon während der Fahrt abzusprin-
gen. Ich ließ mir jedoch Zeit und stieg erst ab, als wir direkt
vor dem Bach anhielten. Wie kleine Kinder sprinteten wir alle
völlig überdreht auf das Wasser zu. Die sengende Sonne hatte
sich während der Fahrt erlaubt, meinen Kopf und meinen ganzen Körper auf gefühlte 100 Grad zu erhitzen. Ich meine, ich
hätte sogar gedampft, als das Wasser auf meine Haut traf. Ich,
nein, wir alle, legten uns samt Klamotten ins Wasser. Wir lagen
strampelnd im kühlen Nass und sahen aus wie besoffene Käfer
auf dem Rücken. Das glasklare Wasser bedeckte mich von Kopf
bis Fuß, und ich bildete mir ein, keine Stimmen mehr zu hören,
nur das vorsichtige Plätschern des Wassers, das sich seinen Weg
um mich herum suchte. Die bequemen Reiseklamotten, eine
beige Jogginghose und ein blau-weiß gestreiftes kurzärmeli-
ges T-Shirt aus Baumwolle, klebten mir angenehm am Körper.
Meine pinkfarbenen Gummisandalen bildeten einen herrlichen Kontrast und leuchteten aus dem Wasser heraus. Meine
schulterlangen Haare, die ich in Port Sudan zu vielen kleinen
Zöpfen hatte flechten lassen, schwebten fröhlich wie kleine
Würmer um meinen Kopf herum. Nach einer kurzen Weile
fühlte ich mich wie in der Badewanne. In der wohl schönsten
Naturbadewanne zwischen den hohen Bergen irgendwo in Eritrea zu liegen war die beste Art, mich wieder mit meiner Heimat verbunden zu fühlen. Einen schöneren Willkommensgruß
hätte ich mir nicht vorstellen können.

Ich schaute hoch in das Blau über mir und blinzelte der grel-
len Sonne zu. Bin ich wirklich hier? Ganz leise, im Flüsterton,
fragte ich mich, wo ich war, um mir selbst zu bestätigen, dass
ich tatsächlich wieder in Eritrea war. Nach dem Weg, den wir –
die ganze Familie – damals gegangen waren, weg vom Krieg,

auf der Suche nach Sicherheit und Schutz, war ich nun wieder genau dort, wo ich hergekommen war. Es roch nach dem, was für mich unter dem Stichwort »Flucht« in meinen Geruchserinnerungen abgespeichert war. Es roch nach Sand, Bergen und Wasser. Der Geruch von nassem Stein war aus unerklärlichen Gründen besonders ausschlaggebend für die alten Erinnerungen. Ich zog einen handgroßen, glatten Stein in Form einer Birne unter meinem Rücken hervor und musterte ihn. Er war grau-braun, flach und hatte eine leichte graue Maserung auf einer Seite. »Wie du wohl hier gelandet bist?«, fragte ich ihn in Gedanken. »Was wohl deine Geschichte ist, lieber eritreischer Stein? Was sagst du dazu, dass ich wieder zurück bin? Wenn du mir doch erzählen könntest, was du in der Zwischenzeit alles erlebt hast. Nach neun langen Jahren bin ich wieder hier.« Bevor mir der Stein antworten konnte, holten mich fröhlich durcheinandergackernde Laute wieder in die Realität zurück. Hinter mir tobte eine Wasserschlacht. Ich drehte mich um und sah, wie große Kinder, halbe Erwachsene, sich mit Wasser bespritzten. Das Lachen und Quietschen machten uns die Berge nach und antworteten mit einem Echo. Die Wasserschlacht artete aus. Nun waren alle beteiligt, und auch ich schloss mich an. Wir waren letztendlich bis zu den Unterhosen durchnässt. Doch wie von Zauberhand trockneten wir innerhalb der nächsten Viertelstunde, so heiß war es an diesem Ort.

Dieser Stopp in Beref hatte uns verzaubert. In bester Stimmung stiegen wir alle wieder auf den Lastwagen, um zum nächsten Ort weiterzufahren. Mir ist der Name unseres nächsten Stopps und der Grund, warum wir dort anhielten, mittlerweile entfallen. Woran ich mich aber sehr gut erinnern kann, ist, dass ich dort zum ersten Mal in den Genuss von Sua, eritreischem Bier, kam und dass ich bedeutsame Unterhaltungen führte, die mich nachhaltig beeindrucken sollten. Das Bier wurde von den Kämpfer:innen des Ortes selbst gebraut, die uns spontan zur Verkostung einer frisch zubereiteten Fuhre einluden. Ich hatte noch nie zuvor Alkohol getrunken – ich bin auch heute noch eher die, die zu Silvester am Sektglas nippt oder gelegentlich mal die Zunge in ein Gläschen Baileys taucht. Meine einzige ernsthafte Alkoholbegegnung war die mit der scharfen Flüssigkeit aus Mon Chérie, die ich gern ausschlürfte, aber sonst hatte sich bis dahin kaum Alkohol in meinen Körper verirrt. Die Stimmung war heiter, so als wären wir auf einer Feier. Die gesamte Reisegruppe trank Sua, die Älteren mehr und die Jüngeren, so viel sie vertrugen. Ich unterhielt mich mit einigen Sua brauenden Kämpfer:innen, und wir fragten uns gegenseitig aus. Zwei von ihnen, zwei etwa dreißigjährige Tegadelti mit eindrucksvollen Gesichtszügen, versicherten mir immer wieder, dass wir sehr bald in ein friedliches Eritrea würden zurückkehren können. Sie wiederholten es mit Nachdruck, so als gäbe es keine Alternative. Wie hätte es auch anders sein können, sie brauchten diese Überzeugung, sonst hätten sie von vornherein kapitulieren müssen. Sie mussten an das glauben, wofür sie bereit waren, ihr Leben zu geben. Die beiden erzählten mir Geschichten aus ihrer Kindheit, über ihre Familien, wie sie an die Front gekommen waren – und beteuerten, dass sie nicht an Kriege glaubten, sondern an Frieden. Dass sie sich der Bewegung angeschlossen hatten, weil sie keine anderen Möglichkeiten sahen. Sie hatten zusehen müssen, wie Familienmitglieder vor ihren Augen von äthiopischen Soldaten ermordet worden waren, und danach blieb kein anderer Ausweg, als sich aus Sicherheitsgründen in den Bergen zu verschanzen und zu kämpfen. Sie sagten mir, dass dieser Krieg unausweichlich hatte kommen müssen. Dass die eritreische Bevölkerung zu lange gelitten hatte. Als Reaktion auf die Gräueltaten und die systematischen Ermordungen war das Volk gezwungen, sich zu verteidigen und für die Rechte im eigenen Land einzustehen. Die Kämpfer:innen teilten mir auch ihre Ängste mit. Für sie wäre es schlimm, wenn wir, die Diaspora-Kids, Eritrea vergessen würden. Dass wir vergessen könnten, wo unser Ursprung lag, dass wir uns abwenden und nichts von unserer Heimat wissen wollten. Dass wir unsere Sprache vergäßen, die Kultur und die Geschichten unserer Ahn:innen. All das bereitete ihnen mehr Sorgen als der Krieg selbst. Denn wenn wir nach dem Krieg nicht zurückkämen, wer würde dann in Eritrea leben? In der Situation, in der sie sich befanden, wussten sie nie, ob sie den nächsten Tag erleben würden oder nicht, das war ihr Alltag und ein Deal mit dem Leben. »Es kommt, wie es kommt«, war das Motto, und sie arrangierten sich damit. Aber dass wir unsere Roots vergaßen, den Gedanken mochten sie nicht weiterdenken. Ich verstand sie und teilte ihre Sorgen. Darum versicherte ich ihnen, dass so etwas nicht passieren könnte, dass das für mich ein Ding der Unmöglichkeit wäre. Schon damals liebte ich meine Sprache, die Musik, die Tänze und die wenigen Geschichten, die ich kannte. Ich sagte ihnen, dass ich noch viel mehr wissen wollte. Ich erzählte, dass ich mir das Lesen und Schreiben von Tigrinya selbst beigebracht hatte. Dass wir in der Familie oft um den Kassettenrekorder saßen und uns die Kassetten aus Meda Wort für Wort, Note für Note immer wieder anhörten, bis wir sie auswendig konnten. Immer wieder versicherte ich ihnen: »Wir werden die Geschichten unserer Ahn:innen, Mütter, Väter, Tanten und Onkel weitererzählen.« Um das Versprechen auf eritreische Art und Weise zu festigen, klatschten wir ab, was ganz ähnlich aussieht wie ein High Five. Während ich sprach, rann Sua munter meine Kehle runter, und der Alkohol beeinflusste mit jedem Schluck mehr meine Gedanken, ich wurde emotional. Wie kann ich ihnen ihre Sorgen um uns nehmen? Wie kann ich ihnen zeigen, dass ich mein Versprechen halten werde? Ob sie mir glauben, das fragte ich sie immer wieder. Dann erzählte ich ihnen von meinen eigenen Sorgen. Dass ich große Schuldgefühle hätte. Dass mich mein schlechtes Gewissen überallhin begleitete – wenn ich beispielsweise etwas Schönes erlebte und andere nicht. Dass ich mich für undankbar hielt, wenn ich unzufrieden war. Dass ich in einem sicheren Land lebte, ohne Angst vor Bombardierungen, ohne Angst, erschossen zu werden, ohne einen Feind im Nacken zu haben und andere Eritreer:innen nicht. Dass ich alle im Stich gelassen hatte, anstatt mit ihnen an ihrer Seite für Eritrea zu kämpfen. Sua sprach aus mir und verwandelte meine Worte in ein Schluchzen.

Die Kämpfer:innen klopften mir auf die Schulter und baten mich, dieses unnötige Gefühl ein für alle Mal aus der Welt zu schaffen. »Schuldgefühle helfen niemandem, sie hindern eher alle und sind im Grunde ziemlich unsolidarisch«, sagten sie. Sie nannten uns Exilant:innen, Aktivist:innen. Ich schluchzte. Aber sie erklärten mir, dass aktiv zu sein und sich für die Befreiung einzusetzen nicht nur hieß, mit ihnen in den Bergen mit einer Waffe auf den Schultern gegen den Feind zu kämpfen – was wir in der Diaspora täten, wäre ebenso wichtig. Die Samstagsschulen, unsere Kulturgruppen, das Lernen über unsere Geschichte und dass wir sie in die weite Welt hinaustrügen. Dass wir an Eritrea glaubten, auch das sei Aktivismus. Aber vor allem, dass wir fleißig zur Schule gingen und so viel wie möglich lernten: »Lerne für dich, lernt für euch, lernt für uns alle. Nutzt die Chance! Das ist eure Aufgabe.« Wir waren mitten in eine intensive Unterhaltung vertieft, als wir zur Weiter-

fahrt gerufen wurden. Mein Herz verkrampfte sich, es war eins
der wichtigsten Gespräche, die ich je führen durfte. Mir war in
dem Moment nicht klar, wie ich mich verabschieden sollte. Auf
Wiedersehen? Lebt wohl? Passt auf euch auf? Ich wusste nicht,
ob wir uns jemals wiedersehen würden. Am Ende entschied ich
mich für den Meda-Style: Mit einem Schulterdrücker wünschte
ich ihnen einen schönen Abend. Auf der Weiterfahrt fingen die
Berge um mich herum an zu schaukeln, das Bier beeinflusste
meine Wahrnehmung. Allgemein war die Stimmung aber
eher gedämpft, teils durch Sua und teils durch die intensiven,
emotionalen Debatten. Auch Fiory hatte ein ähnlich inniges
Gespräch geführt. Wir beide saßen Schulter an Schulter und
ließen die Abendluft unsere heißen Köpfe kühlen. Wir tauschten uns kaum aus, dafür waren wir zu nachdenklich und auch
zu erschöpft.

Pünktlich nach Plan erreichten wir am späten Abend Ara-
rib, den Ort, an dem sich die Zero School befand. Aus Sicherheitsgründen war die Schule unterirdisch und teils in karge
Steinberge hineingebaut. Von außen war sie kaum erkennbar.
Nachdem unsere Mägen mit Linseneintopf gefüllt waren, suchten wir uns im Dunkeln einen Platz auf dem sandigen Boden
und breiteten unsere Schlafsäcke aus. Fiory und ich lagen unter
einem großen Baum. Wir hatten schon gelernt, dass uns die
Sonne morgens die Köpfe verbrannte, wenn sie von nichts aufgehalten wurde. Aber unter dem Baum konnte uns das nicht
passieren.

Am nächsten Morgen stärkten wir uns mit gesüßtem schwar-
zem Tee und frischen Brötchen aus der Zero-School-Bäckerei
für den neuen Tag. Traurig über die Nachricht, dass die Schule
aktuell geschlossen war, weil die Schüler:innen in den Sommerferien waren, knabberte ich auf meinem ersten Meda-Brötchen,

das wie ein Vollkornbrötchen aussah und auch so schmeckte, rum. Ich dachte an die Dunkelkammer und wie schön es doch gewesen wäre, einige Schüler:innen zu treffen, um mich mit ihnen über das Geschenk auszutauschen. Was die Dunkelkammer mir und meinen Geschwistern bedeutete. Was die Magie der Fotografie für eine Wirkung auf mich ausübte und wie sie meinen Alltag bereicherte. Ich hoffte, sie würde auch ihr Leben in Meda bereichern. Leider fand dieser Austausch nicht statt, und nun musste ich das Geschenk einfach jemandem aushändigen, zusammen mit meinen Gedanken, Hoffnungen und Wünschen als geschriebene Worte auf Papier. Ich musste mich darauf verlassen, dass diese Worte die Botschaft genauso rüberbrachten, wie ich sie meinte.

Sofort nach dem Frühstück überredete ich Fiory, mit mir zusammen die Gegend zu erkunden und nebenbei nach Mikael zu suchen. Meine Eltern hatten mir zwei Kontakte mitgegeben. Der eine Kontakt war meine Cousine Rigat. Sie war für meine Eltern immer wie ihr fünftes Kind gewesen, in Asmara war sie meistens bei uns. In meiner Erinnerung war sie wie eine große Schwester für mich. Optisch hatte ich große Ähnlichkeiten mit ihr, mehr als mit meinen tatsächlichen Schwestern. Als Asmara zu unsicher wurde und für alle jungen Menschen im wehrfähigen Alter zu einer Todesstadt mutierte, zog sie in die Berge. Der zweite Kontakt meiner Eltern war für die Zero-Schule. Ich sollte nach Mikael fragen, einem Schwippschwager meiner Mutter, der die Chemie- und Physiklabore leitete.

Ich entdeckte Mikael inmitten einer Gruppe Kämpfer:innen sofort, denn sein Gesicht glich dem seiner Schwester, meiner Tante. Er kannte mich nicht, da er bereits vor meiner Geburt in den Krieg gezogen war. Aber als ich ihn ansprach, begrüßte er uns herzlich; die Nachricht über unsere Reisegruppe war auch schon zu ihm durchgedrungen. Fröhlich führte er uns durch die Räume der Schule. Er erzählte uns, dass fast alle Schüler:innen Eltern oder Familienangehörige besuchten oder ein Sommerpraktikum absolvierten. Es war beeindruckend, die von Sträuchern bedeckten Eingänge zu finden, um dann in gut ausgestattete Räume zu gelangen. Die Eingänge mussten ebenfalls aus Sicherheitsgründen versteckt gehalten werden. Von außen wäre ich niemals darauf gekommen, innen geräumige, ordentliche Klassenräume, Physik- und Chemielabore zu finden. Mit offenen Mündern stolperten Fiory und ich hinter Mikael her. Wir staunten nicht über die Klassenräume selbst, die sahen aus wie unsere in Deutschland, sondern darüber, normale Räume in Berghöhlen zu finden. Von außen sah man nur einen kargen Steinberg. Ich fragte mich, wie diese unterirdischen Welten während des Krieges und ohne Zugriff auf Baumaterialien, Werkzeuge, Maschinen etc. errichtet werden konnten. Während der gesamten Reise sollten wir aus dem Staunen nicht herauskommen.

Mikael erzählte ich von unserem Geschenk, den beiden braunen Koffern für die Zero School. Ich fragte ihn, wem ich es denn aushändigen könnte, ob er es annehmen würde. Ich zeigte ihm den Inhalt der Koffer und wie die Dunkelkammer aufgebaut wird, er kannte sich gut aus und war begeistert. Ich war froh, das Geschenk bei ihm lassen zu können, denn nach dem Mittagessen stand für unsere Reisegruppe bereits der nächste Aufbruch an. In den darauffolgenden Tagen sahen wir viele Orte, trafen viele Menschen und führten unglaublich intensive Gespräche. Nach jeder Bekanntschaft und jeder ausgiebigen Unterhaltung hing der Abschied wie eine Gewitterwolke über meinem Kopf. Mir fiel es sehr schwer, immer wieder weiterzuziehen. Jede Person, die ich kennenlernen durfte, habe ich sofort ins Herz geschlossen. Lebewohl zu sagen mit dem Wissen, dass es wirklich ein Adieu war und kein Au revoir, schnürte mir die Luft ab.

Ich hatte vieles nicht erwartet und war die Reise wohl leicht blauäugig angetreten. Ich hatte überhaupt keine Vorstellung von dem gehabt, was mich tatsächlich in Meda erwartete. Ich wusste nur, dass es mich auf eine mir noch unbekannte Art und Weise verändern würde. Die Veränderung wäre nicht sofort sichtbar. Sie würde sich langsam entwickeln, wie ein Körnchen, das in fruchtbarer Erde vergraben wird, um dann langsam zu gedeihen.

NAKFA

Nach unserer ersten Reisehälfte stand Nakfa auf dem Programm, eine Stadt im nördlichen Hochland Eritreas in der Region Semienawi Kayih Bahri. Es liegt etwa 180 Kilometer nördlich der Hauptstadt Asmara und hat für Eritrea eine große Bedeutung. Während des Krieges war Nakfa das Symbol des eritreischen Widerstandes und die Zentrale der EPLF. Diese haben die Stadt im Frühjahr 1977 aus den Händen der Äthiopier:innen befreit. Die Narben des Krieges sind deutlich zu sehen. Die gesamte Stadt wurde von den äthiopischen Soldaten damals dem Erdboden gleichgemacht, nichts wurde unberührt gelassen, bis auf das Minarett der Moschee – sie ließen es aus eigennützigen Gründen stehen, denn es half den Piloten bei der Orientierung.

Halb zwei Uhr morgens kam meine Reisegruppe mit dem Laster in Nakfa an. Im Hochland ist es nachts sehr kalt. Dementsprechend hatte ich alles, was ich dabeihatte, angezogen und um mich herumgebunden, um gegen die Kälte anzukämpfen. Nach einer längeren und anstrengenden Bergwanderung kamen wir in unserer Behausung an. Hoch oben betraten wir – Fiory, ihre Mutter, ich und drei weitere aus unserer Reisegruppe – unsere Unterkunft. Auch hier fand das Leben fast ausschließlich unterirdisch oder versteckt in den Bergen statt, die Wohnung war von außen nicht erkennbar. Das war eine Folge der Angst vor Bombardements. Innen entsprach die Wohnung aber fast europäischen Standards: drei Schlafzimmer mit Doppel- und Einzelbetten und ein Wohnzimmer.

An dem Abend ging es mir nicht gut, ich hatte Fieber. Ein Mückenstich an meinem Fußknöchel hatte sich entzündet und wurde richtig dick und eitrig. Mich ärgerte es sehr, schwach und kränklich zu sein. Während sich Kämpfer:innen Kugeln einfingen und Schusswunden davontrugen, aber trotzdem mit zusammengebissenen Zähnen ihr Ding machten, humpelte ich wie ein Weichei wegen eines Mückenstichs durch die Landschaft. Das passte mir gar nicht. Ich versuchte es zu ignorieren, aber die entzündete Stelle ging davon nicht weg. Also nahm ich vernünftig eine Schmerztablette und erfreute mich an dem leckersten Tomatensalat, mit frischen Tomaten aus dem eigenen Garten. Ich habe nie zuvor so schmackhafte Tomaten gegessen, und wir haben an dem Abend unzählige davon verschlungen. Viel Zeit zum Ausruhen blieb aber nicht. Schlaftrunken stiegen wir am nächsten Morgen um vier Uhr wieder auf den Laster, um nach einer zweistündigen Fahrt und einer Stunde Wanderung direkt an die Schützengräben zu kommen. Warum zu den Schützengräben? Wir hatten unterwegs fast alles besichtigt, was in der begrenzten Zeit möglich war, und wollten auch die Kämpfer:innen an vorderster Front besuchen und uns mit ihnen austauschen, soweit es möglich war. Als wir ankamen, lag eine sehr steile und lange Bergwanderung hinter uns. Vor allem mit meinem Knöchel, der nicht abzuschwellen schien, war es ein mühsames Laufen. Dafür hatte sich mein Fieber zum Glück von mir verabschiedet und ließ mich auch weiterhin in Ruhe. Bei einem Zwischenstopp wechselte mir einer der Kämpfer den Verband. Zufällig Vorbeilaufende fragten besorgt nach meinem Zustand, einige meiner Mitreisenden heiterten mich auf: »Stell dir vor, jemand fragt dich, ob du dir eine Kugel eingefangen hast, und du erzählst, dass es ein Mückenstich war.« Ja, das war zu komisch. Es war bloß eine klitzekleine eritreische Mücke, die mich womöglich testen wollte, wie verweichlicht ich in Europa geworden war, oder es war ein Willkommensgruß. So oder so sorgte mein Zustand für etwas Aufregung und einige Lacher.

Mit dem entzündeten Fuß humpelte ich bis zu den Schützengräben. Unser Begleiter warnte uns, dass wir keinen Mucks machen sollten. Der Feind hörte alles. Im Graben selbst sollten wir uns nur geduckt fortbewegen. Ich steckte meinen Kopf in das Beobachtungsfenster im Schützengraben, und die Kämpfer:innen dort erzählten uns leise, dass sie manchmal das feindliche Radio oder die Kommunikation hören konnten. Nur ein Tal trennte diese beiden Gräben. Wenige hunderte Meter. Als ich runterspähte, entdeckte ich im Tal verwesende Menschenkörper und Skelette. An den Uniformen konnte ich erkennen, dass es Soldaten des Gegenübers waren. Sie wollten angreifen und hatten ihr Leben im Tal gelassen, das an diesem Morgen von der Sonne beschienen wurde. Ich muss eine unsichtbare Rüstung um mich herum gehabt haben, etwas, das meine Emotionen bei diesem Anblick auf Eis legte. Ich fühlte gar nichts. Keine Angst, keinen Schrecken. Nichts regte sich in mir. Ich schaute mir alles genau an. Manchmal schmerzte mein Fuß, das konnte ich spüren, aber sonst nichts. Krieg ist so absurd. Krieg ist so schrecklich. Krieg ist so sinnlos. Krieg hat für das Leben nur Verachtung übrig. In dem Moment verstand ich noch nicht, was diese Erfahrung in mir verändern würde und dass das, was ich dort sah und erlebte, später wie ein heftiger Bumerang zurückgeschossen kommen würde, um mich von den Füßen zu reißen. In dem Moment wusste ich nur, dass diese Soldaten vom gegenüberliegenden Graben mit ihren khakifarbenen Metallhelmen, die mich an meine Kindheit in Asmara erinnerten, nichts Gutes verhießen. Diese Soldaten waren der pure Hass, die lebende Symbolisierung von all den schlechten Dingen, die ich im Leben kannte. Ich gab ihnen die Schuld für alles. Es war ihre Schuld, dass wir aus Eritrea fliehen mussten. Es war ihre Schuld, dass so viele Menschen in meiner Geburtsstadt leiden mussten und gestorben waren. Es war ihre Schuld, dass meine Cousins mitten in Asmara niedergemetzelt wurden. Es war ihre Schuld, dass uns schlichtweg die Freiheit zu leben weggenommen wurde. Mein Hass verschlang, als ich in diesem Schützengraben lag, meine gesamte Empathie. Beim Anblick dieser Soldaten hatte er sich eingeschlichen und sich schlagartig in meinem Herzen breitgemacht. Er war so stark und mächtig, dass er meine Sicht trübte. Fieberhaft überlegte ich mir Strategien, wie ich Mengistu Haile Mariam, den damaligen äthiopischen Diktator, aus dem Weg räumen könnte. Es waren fürchterliche Überlegungen für eine Teenagerin, dunkel und unheilvoll. Und ich nahm sie mit aus dem Schützengraben, sie begleiteten mich noch eine ganze Weile und wurden immer dann stärker, wenn uns in Deutschland eine Meldung aus Eritrea erreichte, dass diese:r oder jene:r im Krieg gefallen war, dass Verwandte oder Bekannte irgendwo ermordet aufgefunden worden waren. Wenn berichtet wurde, dass zahlreiche Menschenleben durch Bombenflieger ausgelöscht worden waren. Diese Nachrichten bestärkten meinen Hass.

Das Massaker von She'eb

She'eb ist ein Dorf 56 Kilometer nordwestlich der Hafenstadt Massawa. Am 12. Mai 1988 wurden 400 Zivilist:innen von äthiopischen Truppen erschossen und von Panzern überrollt.

Danach sind wir von den Schützengräben zum geschützt in den Bergen liegenden Stützpunkt der Brigade gegangen, es war ein langer Fußmarsch. Die Kämpfer:innen haben sich in ihren Schichten abgewechselt, es gab Schützengraben-, Schul- und Küchendienst. Wir wurden mit einer warmen Mahlzeit begrüßt. Diese Szenen, die ich von Videokassetten kannte, dass nach Einsätzen oder Rückkehr von den Schützengräben immer getanzt wurde, waren auf einmal meine Realität. Nach dem Essen ergriff ein Kämpfer die Kirar und fing an, dazu zu singen. Eine Kirar ist ein eritreisches Zupfinstrument mit fünf oder sechs Saiten und begleitet in der Regel Liebeslieder, Geschichtenerzähler:innen oder, wie in unserem Fall, motivierende Kampfgesänge. Der Tegadalay umklammerte die Kirar und zupfte die Saiten, so als wäre es das erste Mal. Als wäre es das letzte Mal. Als wäre es ein Ritual, um an den Anfang und das Ende des Lebens zu erinnern. Alle fingen an zu tanzen. Es war fast therapeutisch. Wie eine Tagesfeier. Ja, um den Tag zu feiern. Das Leben wurde besungen und zelebriert. Sie waren zurückgekehrt vom Abgrund des Todes. Sie waren zurückgekehrt mit allen Gliedmaßen am Körper. Ohne Blut vergossen zu haben. Ohne Verluste. Alle zusammen konnten den überstandenen Tag und das Leben feiern. So haben wir alle getanzt, gelacht und uns in den Armen gelegen. Anschließend saßen wir zusammen und erzählten uns gegenseitig Geschichten. Gebannt hörten wir Besucher:innen den leidenschaftlichen Stimmen der Erzähler und Erzählerinnen zu.

Die Lebensgeschichten einiger Kämpfer:innen brannten sich regelrecht in unsere Herzen ein. Einige berichteten, dass sie sich in einer Nacht- und Nebelaktion aus ihren Elternhäusern geschlichen hatten, um sich der Revolution anzuschließen. Keine Umarmung, kein Lebewohl, kein letzter Gruß, nichts sollte verraten, dass sie Teil der Freiheitsbewegung werden wollten. Für andere, die alle und alles verloren hatten, war die Revolution das Einzige, das ihnen Kraft gab, überhaupt am Leben zu bleiben. Viele der Geschichten von Leid und Kampf, viele Lieder von Freuden und Siegeswünschen im Takt der Kirar nahm ich von den Schützengräben mit zurück nach Nakfa. Ein mulmiges Gefühl im Bauch begleitete mich auch auf dieser Etappe meiner Reise. Die Gesichter und die Stimmen trage ich für die Ewigkeit in meinen Gedanken, die Erinnerungen sind wie in Stein gemeißelt. Ob die mutigen Kämpfer und Kämpferinnen den nächsten Tag erleben würden? Ob sie erneut zur Melodie der Kirar das Leben feierten und lachend voller Freude tanzten? Aus Angst vor der Antwort verwehrte ich mir weitere Fragen.

RIGAT UND ARAG

Bevor wir unsere letzte Station der Reise erreichten, pausierten wir in Hischkib, einem Ort ungefähr 70 Kilometer nördlich von Nakfa.

Ziemlich kaputt kamen wir mitten in der Nacht dort an. Nach der anstrengenden Fahrt hatte ich nur den einzigen Wunsch, mich mit meinem Schlafsack in eine Ecke im Gästehaus zu verziehen und mich zu erholen. Gerade als ich den Reißverschluss des Rucksacks zuziehen wollte, kam Fiory und teilte mir aufgeregt mit, dass draußen eine Frau nach mir fragte. Ich zwang meinen müden Körper, noch mal aufzustehen, und schleppte mich raus. Es war stockdunkel, und Fiory, die vor Energie nur so sprühte, führte mich mit ihrer Taschenlampe zu der Person, die zu so später Stunde nach mir fragte.

»Bisrat? Bisrat?« Ich erkannte sie sofort. Diese sanfte, etwas hohe Stimme, die meinen Namen melodisch, fast wie gesungen aussprach, würde ich auch nach hundert Jahren wiedererkennen. Als ich das Gesicht zu dieser lang vermissten Stimme in der Dunkelheit zu erkennen meinte, schlug mein Herz immer schneller. Abrupt riss ich mich von Fiorys Hand los und sprang der Stimme in die Arme. Wir heulten und schluchzten und umarmten aneinander so fest, als wollten wir uns nie wieder loslassen. Rigat. Meine Cousine, meine große Schwester. Rigat. Ihr Bauch bebte und steckte meinen Bauch an. Sie nahm mein Gesicht in ihre Hände und schaute mich immer wieder an, küsste mich auf die Stirn, bevor wir uns erneut in die Arme

fielen. Fiory stand daneben und beobachtete die Wiedersehens-
szene. Als wir langsam zu uns fanden, schob mich Rigat vorsichtig zu einem kleinen Felsvorsprung vor dem Gästehaus. Sie
setzte sich auf den Stein, während ich neben ihr stehen blieb,
bedankte sich bei Fiory und bat sie, mein Gesicht auszuleuch-
ten. Dann musterte sie mich und zog mich zu sich: »Ich sehe
mich in dir«, sagte sie und gab mir einen Klaps auf den Hintern.
Sie war immer noch so, wie ich sie von früher in Erinnerung
hatte. Lustig und verspielt. Die Tränen wurden durch freches
Kichern und fröhliches Lachen ersetzt. Wie betrunken alberten
wir rum und lachten über alles und nichts. Fiory verabschiedete sich und ging schlafen.

Rigat und ich saßen im Mondschein auf den Felsen und
unterhielten uns bis zur Morgendämmerung. Sie erzählte mir
ihre Meda-Geschichte, von Kämpfen und von einer Kugel in
ihrem Körper, die inzwischen ein Teil von ihr geworden war,
von Heimweh, von Stärke und Kameradschaften zwischen den
Tegadelti, von Schmerz und Verlust, von unserer Cousine Yeshi
und ihrem Bruder Thaddeus, die beide in einem Bombenhagel
ihr Leben gelassen hatten. Leise sprach sie davon, wie schlimm
der Krieg war. Dass wir Eritreer:innen ein friedvolles Volk sind
und keinen Krieg wollen. Dass jede Menschlichkeit in ihm verloren ging. Dass sie jeden Tag lebte, als wäre es ihr letzter. Dass
sie Träume hatte, am Tag und in der Nacht. Sie träumte von
einem Leben, wie wir es gehabt hatten. Dass es genauso werden
würde wie früher, aber ohne Folter und all die schrecklichen
Dinge. In ihren Tagträumen war sie manchmal nach Asmara
gereist, um mit ihrer Mutter und ihren Geschwistern zu sprechen. Rigat erzählte davon, wie ihre Sehnsucht nach ihrem verloren gegangenen Zuhause sie fast umbrachte. Wie sehr sie sich
den Frieden wünschte, vor allem für ihren Sohn Adulis, meinen

Neffen. Dass alle Kinder Eritreas hoffentlich eines Tages in Frieden leben können würden. Alle Kinder dieser Welt. Alle Kinder, alle Menschen haben Frieden verdient. Dass es ihr sehnlichster Wunsch sei, dass unsere ganze Familie wieder zusammenkam. Diese Nacht des unverhofften Wiedersehens war viel zu schnell vorbei. Nach dem Frühstück musste ich weiter. Ich bat Rigat mitzukommen, was sie ablehnte. Sie hatte zu tun. Nachdem sie durch einige Kugeln verletzt worden war, wurde sie zur medizinischen Assistentin ausgebildet und arbeitete seitdem in den unterirdischen Hospitälern. Aber sie gab mir ihr Versprechen, dass sie alles in ihrer Macht Stehende tun würde, um nicht noch einmal von einer Kugel getroffen zu werden. Während sie das sagte, liefen uns beiden die Tränen die Wangen runter. Ich fragte Rigat, woher sie diese Kraft nahm. Woher diese Zuversicht kam. Meine Cousine war so stark, und ich wollte sie am liebsten nie mehr loslassen. Ich wollte sie bei mir behalten, um sicherzugehen, dass ihr nichts passierte.

Es ging also ohne Rigat weiter nach Arag, wo wir die längste Zeit unserer Reise an einem Ort verbringen würden. Arag war ein Ort der Künstler:innen, dort lebten unsere Held:innen, die mir in den letzten Jahren so vertraut geworden waren und mir durch meine Schul- und Alltagskatastrophen in Hannover und Hamburg hindurchgeholfen hatten. Ich hatte ihnen zugehört, wenn sie mir aus den Musik- oder Videokassetten gut zusprachen und versicherten, dass schon bald Frieden in Eritrea einkehren würde. Ich glaubte ihnen, wir alle glaubten ihnen. Jedes einzelne Wort war für mich von großer Bedeutung gewesen, wenn es unsere Held:innen sagten, sangen und versprachen.

Von Hischkib nach Arag sollten wir aber noch einen kurzen ungeplanten Stopp dazwischenschieben, nur für ein paar Stunden, um an einer Hochzeit teilzunehmen. Hochzeiten in

Meda waren offen für die Gemeinschaft. Das heißt, jede und jeder, der zufällig vorbeikam, war willkommen mitzufeiern. Wir stiegen alle vom LKW und folgten unserem Fahrer in einen großen, halb unterirdisch gebauten Saal in den Bergen mit zig tanzenden Menschen darin. Eine laute, fröhliche Party war im Gange. Wir gesellten uns dazu und tanzten zwei Runden mit den Feiernden. Als wir uns umsahen, erblickten wir einige bekannte Gesichter, denn ein paar unserer Stars von den VHS-Kassetten feierten auch mit. Da war Fihira, der mit richtigem Namen Tesfai Mehari heißt. Die großartige Stimme, die mich schon seit meiner Kindheit im Sudan und in Hannover begleitete und die ergreifende Texte sang. Genauso Mohammed, auch er war mit seiner Stimme und Musik Teil meiner Kindheit und hatte uns all die Jahre immer durch die Mattscheibe angelächelt und Mut zugesprochen. Ich hörte und höre heute nach wie vor, wenn ich Eritrea und meiner Familie näher sein möchte, ihre Stimmen und ihre Kunst.

Fiory, ich und diverse andere aus der Reisegruppe konnten unseren Augen nicht trauen und unsere Füße kaum still halten vor Aufregung. Dieser Moment fühlte sich für uns so an, als würde ein Michael-Jackson- und Prince-Fan beide Idole auf einmal treffen. Wir glotzten Fihira und Mohammed mit unseren müden Augen unverblümt und begeistert an. Waren sie wirklich echt? Als Gruppe fielen wir natürlich auf, auch hier war die Nachricht von Reisenden aus Deutschland schon vor unserer Ankunft eingetroffen. So wussten auch die beiden Musiker von uns und begrüßten uns alle mit einem Handschlag. Einige der Jüngsten aus der Reisegruppe schworen mir, dass sie sich nie wieder die Hände waschen würden und unbedingt noch nach Autogrammen fragen wollten. Ich grinste und überspielte dabei meine eigene Aufregung.

Zu unserer Überraschung fuhren unsere Stars nach der Feier mit uns nach Arag weiter. Während der Fahrt saß Fihira auf dem Dach des Fahrzeugs. Er sang von dort oben zu den Klängen seiner Kirar und versüßte uns so die letzten Meter. Aber vielleicht bilde ich mir das auch nur ein, weil ich mir so sehr gewünscht habe, dass es so gewesen wäre. Wir fuhren an dem berühmten Berg Bideho vorbei, der damals noch unbefahrbar war. Später bauten eritreische Kämpfer:innen und äthiopische Gefangene innerhalb von zwei Jahren, von 1978 bis 1980, eine Bergtrasse. Die Straße hat 36 Kurven und geht sehr steil hoch.

Arag war auf den ersten Blick, genau wie die anderen Orte, die wir zuvor besucht hatten, kaum als bewohnt zu erkennen. Auch hier verdeckten Sträucher und Gestrüpp die Eingänge zu den unterirdischen Behausungen. Der Ort lag inmitten einer Berglandschaft, umgeben von hellem, feinem Sand. Unsere neue Bleibe, das Gästehaus, befand sich am Fuß eines Berges, auf dessen Kuppe das Studio der Musiker:innen zu finden war, ein riesiger Saal mit einer kleinen Bühne. Neben dem Studio gab es eine Cafeteria, die unser Tagesaufenthaltsort war. Denn tagsüber, wenn die Sonne so hoch stand und den Boden erhitzte, hielten wir uns lieber drinnen auf. Daneben reihten sich die verschiedenen Ateliers des Künstler:innenkollektivs aneinander, sie erstreckten sich von einem Berg zum nächsten. In Arag lebten fast ausschließlich Künstler:innen, die von Musik über Malerei, Bildhauerei, Literatur bis hin zu Schauspiel und Regie alles machten.

Dass wir unsere Reise mit einem Besuch in Arag abschlossen, war etwas Besonderes. Als ich diesen magischen Ort erreichte, kam ich gefühlt auch an. Seelisch, emotional. Vorher hatte sich die Meda-Reise so angefühlt, als würde ich mich die ganze Zeit selbst beobachten, als würde mein Herz meinem Körper hinterherhinken. Endlich war ich da, komplett. Das Herz und der Körper hatten wieder zueinandergefunden. An diesem Punkt ließ ich meine Reise zum ersten Mal vollständig Revue passieren. Ich konnte mit einigen Menschen, die mir sehr vertraut geworden waren, reden und mich austauschen, Fragen stellen und auch Antworten bekommen. Es war eine andere Art des Zusammenkommens als zuvor. Vielleicht lag es daran, dass wir hier den ganzen Tag von Kunst in so vielen Erscheinungsformen umgeben waren. Ich fühlte mich mit den Bewohner:innen Arags sofort verbunden und empfand jede Form der Kunst als Heilungsmethode. Sie wirkte auf mich wie ein Transportmittel, das mich mit meiner Mitte verband. Kreatives Schaffen empfand ich damals schon – und tue es heute mehr denn je – als eine Sprache, die auch stumm verstanden werden kann. Kunst beflügelt mich und schenkt mir auch in trostlosen Zeiten Trost.

Sicherlich gibt es auch Kunstwerke, die verstörend wirken und entmutigen können, aber ich meine explizit die Wirkung von Kunst in Arag, dem Künstler:innenort, dem Kollektiv. Kunst bestärkt mich. Kunst gibt Mut und ist ein Ausdrucksmittel, sein Inneres nach außen zu kehren, um zu reflektieren und vielleicht auch, um sich selbst zu therapieren. Den Künstler:innen in Arag hat es jedenfalls den schweren Alltag erleichtert, hat es ihnen ermöglicht, die Verluste und Trauer zu verarbeiten, ohne ihre Zuversicht und Hoffnung zu verlieren. Das erzählten sie, das erlebte und erlernte ich von ihnen. In Arag sah ich, wie Kunst die verborgenen Kräfte aus uns herauslocken und Zuversicht schenken kann. Das Singen, Tanzen und Musizieren, die Texte, die Theaterstücke und Bilder – all das gab nicht nur den Künstler:innen in Arag Kraft, sondern auch uns allen in der Diaspora.

An einem Abend lud uns die Musikgruppe ins Studio oben

im Berg ein. Dass wir unseren Stars bei den Proben zuschauen durften, hätte ich niemals zu hoffen gewagt. Ein Live-Konzert in Meda von DER Band zu erleben, das war das Größte überhaupt. Alle uns bekannten Sänger:innen und Schauspieler:innen waren Teil von ihr und an diesem Abend anwesend. Wie bestellt saßen wir pünktlich auf den Bänken, die entlang der Studiowände aufgebaut waren. Die Gruppe führte uns zuerst ein Theaterstück vor, die Erzählung einer jungen Aktivistin aus Asmara, die den Fängen der Unterdrückung entkommt und in die Berge flieht, um sich der Revolution anzuschließen. Vom Bühnenbild über die Kostüme, Maske, das Skript und die Dramaturgie war alles beeindruckend. Das Theaterstück fing mich komplett ein und katapultierte mich nach Asmara zurück. Überwältigt von den ganzen Emotionen, so als hätte ich alles selbst erlebt, war ich sehr ergriffen.

In Arag verstand ich, dass die Kunst das Lebenselixier der Kämpfer:innen war. Sie war so überlebenswichtig wie das Essen, das sie aßen, das Wasser, das sie tranken, und die Luft, die sie atmeten. Ohne das Theater, ohne die Musik und die Literatur hätten sie den alltäglichen Schmerz des Krieges nicht aushalten können. Ohne die lebendige Kraft und Wirkung der Kunst hätten sie keinen einzigen Tag überstehen können, wären sie verdorrt und freudlos eingegangen. An diesem Abend kam die Kunst zu mir. In den Bergen von Arag hat sie mich berührt, mich behutsam in ihre Arme geschlossen und mich nie wieder losgelassen. Dieses Gefühl, das ich bis heute in mir trage, motiviert mich jeden Tag, Kunst und Kultur in meinem Leben einen großen Raum zu bieten. Sie zu teilen und als heilende Kraft zu sehen. Die Offenheit und Direktheit der Kunst, die die Seele berühren, Menschen bestärken und Gesellschaften verändern kann, erlebte ich zum ersten Mal, als ich nach neun Jahren der

Abwesenheit in meine Heimat Eritrea zurückgekehrt war. In einer extremen Situation erkannte ich, dass Kunst Hoffnung gab, wo Hoffnung unauffindbar schien, und Leben schuf, wo Leben bedroht war.

Ich verbrachte sehr viel Zeit in den Ateliers und freundete mich mit zwei Malern an, Haile Berhe und Tamrat Kifle. Die beiden erzählten mir und Fiory viele Meda-Geschichten. Sie erzählten aus ihrem Leben und wir aus unserem. Sowohl Haile als auch Tamrat stammten, wie ich auch, aus Asmara und hatten sogar viel Zeit im Menafisha, dem Erholungszentrum meines Vaters, verbracht. Wir waren beide sehr berührt von ihrer Kunst, die ihren Alltag auffing und die Geschichten ihrer gefallenen Kamerad:innen für immer festhielt. Wir versprachen, sie niemals zu vergessen. Nach einer Woche intensiver Gespräche und Erlebnisse klopfte aber plötzlich schon der letzte Tag an die Tür, so als könne er es nicht abwarten, nun auch mal an der Reihe zu sein. Ich verfluchte ihn, aber konnte nichts gegen ihn ausrichten. Es wurde ein ausgedehnter Abschied. Die Mitglieder der Musikgruppe hatten ein kleines Abschiedskonzert für uns vorbereitet. Diesmal brachten ihre Lieder keinen Trost mit sich, sondern verschlimmerten den Schmerz, sich für immer verabschieden zu müssen, eher noch.

In Arag lernte ich endgültig, dass Abschiede im Leben unvermeidbar sind. Als wir auf dem Weg zum Lastwagen waren, kamen viele der Künstler:innen aus ihren Behausungen, um uns die letzten Meter zu begleiten und uns gebührend zu verabschieden. Ich unterhielt mich gerade mit Fiory, als ich ein tiefes Brummen hörte und Tesfai, unser Fahrer, von hinten in unsere Mitte sprang und uns mit sich zu Boden zog. Meine Knie schmerzten von dem Aufprall, und ein Schreck durchzog meinen Körper wie ein Blitzgewitter. Flieger. Wir sollten uns nicht rühren, einfach still liegen bleiben. Nach fünf Minuten war der Spuk vorbei. So als wäre nichts gewesen, standen alle auf und setzten die Abschiedsszene fort. Erneut kam das Brummen, diesmal sollten wir sofort ins nächstgelegene Haus gehen. Meine alten Ängste kamen wieder hoch, und das Brummen wollte nicht aufhören, es dauerte länger als das erste Mal. Und ich sah auch die Bilder vom Schützengraben wieder vor meinem inneren Auge. Die Soldaten mit ihren khakifarbenen Metallhelmen wollten wieder töten. Ohne Vorwarnung, ohne Anlass, einfach so von oben. Aufgewühlter Hass legte sich über meine Angst und blockierte mich fast vollständig. Ich harrte neben Fiory aus, stundenlang. Am Nachmittag war die Gefahr vorbei. Die Sonne strahlte am blauen Himmel, und wir durften abfahren.

Die Fliegerjets, die uns an jenem letzten Nachmittag in Angst und Schrecken versetzten, hatten etwas in mir verändert. Wir verließen unsere Held:innen in Arag, ließen Eritrea hinter uns und verschwanden wieder nach Deutschland. Wir reisten dorthin zurück, wo der Himmel nicht ganz so blau ist wie in unserer Heimat, aber dafür bombenfrei. Wir verließen unsere neuen Freund:innen, die ich, ohne sie vorher jemals persönlich getroffen zu haben, schon als meine Held:innen kannte und die mir mit ihren Mut machenden Songs immer, aus der Ferne zwar, zur Seite standen. Wir überließen sie ihren Schicksalen, ihrem Leben in den Berghöhlen ohne Garantie auf ein Morgen. Sie konnten nie sicher sein, dass so ein Brummen nicht doch eines Tages ihre Behausung ausfindig machen und sie zerstören würde. Für immer. Wir fuhren los, und mit meinem Gepäck nahm ich auch mein Schuldgefühl wieder mit nach Hamburg zurück. Nur war es jetzt, nach der Begegnung mit all den mutigen und lebensklugen Kämpfern und Kämpferinnen in Eritrea, noch viel größer geworden; ins Handgepäck passte es nach meiner Meda-Reise nicht mehr. Derart beladen landete ich wieder in Hamburg, wo mich meine Familie empfing und die Schule wieder losging.

BLACK IS COOL

Zurück aus Meda musste ich unverzüglich in die Schule, denn die hatte längst schon wieder begonnen. Ich hatte die sechs Wochen Sommerferien auf acht gestreckt. Eine neue Schule und eine neue Klasse warteten auf mein Erscheinen. Vor Meda war ich auf dem Wirtschaftsgymnasium, nach Meda wechselte ich auf die Fachoberschule für Gestaltung. Das hieß, ich ging zwei Tage zur Schule, und die restlichen Tage arbeitete ich in einem kreativen Betrieb. Mein Betrieb war eine Galerie, »Möbel Perdu«, geführt von zwei Architekt:innen, die Ausstellungen und Events kuratierten und Möbel designten.

Die ersten drei Monate nach der Reise war ich komplett neben der Spur, ich musste so viel verarbeiten und über so vieles nachdenken. Ich wollte niemanden sehen oder treffen, stattdessen verbrachte ich viel Zeit mit meinem Meda-Tagebuch. Ich las alle Erlebnisse, die ich notiert hatte, zigtausend Mal und ließ sie in Tagträumen immer wieder aufleben. Und dennoch fühlte ich mich schlecht, denn der Überfluss, den es in Deutschland von allem gab, und auch der Frieden, der hier herrschte und nicht dort, waren einfach ungerecht. Tage und Nächte widmete ich Meda, seinen Menschen und meiner großen Hoffnung, dass der Krieg schnell und ein für alle Mal aufhören würde. Dass die Tegadelti sehr bald wieder zurück zu ihren Familien könnten und nicht weiter die Furcht vor den Bombardierungen und den Schrecken des Krieges aushalten müssten. Obwohl, nein, das stimmt nicht! Von Furcht hatte während meines Besuches keine:r etwas gesagt, das ist meine eigene Interpretation, mein eigenes Empfinden. Ganz im Gegenteil, das, was ich in Meda erlebt hatte, hatte vielmehr mit Liebe und Verbundenheit zu tun. Denn Liebe und Verbundenheit sind die grundlegende Motivation sowohl für die Kämpfer:innen als auch für die, die mit ihrer bloßen Präsenz für ein besseres, ein friedliches Leben einstehen. All diese inspirierenden und beeindruckenden Menschen hinter mir gelassen zu haben bereitete mir ein schlechtes Gewissen, so dass mein Körper und meine Psyche mir ein paar Streiche spielten. Einmal musste mitten in der Nacht der Krankenwagen kommen, da ich keine Luft bekam. Zumindest bildete ich mir das ein und versetzte meine Eltern damit in großen Schrecken. Ich hatte eine Reihe von Panikattacken, wusste meinen Zustand aber nicht zu deuten. Ich wusste nicht mal, dass diese nächtliche, eingebildete Atemnot diesen Namen trug. So schleichend, wie sie gekommen war, verschwand sie aber zum Glück irgendwann auch wieder.

In der Schule erzählte ich zwei neuen Freundinnen, was mich aufgehalten hatte und warum ich nicht rechtzeitig zum Schulbeginn da gewesen war. Sie wollten alles genau wissen. Neugierig warteten sie mit mir auf die Fotos, die meine Reise dokumentieren sollten. Die Filme waren schon längst bei Foto-Wiesenhavern zur Entwicklung abgegeben. Ich konnte es kaum erwarten, die Bilder abzuholen und die Gesichter, Orte und Momente darauf immer griffbereit zu haben. An einem Teenachmittag teilte ich Fotos und Geschichten mit meinen beiden Freundinnen, ihre Aufregung war kaum zu übersehen. Eine der beiden konnte besonders gut zeichnen. Später zeichnete sie ab und zu Tegadelti und schenkte mir die Bilder. Fast jeden Tag verschickte ich Briefe an Mitglieder meiner Reisegruppe und bekam auch fast jeden Tag welche zurück, so blieb Meda eine lange Zeit lebendig für mich.

Die Schulform der Fachoberschule war wie ein Auffangbecken für diejenigen, die zu kreativ waren, um ein klassisches Abitur zu machen, und für die, die sich nicht entscheiden konnten, ob sie den Abschluss wollten oder doch lieber direkt einen Beruf erlernen sollten. Für mich war das Praktische kombiniert mit dem Schulischen die perfekte Mischung.

Nachdem ich mein Abitur in Hamburg absolviert hatte, entschied ich mich, ins Ausland zu gehen. Ich verspürte einen starken Drang in mir, in die weite Welt zu ziehen. War ich als Kind gezwungen gewesen, meine Heimat zu verlassen, so wollte ich nun alles sehen! Wollte neue Länder und ihre Gewohnheiten kennenlernen und endlich mit dem Sammeln der vielen faszinierenden Sprachen anfangen. Auf meiner Länderliste stand Italien ganz weit oben. Ein paar Sätze Italienisch hatte ich bereits aus einer Fernsehsendung gelernt, die jedes Wochenende lief – meine Grundausrüstung, um Italien zu erobern, war also komplett! Dass Sprachen etwas Wertvolles sind, erkannte ich früh. Und ich wollte so viele Sprachen wie möglich können. Vielleicht hatte es auch unbewusst mit meinem Plan der fünf Kinder von den fünf Männern und den fünf Kontinenten zu tun, dass Kommunikation und Sprache grundlegend waren für mein Vorhaben.

Durch Kontakte meiner Eltern fand ich eine Au-pair-Stelle in der Toskana. Mit Italien verband ich nicht nur die Liebe zum Essen und der Sprache, sondern vor allem das Bologna-Gefühl. Dieses unbeschreibliche Gefühl des Aufgehoben- und Angekommenseins, dem ich schon seit Längerem hinterherjagte, wollte ich nicht mehr nur eine Woche lang beim nächsten Bologna-Festival erleben, sondern am liebsten für immer in mir tragen und um mich herum haben. Da ich nicht wusste, wie »immer« aussah, freundete ich mich mit »einem Jahr« an. Doch daraus wurden nur ein paar Monate, denn die Au-pair-Mutter machte es mir unmöglich, eine so lange Zeit auszuhalten. Es fühlte sich alles nicht richtig an. Au-pair-Geschichten hatte ich davor schon einige gehört, aber nicht geahnt, dass diese Arbeit die reinste Ausbeutung war. Als die Au-pair-Mutter mir eröffnete, dass eine Familienreise nach Korsika geplant war, wobei die ganze Familie fliegen würde und nur ich aus Kostengründen eine 18-stündige Bus- und Fährenfahrt auf mich nehmen müsste, gerieten wir in Streit. Direkt im Anschluss schmiss sie mich raus. Dieser Konflikt war einfach nur erbärmlich und bestätigte mir, dass diese Familie anderen Menschen nicht auf Augenhöhe begegnete und dass das Wort Empathie keinen Platz in ihrem pompösen, herrschaftlichen Haus hatte.

Danach führte mich mein Weg nach Bologna zu Freund:innen meiner Eltern, bei denen ich unterkommen konnte. Der Verlust meiner Au-pair-Stelle erschütterte mich gar nicht, sondern machte mir vielmehr klar, dass ich mein Bologna-Gefühl noch nicht gefunden hatte und weitersuchen musste. Aber auch in Bologna blieb das Bologna-Gefühl unauffindbar. Weder auf der Piazza Maggiore noch zwischen den Häuserwänden oder in meinem geliebten Café Lama, wo ich früher öfter mit meinem Vater und unserem Onkel Daniel eingekehrt war, der mit zwei Kindern und seiner Frau in der Stadt lebte. Auch an dem Ort, an dem ich die leckerste Lasagne meines Lebens gegessen hatte, war das Gefühl unauffindbar. Ich musste in diesem Moment einsehen, dass ich einem Phantom hinterherjagte. Meine Hoffnung, dass Emotionen in Verbindung zu einer Stadt oder einem Ort entstehen, war völlig irreführend. Bologna entpuppte sich jenseits des Bologna-Festivals für mich als Hülle. Ein traumhaft schöner Ort, dessen Schönheit allein aber nicht in einem emotionalen Hochgefühl mündete. Ein Ort kann vieles versprechen und muss doch nichts halten. So ästhetisch ich das Land mit den museenhaften Städten und so lecker ich das Essen fand, mein Hochgefühl wollte einfach nicht wiederkehren. Trotz Monaten des Wartens blieb es aus. Viel entscheidender, um Emotionen in uns zu wecken, sind Menschen. Menschen, mit denen wir an bestimmten Orten zu bestimmten Zeiten bestimmte Dinge erleben und so Erinnerungen entstehen lassen. Es sind diese Erlebnisse, die zu Erinnerungen werden und die wir stets mit uns tragen und reaktivieren können. Positive, lebensbejahende Erinnerungen sind wie eine emotionale Reise, ein Balsam für die Seele. Gespeichert auf unseren Zungen, in unseren Köpfen, in unseren Ohren und Händen. Der Geruch dieser Erinnerungen ist für immer in unseren Nasen gespeichert und jederzeit abrufbar. Wie ein zufälliger Duft uns aus dem Nichts in diese besondere Zeit zurückversetzen kann! Und um neue Erinnerungen herzustellen, brauchte ich eigentlich Menschen, die mich hörten, ohne dass ich ein Wort von mir verlauten ließ. Menschen, die mich sahen, ohne mich wirklich zu kennen und ohne Erwartungen an mich zu haben. Mit ihnen Orte zu erkunden, Momente mit inspirierenden Gesprächen und Aktivitäten zu füllen. Aber ich hatte mich allein auf den Weg gemacht.

Eine Zeitlang reiste ich kreuz und quer durch Italien, um mein vermisstes Gefühl vielleicht doch noch zu finden. Verona, Arezzo, Pistoia, Prato, Milano. Dann stellten mir meine Eltern ein Ultimatum: Entweder ich suchte mir einen Job in Italien, oder ich müsste zurück nach Hamburg. Ich fand nichts, und mein Auslandstraum zerplatzte – zumindest vorerst.

Zurück in Hamburg fand ich sofort einen Job in der Innenstadt, in einem Jeansladen. Klamotten hatten mich schon immer interessiert, aber viel wichtiger war mir die insgesamt harmonische Atmosphäre. Die Boutique nahm schnell eine zentrale Rolle in meinem Leben ein, innerhalb ihrer Wände kam die neue Bisrat zum Vorschein. Ich lebte ein Leben wie in einer Seifenblase, fühlte mich ganz leicht und zart. Und trotzdem nicht zerbrechlich. Ganz im Gegenteil, zum ersten Mal erlebte ich in Deutschland Sorgenfreiheit, fühlte mich stark und befreit. Ich arbeitete von Montag bis Samstag, und zwischendurch feierte ich mit meinen Kolleg:innen und in deren Freund:innenkreisen. Mein Leben bestand fast nur aus Arbeit, Party und Klamotten.

Die ganze Hamburger Innenstadt war in den Neunzigern wie eine riesige Partyfamilie, die in einer kunterbunten Welt für sich lebte. Egal, ob Verkäuferinnen aus Blumen- oder Juweliergeschäften, aus Boutiquen und Schuhshops oder Kellnerinnen aus den Restaurants, wir kannten uns alle untereinander. Manchmal gaben wir uns gegenseitig Prozente auf Produkte oder wurden auf Getränke und zum Essen eingeladen. Es war wie ein ungeschriebenes Gesetz, dass man sich gegenseitig, auf welche Art und Weise auch immer, unterstützte. Das Leben in der City-Blase war recht oberflächlich und deshalb leicht, aber mir gefiel diese lockere Unverbindlichkeit. Alles drehte sich nur um Fragen wie »Was trage ich auf der nächsten Party?« oder »Wer geht mit wem aus?«.

Eine meiner Kolleginnen im Jeansgeschäft war eine Modedesign-Studentin. Bis dahin kannte ich zwar BWL-Student:innen, aber keine, die Mode studierte. Meine Kollegin, die schon fast am Ende ihres Studiums war, überredete mich, ihre Entwürfe anzuziehen und für ihre Mappe und Diplomarbeit zu posieren. Anfangs wusste ich nicht, wie ich das fand und ob ich ihr den

Gefallen tun sollte. Aber mit etwas Zeit gewöhnte ich mich an die neue Erfahrung und führte ihre Diplomentwürfe auf der Abschlussmodenschau ihres Jahrgangs vor. Bei diesem Event begegnete ich zum ersten Mal der Direktorin der JAK Modeakademie, Ingrid Albert Kunz. Wir kamen ins Gespräch, und von da an rief mich das Sekretariat hin und wieder an, um mich zu fragen, ob ich Lust und Zeit hätte, für einige Diplomarbeiten zu laufen. Gelegentlich tat ich das. So lernte ich die Akademie, Frau Kunz und das Modedesign-Studium mit der Zeit besser kennen. Die Direktorin war eine sehr freundliche, quirlige, zierliche Frau mit schwarzen Haaren, die später in meinem Leben noch mal eine Rolle spielen sollte.

Über den Jeansladen lernte ich aber nicht nur die Modedesign-Studentin kennen, sondern noch viele andere Menschen. Einige dieser Bekanntschaften wurden zu großartigen Freundschaften, und andere blieben oberflächlich wie die mit dem einen Kollegen, der mich zwischen Levis- und Chevignon-Jeans zu einer Party einlud: »Bissy, du musst unbedingt kommen. Dann habe ich auch eine Schwarze auf meiner Party!« Da war es wieder. Da, irgendwo zwischen »unbedingt« »habe« und »eine Schwarze«. Dieser eine Satz, in eine aufregende, gut gemeinte Einladung zu einer coolen Party gequetscht, ließ mein Blut gefrieren, wie es mir in dieser neuen Blase schon lange nicht mehr passiert war. Ich hatte an dem Tag sehr gut verkauft, eine teure Schott-Jacke für fast 1000 DM, wofür mir eine Provision von 10 Prozent zustand. Ich hatte also guten Grund zu feiern. Aber stattdessen platzte diese Einladung in meinen Ohren, so fake und geschmacklos wie gespritzte Schlauchlippen. Ich hatte mir mühevoll ein neues, gesundes, respektvolles Heim geschaffen. Fern von Hannover und all dem, was meine Wut im Bauch vergrößerte. Fern von Nazis und Mobber:innen. Fern von Hass und Selbsthasser:innen. Und nun sollte ein einziger Satz alles zusammenkrachen lassen? Den wenigsten Außenstehenden, die zufällig zuhörten, würde diese geballte und hemmungslose Unverschämtheit auffallen. Womöglich würden manche die Einladung als eine sehr nette, persönliche Geste sehen. Und sonst nichts weiter. Mich einzuladen, nur weil ich Schwarz bin, ist genauso, wie mich nicht einzuladen, weil ich Schwarz bin. Durch und durch rassistisch! Mich einzuladen, weil ich Schwarz bin, degradiert meine Person zu einem Objekt, einem Accessoire. Das ist kein Kompliment, keine freundschaftliche Geste, auch keine liebenswerte Art, das ist schlichtweg abgefuckt. Sicherlich kann ich es mit individueller Dummheit und Ignoranz entschuldigen, aber wenn diese Sätze von Menschen kommen, die ich für intelligent und offen halte, ist es niederschmetternd, so etwas zu hören. Dann muss ich mich fragen: Was denkt denn jemand, den ich nicht für intelligent und offen halte? Eine weiße Bekannte, der ich von dem Satz erzählte, sagte mir, dass es doch nett sei, egal wie, Einladung ist Einladung. Ob ich es lieber hätte, nicht eingeladen zu werden? Ob es nicht besser sei, eingeladen statt ausgeladen zu werden? Einen ganzen Abend widmeten wir uns diesem Satz und betrachteten ihn von allen Seiten. Ich hoffte die ganze Zeit, dass sie verstehen würde, was es tatsächlich damit auf sich hatte und wie ich mich in seinem Beisein fühlte. Es kam bei ihr nicht an, und ich ging an diesem Abend nicht mehr aus. Jedenfalls nicht auf die Party des Kollegen.

Es waren die 1990er. Mit der Ästhetik der Musikvideos von Michael Jackson, Whitney Houston und Sade veränderte sich für Afroeuropäer:innen einiges. Auch für mich. Alles Afroamerikanische war auf einmal cool. Es wurde nachgeahmt. Auf einmal schlug alles um. Auf einmal war Schwarzsein cool. Auf einmal war ich beliebt. Auf einmal waren Schwarze Menschen der Beweis für die hippste Party. Wie ein Stempel, ein Abzeichen von Stiftung Warentest. Vorher war ich out, plötzlich war ich angesagt. Alle, die so aussahen wie die, die uns tagtäglich aus der Röhre entgegenlachten, lagen im Trend. Rassismus ist wie ein Chamäleon. Er ist wandelbar und manchmal auch nicht klar erkennbar. Früher wurden Schwarze Personen ausgeschlossen, nicht angenommen und unsichtbar gemacht. Und ganz plötzlich, Mitte der Achtziger, schwappten die afroamerikanische Kultur, Hip-Hop und R&B über den Atlantik – straight from the Bronx – nach Deutschland rüber. Neue Musiksender wie MTV und Viva flackerten über die Fernsehbildschirme in den deutschen Wohnzimmern und mischten die Art, wie wir Musik konsumierten, ganz neu auf. Mit Sendungen wie »Der Prinz von Bel-Air« oder »Die Bill Cosby Show« waren Schwarze Familien auf einmal mitten in unseren Wohnungen gelandet und gehörten zu unserem Alltag. Das veränderte viele Sichtweisen. Ich lernte junge weiße Deutsche kennen, die mich mit »Yo Bro. Was geht?« und High Five begrüßten. Ihre Art, sich zu kleiden, zu gehen und zu tanzen änderte sich. Black is cool. Black is hip and black is Hip-Hop. Ist es nicht beeindruckend, wie Repräsentation unsere Sichtweise verändern kann? Wie schnell privilegierte Menschen alles Alte satthaben können, um sich sogleich das Neue anzueignen? Nach dem Motto: Was ich gut finde, nehme ich mir. So sehen Privilegien aus.

Macklemore, der US-amerikanische weiße Rapper, bringt es in seinem Song »White Privilege 2« auf den Punkt. Hier ein paar Auszüge, die ich aus dem Englischen ins Deutsche übersetzt habe:

Hier kommt also die Geschichte und die kulturelle Aneignung
Weiße Kids in Kittelschürzen versuchen, ihren Akzent zu üben
Aus den Vorstädten in die Oberschicht, um eine Sprache zu beherrschen
Aber Hip-Hop ist nicht nur das Auswendiglernen von Wörtern
Er ist in der Authentizität verwurzelt, etwas, das man buchstäblich
  nicht lernen kann ...
...
Weiße Vorherrschaft schützt das Privileg, das ich besitze
Weiße Vorherrschaft ist der Boden, das Fundament, der Zement und
  die Flagge, die draußen vor meinem Haus weht
Weiße Vorherrschaft ist die Abstammung unseres Landes, entworfen,
  damit wir gleichgültig sind
...
Wir wollen uns kleiden wie sie, gehen wie sie, reden wie sie, tanzen
  wie sie, doch wir sehen einfach nur zu
Wir nehmen von der schwarzen Kultur, was wir wollen, aber werden
  wir uns für das Leben der Schwarzen einsetzen?

Mit diesen Worten beweist er, dass er verstanden hat, wie privilegiert er ist und dass kulturelle Aneignung ein großes Problem ist, wenn die Anerkennung nicht den Urheber:innen gebührt. Im Hip-Hop gebührt die Anerkennung denen, die aus ihrer Not heraus ihre eigene Art der Geschichtsschreibung entwickeln. Ihre Kunst ist eine eigene Kampfart, um in der Welt zu überleben. Sie war nicht als Trend geplant, der nach einer kurzen Zeit wieder unsichtbar wird. Als Schwarze Person im Globalen Norden lernt man schon von Kindesbeinen an, sich durch den Dschungel der alltäglichen Rassismen – vor allem den versteckten, nicht sofort für die ungeschulten Ohren erkennbaren Mikrorassismen – mutig seinen Weg freizureden, freizudiskutieren oder schlicht auch freizuignorieren.

Schwarzsein heißt, doppelt so viel Stärke aufbringen zu müssen wie nichtschwarze Personen. Schwarzsein heißt, immer auf der Hut zu sein. Schwarzsein bedeutet, viel Mut haben zu müssen. Ja, Schwarze Menschen sind der Inbegriff von Mut und Kraft. Denn wären Schwarze nicht mutig, wie würden sie all dieses Leid, das ihnen seit Jahrhunderten widerfährt, überleben und erhobenen Hauptes weiterleben können? Ganz allein durch ihren Mut und ihre Kraft. Black is power! Black is cool!

»Oh, du siehst ja aus wie Sade!«, hieß es, wenn ich meine Haare streng nach hinten und dazu Creolen trug, die in der Zeit Trend waren. Trug ich die Haare offen und lockig, hieß es: »Du hast Ähnlichkeiten mit Whitney Houston, du kannst bestimmt super singen.« Und wenn ich die Haare geglättet und offen hatte, dann sollte ich plötzlich wie Naomi Campbell aussehen. Sätze wie »Ich bin noch nie mit einer Dunkelhäutigen ausgegangen, ich habe mich schon immer gefragt, wie das wohl so ist« verursachten bei mir Gänsehaut. Überall, an jeder Ecke lauerte so ein Satz. Ich konnte damals Alltagsrassismus jedoch noch nicht beim Namen nennen. Die Situationen, in denen ich ihn wahrnahm, fühlten sich einfach falsch an, ich spürte seine grundlegende Aggression in meinem Körper. Durch die Arbeit in der City sah ich hier und da einige Schwarze. Es waren nicht viele, fünf oder sechs, und immer die gleichen. Auch abends auf Partys. Man kannte sich vom Sehen, und wenn sich unsere Blicke trafen, nickten wir uns zu. Es war ungewohnt, aber immer ein Highlight. Ich fühlte eine Verbindung. Ohne die Personen wirklich zu kennen, wusste ich, dass wir zusammenhielten. Unser gemeinsamer Nenner war die braune Haut in einer weißen Mehrheitsgesellschaft.

FRIEDEN

Wie üblich betrat ich montagmorgens nach einem durchgefeierten Wochenende den Jeansladen. Zwei meiner Kolleg:innen waren bereits da, und aus der Teamküche breitete sich der Duft von frisch zubereitetem Kaffee im Verkaufsraum aus. Während ich neu gelieferte Oberteile sichtete und sie für den Verkauf mit Etiketten versah, öffnete sich die Tür, und ein braunes, sehr freundliches Gesicht betrat den Laden. Die Person, zu der das Gesicht gehörte, hatte ich noch nie zuvor gesehen.

Eine meiner Kolleg:innen stand hinter mir und begrüßte den Mann, der um die fünfzig gewesen sein muss, mit einem »Guten Morgen!«. Der Mann schien aus Indien zu sein, lächelte und wünschte ebenfalls freundlich »Guten Morgen!«. Er blieb etwas unentschlossen in der Tür stehen und dachte offensichtlich noch über etwas nach. In seinem beigen Anzug und einem farblich dazu abgestimmten Schal, der ihm locker um den Hals lag, räusperte er sich kurz und sagte dann mit einer bedachten Stimme auf Englisch: »Ich bin hier mit guten Nachrichten, ich würde Ihnen gern aus der Hand lesen!« Ich ging noch davon aus, dass er etwas zu Klamotten oder Accessoires fragen würde, und hatte daher nicht schnell genug geschaltet. Im ersten Moment verstand ich nicht, was er wollte. »Bitte, was suchen Sie?«, antwortete ich ihm, ebenfalls auf Englisch. Er deutete auf meine Hand und wiederholte, dass er mir aus der Hand lesen wolle. Erschrocken ließ ich das Oberteil und die Etikettierpistole fallen und verbarg meine Hände hinter dem Rücken. Nein, auf gar keinen Fall wollte ich mir aus den Händen lesen lassen. Ich war überrascht. Es war unerwartet, dass der Mann in Beige ein Handleser, Wahrsager oder Ähnliches war. Dieses Gefühl des Ausgeliefertseins gefiel mir nicht. Ich wollte keinem Fremden die Möglichkeit geben, mehr über mich zu wissen, als ich es eventuell selber tat. Das fühlte sich an, als würde ich der Person Macht über mich geben. Meine Kollegin dagegen fand es spannend und streckte ihm begeistert die Hand entgegen. Er erzählte ihr von der großen Liebe und einer großen Reise und dass alles seinen richtigen Weg ginge. Sie strahlte und wollte mehr davon hören.

Auch ich hörte zu, aber mit gemischten Gefühlen. Dabei dachte ich mir heimlich meinen Teil: Ich hätte meiner Kollegin genau das Gleiche erzählen können. So etwas wollen doch alle hören. Als könnte er meine Gedanken lesen, suchten seine braunen Augen meine braunen Augen. Konnte er vielleicht auch Gedanken lesen, fragte ich mich besorgt. Er wollte mir immer noch aus der Hand lesen. Auf keinen Fall. »Los, Bisrat, lass hören, was es bei dir an guten Botschaften gibt.« Inzwischen waren alle drei Kolleg:innen eingetroffen, neugierig standen sie mit ihren Jacken und Taschen im Eingangsbereich und lauschten dem Fremden. Der Handleser lächelte noch mal freundlich und sagte, er bräuchte nicht mal meine Hände, um mir etwas zu erzählen, denn er sähe auch in meinen Augen genug. Aaaah, bitte nein! Ich schloss die Augen. Er sollte mir nichts sagen. Ich wollte keine Zukunft vorausgesagt bekommen. Ich wollte im Hier und Jetzt sein. Bevor er für immer verschwand, sagte er zu mir: »Du wirst in den nächsten Tagen eine Botschaft erhalten, die dich zu Tränen rühren wird, vor Freude und Glück wirst du weinen. Viele, sehr viele Menschen werden mit dir vor Freude weinen. It's very good news.« Er ließ mich mit verschwitzten Händen und offenem Mund stehen und ging, wie er gekommen war, mit einem Lächeln im Gesicht und zum Abschied nickend, in die Hamburger Innenstadt hinaus.

Sein Lächeln hatte uns alle angesteckt, und wir begrüßten den Tag und die Kund:innen ebenfalls mit Freude im Gesicht. Zu Hause erzählte ich meiner Mutter von dem Erlebnis, und sie sagte nur beiläufig, möge Gott es erhören! Die Geschichte mit dem freundlichen und geheimnisvollen Fremden war schnell vergessen, und keiner sprach mehr von ihm.

Kurz vor dem Wochenende holte ich mir in der Mittagspause den Klassiker vom Blockhouse Restaurant, das nur einige Schritte von der Boutique entfernt lag: Kartoffeln mit Sour Cream und ein Knoblauchbrot. Anstelle eines Nachtischs trank ich einen Kakao. Meine Mittagspause verbrachte ich in der Teamküche im Laden. Die Tür zur Küche war mit einem großen Spiegel verkleidet und führte direkt in den Verkaufsraum. Jedes Mal, wenn wir aus der Küche in den Laden kamen und ein:e Kund:in sich gerade vor dem Spiegel kritisch betrachtete, war es lustig, aus dem Spiegel herauszukommen und in ein verschrecktes Gesicht zu schauen.

Zunächst zufrieden und mit vollem Magen ging ich aus der Teamküche in den Laden. Mir gegenüber stand eine Kundin, die vor dem Spiegel stand und eine Hose anprobierte. Wir beide schreckten zusammen. Ich entschuldigte mich, sagte ihr, dass die Hose super saß, und machte ihr die Sicht auf den Spiegel wieder frei. Diese Kundin hatte wahrscheinlich in Loulou von Cacharel gebadet. Mit ihrem Eintritt in den Laden zog sie eine Duftwolke hinter sich her, und der ganze Laden roch nach ihr, nach Loulou. Das Parfum war damals, Anfang der Neunziger, ein Verkaufsschlager. Fast überall, im Bus, in der Bahn, an der Ampel, dufteten junge Frauen nach Loulou. So war das auch im

Laden, egal, wo ich stand, es gab kein Entrinnen. Zusammen mit einigen anderen, wie Poisson von Dior oder Joops Nuit de l'été, waren dies die penetrantesten Düfte aller Zeiten. Vor allem Loulou schmuggelte sich durch die Geruchssinne in meinen Kopf und stiftete im Inneren meines Schädels ein riesiges Chaos. Von innen hämmerte es gegen meine Stirn, und die schlimmsten Kopfschmerzen entfalteten sich. Ich wollte mich in die Küche zurückziehen. Ob es an dem Duft lag oder an dem Mittagessen, das nicht so gut mit dem Kakao harmonierte, weiß ich nicht, jedenfalls entschied mein Magen, sich komplett vor den Füßen der Loulou-Frau zu entleeren. Ich kotzte mir die Seele aus dem Leib. Es war mir schrecklich unangenehm. Freundlicherweise wischten zwei meiner Kolleg:innen den Beweis meiner Duftvergiftung auf und entschuldigten mich bei der Kundin.

Als ich mich in der Küche erholt hatte und wieder in der Lage war, mit meiner Kollegin über die Aktion zu lachen, klingelte das Telefon, das wie ein Kunstobjekt im Laden an der Wand hing. Der Anruf war für mich. Der beige Hörer lag auf dem Jeanshaufen, der unmittelbar unter dem Telefon aufeinandergestapelt war. Mein Vater, der mit größter Mühe versuchte, mich bei meinem Kosenamen anzusprechen, war dran. »Bisirina?«, fragte er mit einer leisen Stimme. »Baba? Ist alles o.k.?« Ich hörte, wie er schwer atmete. Weinte er etwa? »Baba? Was ist los? Was ist passiert?« Mein noch sehr mitgenommener Magen krampfte sich zusammen, ich hatte einen Kloß im Hals. Bitte, lieber Gott, lass es ihm gut gehen! »Ja, alles gut …!«, sagte er, aber seine Stimme zitterte und hörte sich alles andere als gut an. Das erste und letzte Mal, dass ich meinen Vater weinen sah, war, als er uns am Flughafen in Hannover nach zwei Jahren Trennung wiedergesehen hatte. Danach habe ich ihn zwar öfter traurig erlebt, aber nicht weinend. »Bisirina, ich muss dir was sagen. Setz dich bitte hin.« Ich nahm auf dem Jeansstapel Platz und hörte besorgt der Stimme meines Vaters zu. »Bisirina, es ist vorbei, mein Kind! Vorbei ... der Krieg ist vorbei!«, sagte er mit einer leisen, weinenden Stimme. Meine Hände schwitzten. Mir war schlecht, mein Magen spielte verrückt. Ich konnte nur sehr schwer den Hörer halten.»Was? Frieden? Baba ... Frieden in Eritrea? Natzinet?«[14] »Ja, mein Honig! Frieden ...« Ich schluchzte. Mein Magen vibrierte. Ich bekam keinen Ton mehr raus. Ich krümmte mich zusammen, dankte meinem Vater und legte auf. Meine Kollegin kam, um zu sehen, ob alles in Ordnung war. Das Gesicht in meinen Händen versteckt, nickte ich nur, konnte jedoch nichts sagen. Stattdessen flossen die Tränen wie ein Wasserfall und suchten sich den Weg an meinem Handgelenk runter bis zur Armbeuge, um in meinem hellblauen Jeanshemd zu versickern.

Die Tränen wischte ich mir mit dem Ärmel schnell weg. Und als ich die besorgten Gesichter über mir sah, teilte ich ihnen die frohe Botschaft mit. Wir umarmten uns. Zwei meiner Kolleg:innen blieben mit mir auf dem Stapel Hosen sitzen. Wir saßen eine ganze Weile dort, dicht beieinander, ohne etwas zu sagen. Zwischendurch schüttelte ich immer wieder den Kopf. Es war ein unglaublicher Moment. Ich bat meine Kolleg:innen, mich zu kneifen, um mich zu vergewissern, dass es kein Traum war, sondern die absolute Realität. Ein paar Kund:innen verirrten sich in den Laden, waren dann aber meist wieder raus, bevor sich eine:r von uns ihrer annahm. Unser Chef, der coolste aller Chefs, überraschte uns, wie wir da auf dem Haufen Jeanshosen saßen. Er sah mein verheultes, aber fröhliches Gesicht und wusste nicht, wie er die Situation einordnen sollte. Eine Kollegin kam mir zuvor und platzte mit der guten Nachricht raus. Er schaute fragend und vergewisserte sich, dass es kein verspäteter Aprilscherz war. »Nein, es ist wahr! Ich kann es auch noch nicht glauben«, stotterte ich. Er klatschte in die Hände, in seiner ziemlich hektischen Art, lächelte, und seine Augen wurden feucht. Wir umarmten uns. Er freute sich mit mir, mit uns. Dann sprintete er aus dem Laden und kam kurze Zeit später mit einer Flasche Champagner zurück. Ich nippte an dem Glas und wurde sehr emotional.

Dreißig Jahre hatte der Krieg in Eritrea gedauert. Dreißig lange Jahre wurden Menschen gefoltert, erniedrigt, misshandelt, vergewaltigt und ermordet. Leben und Lebensräume wurden gnadenlos zerstört, willkürlich von Menschenhand. So viele Menschen sind gestorben. Die EPLF befreite am 24. Mai 1991 Eritrea von dem äthiopischen Derg-Regime unter Mengistu Haile Mariam. Ich freute mich über das Ende des Kriegs, es war aber so surreal und wollte mir einfach nicht in den Kopf. Wenn nach einer so unglaublich langen Zeit, in der das Licht am Ende des Tunnels nicht erkennbar war, es dann endlich kommt, ist es zwar eine endlose Freude, aber sie ist überschattet von einer tiefen und unermesslich großen Traurigkeit. Erst mal kam alles hoch, die Angst, die Trauer und die Wut, die mich mein Leben lang von klein auf begleitet hatten. Ich erinnerte mich an die, die diesen Moment nicht mehr miterleben durften. An die geliebten Menschen, die um ihr Leben bestohlen worden waren. Sie durften niemals in Vergessenheit geraten. Niemals.

Es war ein extremer Tag, eine extreme Erfahrung. So extrem, dass mir entfallen ist, was danach kam. Wie und wen ich ange-rufen habe. Wie ich an dem Tag nach Hause gekommen bin. Wie wir zu Hause gefeiert haben, was ich gefühlt habe. Meine Erinnerung reicht nur bis zum Anruf meines Vaters und dass ich mit meinen Kolleg:innen den Frieden Eritreas feierte.

Seit Menschengedenken gibt es Kriege und Konflikte. Un̲
irgendwann folgt der Frieden. Wir Menschen sind die dümms-
ten Kreaturen auf diesem blauen Planeten. Wir können die ein-
fachsten und trotzdem kostbarsten Dinge nicht sehen. Kostbar
nicht im Sinne von Geld, sondern so kostbar, dass kein Geld
der Welt sie kaufen kann. Ganz banal betrachtet ist Frieden
kostenlos. Für Frieden braucht man keine teuren Waffen. Für
den Frieden müssten wir im Grunde gar nicht mal kämpfen.
Für den Frieden müssten wir nichts tun. Einfach gar nichts tun,
nur friedlich sein.

Dagegen kostet jeder Krieg ein Vermögen. Jährlich werden
in der Waffenindustrie Milliarden eingenommen und ausgege-
ben. An vierter Stelle, mit 5,5 Prozent der weltweiten Gesamt-
ausfuhren, verzeichnete Deutschland zwischen 2011−15 und
2016−20 einen Anstieg um 21 Prozent. Das macht 1,16 Billionen
Euro allein im Jahr 2020! Waffen werden im Globalen Norden
produziert. Und finden ihren Absatzmarkt im Globalen Süden.
Allein im Jahr 2020 gab es insgesamt 29 Kriege und bewaffnete
Konflikte. 50 Prozent davon fanden und finden auf dem afrikanischen Kontinent statt.

In ganz Eritrea wurde monatelang gefeiert. Menschen tanzten auf den Straßen und lagen sich in den Armen. Haustüren standen offen, und das Leben fand endlich wieder draußen statt. Auch davon bekamen wir Videomaterial zugeschickt: So wie wir den Krieg von Zeit zu Zeit filmisch mitverfolgen konnten, so konnten wir die Friedensfeier aus der Ferne miterleben.

Für meine Eltern stand es sofort fest, dass sie, sobald es möglich war, für eine längere Zeit nach Asmara reisen würden. Es waren 15 Jahre vergangen, seit wir das Land verlassen hatten, und es sollte ein weiteres Jahr dauern, bis ihre Reise zurück endlich losging. In Asmara fanden sie eine Übergangswohnung in einem Viertel unweit des Zentrums. Unser Haus und das Menafisha konnten meine Eltern nicht ohne Weiteres wiederbekommen, da alle Dokumente, die ihren Besitz deutlich gemacht hätten, im Krieg verloren gegangen waren.

Meine jüngere Schwester Sofia, die wie ich im Hamburger Stadtzentrum arbeitete, ließ sich für einige Wochen beurlauben und reiste meinen Eltern hinterher. Sie rief mich regelmäßig an und berichtete mir, wie froh und erleichtert alle waren. Sogar durchs Telefon spürte ich das Glück, das das ganze Land durchdrang.

Sofia bat mich, mir ebenfalls schleunigst ein Flugticket zu kaufen. Für drei Wochen nahm ich Urlaub und flog über Addis Abeba nach Asmara. Mit Unbehagen saß ich im Flieger und versuchte mich auf Asmara, meine Geburtsstadt, zu freuen. Dass ich über Äthiopien reiste, lag mir jedoch schwer im Magen. Bilder der äthiopischen Soldaten aus meiner Kindheit drängten sich ständig in mein Gedächtnis. Diese Soldaten hatten zigtausende Eritreer:innen auf dem Gewissen. Ich wünschte, ich könnte mich einfach auf meine Heimkehr und den Frieden konzentrieren. Hätte es eine andere Flugmöglichkeit gegeben, hätte ich sie genommen. Aber es schien, als würden alle Eritreer:innen aus der Diaspora ein und dasselbe Ziel verfolgen. Sie wollten wieder nach Hause, weshalb es kaum Flüge gab, weder über Saudi-Arabien noch über Ägypten. Es gab nur diese eine überteuerte Möglichkeit mit Stopp in Äthiopien, um nach Asmara zu gelangen. Damit ich mich sicherer fühlen konnte, rief mein Vater seine Cousine Hidat an, die in Addis lebte und für die Ethiopian Airlines arbeitete. Sie holte mich am Flughafen ab, und ich blieb die Nacht vor meinem Anschlussflug bei ihr.

In dieser wildfremden und geschichtlich vorbelasteten Stadt war ich sehr froh, dass ich jemanden kannte und nicht allein bleiben musste. Die Nacht über tat ich kaum ein Auge zu. Ich war noch nie zuvor in Äthiopien gewesen. Das Land konnte nichts dafür, war für mich aber das Sinnbild meiner schlimmsten Ängste. Und nun war ich genau dort, wo der alte Feind, der starke Emotionen in mir hervorrief, lebte. Meine zwei Stunden Schlaf waren mit Albträumen gefüllt. Was, wenn der Krieg jetzt doch wieder ausbricht? Was, wenn ich dann hier gar nicht mehr rauskäme? Ich säße dem Feind direkt auf dem Schoß.

Ich fragte Hidat, wie es denn für sie war, dass sie schon all diese Jahre als Eritreerin in Äthiopien lebte. Hatte sie keine Angstzustände erlitten? War sie nicht bedroht worden? Nein, antwortete sie, sie war ihr Leben lang in Addis gewesen und hatte sogar einen Äthiopier geheiratet. Addis war ihre Heimat, sie kannte keine Angst. Viele Eritreer:innen lebten schon seit mehreren Generationen in Äthiopien. Erst Jahre später, nach dem eritreischen Frieden und meinem kurzen Aufenthalt in Addis, überschattete zwischen 1998 und 2000 ein Grenzkrieg Eritrea und Äthiopien, infolge dessen alle Eritreer:innen aus Äthiopien vertrieben wurden. Etwa 75.000 Menschen wurde die äthiopische Staatsbürgerschaft entzogen, ihre Ausweispapiere wurden eingezogen. Viele dieser Menschen wurden von ihren Familien getrennt und ihres Eigentums beraubt. Und eine von ihnen war die Cousine meines Vaters, Hidat. Sie sollte alles verlieren, was sie besaß, und aus Addis Abeba vertrieben werden. Aber als ich dort war, lag das noch in der Zukunft.

1992 ging alles gut. Nach meiner albtraumgeplagten Nacht saß ich am nächsten Morgen im Flugzeug nach Asmara. Dort erblickte ich ein Mädchen, das mir bekannt vorkam. Aber woher hätte ich sie kennen sollen? Später bei der Gepäckausgabe sah ich das Mädchen mit einer älteren Frau nur einige Meter von mir entfernt stehen. Die Frau, die ihre Mutter zu sein schien, sagte etwas zu einem Jungen und drehte sich in meine Richtung. Ich sah ihre Augen, ihr Lächeln, und als ich ihre unverkennbare Stimme hörte, schossen mir sofort die Tränen in die Augen. Blinzelnd drängelte ich mich durch die wartende Menge auf die Frau zu: »Zeuwdi?« Ich lächelte und konnte ihre Reaktion kaum erwarten. Der Junge, der einige Zentimeter größer war als ich, sah mich verdutzt an. »Bisrat, Elenes und Tesfais Tochter!«, fügte ich noch schnell hinzu. »Uwey, Bisirey …!« Sie schluchzte, ich schluchzte, dann fielen wir uns in die Arme und wollten uns nicht mehr loslassen. Ich war meiner Tante, der älteren Schwester meiner Mutter, nach all den Jahren wiederbegegnet und hatte sie sofort erkannt! Sie stellte mir meine Cousine und meinen Cousin vor. Das Mädchen, das mir im

Flugzeug aufgefallen war, war meine kleine Cousine Sarah, die große Ähnlichkeiten mit meiner Mutter hat, vor allem durch die Grübchen. Hand in Hand gingen wir raus. Ein großes Empfangskomitee wartete am Flughafeneingang auf uns. Meine Mutter, meine Schwester Sofia, die mich ungeduldig erwartete, und Rigat, meine Tegadalit-Cousine, die ich in Meda getroffen hatte. Damals hatte sie mir bei unserem Abschied versprochen, sich keine Kugel mehr einzufangen und dass wir uns in Asmara wiedersehen würden. Sie hat ihr Versprechen gehalten. Es war ein sehr emotionales Wiedersehen. Meine Mutter hatte ihre Schwester mehr als 15 Jahre nicht gesehen. Rigat hatte ihre Mutter ebenfalls so lange nicht gesehen und lernte ihre jüngste Schwester Sarah erst an diesem Tag kennen.

Ich wollte 21 Tage in Eritrea bleiben und mir alles ganz genau ansehen. Die Übergangswohnung meiner Eltern lag westlich vom Zentrum. Sie befand sich in der ersten Etage und hatte einen großen Balkon. Im Erdgeschoss war ein Kiosk, und eine Straße weiter, an der Hauptstraße, befand sich das »Cinema Africa«. Obwohl es schön war, vereint mit meiner Familie wieder in Asmara zu sein, ging es mir in den ersten fünf Tagen nicht gut. Mir war ständig nach Heulen zumute, eine dunkle Wolke hing über meiner Stirn. Ich konnte mein Gesicht so oft waschen, wie ich mochte, aber meine Gedanken blieben schwer und düster. Obwohl Asmaras Himmel mir den schönsten Blauton schenkte, konnte mich nichts und niemand aufheitern.

Meine kleine Schwester Sofia überredete mich irgendwann, mit ihr spazieren zu gehen. Wir liefen in die Straße in der Innenstadt, wo unser altes Haus stand, und wollten die neuen Bewohner:innen fragen, ob wir reindürften. Nur leider trafen wir niemanden an. Es waren Norweger:innen, die inzwischen dort lebten, mehr Informationen bekamen wir nicht raus. Also zeigte Sofia mir die Cafés, in denen sie in den letzten Wochen viel Zeit verbracht hatte. Sie wusste, wo es den besten Cappuccino gab, und führte mich behutsam in das Nachtleben Asmaras ein. Es gab diverse Tanzclubs, die sowohl von den Asmarini, den Tegadelti wie auch von den Diaspora-Kids besucht wurden. Anfangs, in den ersten Tagen, fühlte ich mich nicht wirklich da. Ich war sehr melancholisch und traurig, ohne dass ich es so richtig definieren konnte. Obwohl alle um mich nett und lustig waren, war ich traurig. Ich kam mir vor wie die Protagonistin in einem neuen Film, über den ich nichts wusste. Aber Sofia hat mir sehr geholfen anzukommen. Die meisten Abende verbrachten wir im City Park, der sich mitten auf der Harinet Avenue, der Hauptstraße im Zentrum, befindet. Es ist ein kleiner, charmanter Park, der mit einer Bar ausgestattet ist. Unzählige junge Diaspora-Kids belagerten diesen Park und die Bar. Jeden Abend kamen neue dazu, während andere wieder verschwanden. Von Tisch zu Tisch wurde in allen möglichen Sprachen kommuniziert. Deutsch, Englisch, Niederländisch, Schwedisch, Französisch und viele andere Sprachen bildeten ein schönes, fröhliches Miteinander. Michael Jackson schien es den Barleuten angetan zu haben, denn ständig erklang »Do you remember the time?« und bohrte sich für die Ewigkeit in unsere Köpfe.

Schnell wurden die Tische der Bar zu einem Melting Pot aller Eritreer:innen aus der Diaspora. Wir unterhielten uns, tauschten uns über das Leben in unseren jeweiligen Ländern aus. Es war so wie in Bologna, mit dem einzigen Unterschied, dass wir diesmal nicht in einem fremden Land waren. Diesmal gehörten wir der Mehrheit der Gesellschaft an. Durch Sofia löste sich meine Ankunftsdepression langsam und wandelte sich in große Neugier und einen Drang, alles kennenzulernen.

Nach der Hälfte meines Aufenthalts musste Sofia zurück

nach Hamburg. Ich wollte sie nicht gehen lassen, aber sie konnte nicht länger bleiben. Der City Park wurde zu meinem Treff- und Anlaufpunkt Nummer eins. Egal, zu welcher Uhrzeit ich hinging, es war immer jemand da, den oder die ich kannte. Hier wurden Ideen ausgearbeitet und Vereinbarungen geschlossen. Mit meinem Kumpel Eddy, der in Italien aufgewachsen ist und den Sofia mir vorgestellt hatte, sprachen wir eines Abends darüber, wie wir Diaspora-Kids etwas Gutes für die Gesellschaft tun könnten. So beschlossen wir, eine Location zu suchen und Partys zu veranstalten, um die Einnahmen einem Waisenhaus zu geben. So hätten wir aufregende Partys und würden uns gleichzeitig nützlich machen. Eddy und ich organisierten in der Zeit drei Partys und haben mit gutem Gewissen gefeiert.

Es waren so viele Freund:innen aus allen Ecken der Welt in Asmara, und um alles sehen zu können und nichts und niemanden zu verpassen, plante eine kleine Gruppe von uns, gemeinsam nach Massawa zu fahren. Massawa liegt ungefähr zwei bis drei Fahrtstunden von Asmara entfernt. Es ist die größte Hafenstadt Eritreas, an deren Architektur sich die Geschichte der Stadt eindrucksvoll ablesen lässt. Ägypter, Ottomanen, Portugiesen und Italiener haben im Laufe der Jahrhunderte alle ihre Handschrift in den Zügen der Stadt hinterlassen. Doch die stärkste, sichtbarste Prägung ist die muslimische: Die älteste Moschee Afrikas befindet sich in Massawa.

Asmara liegt im Hochland, etwa 2500 Meter über dem Meeresspiegel. Das Klima ist angenehm. Im Tiefland an der Küste dagegen ist es immer sehr heiß, im Sommer kann die Temperatur bis auf 45 Grad klettern. Das hielt uns aber nicht von der Reise nach Massawa ab. Zu zehnt fuhren wir – Freund:innen aus Deutschland, Italien und den Niederlanden – mit einem

Bus über Serpentinenstraßen durch die Wolken runter ins Tiefland. Wir planten, für drei Nächte an der Küste zu bleiben. Tagsüber war die Hitze so unerträglich, dass wir nichts machen konnten, außer im Hotelzimmer unter dem Ventilator zu dämmern und auf den Abend zu warten. So als wäre sie völlig unbewohnt, hielt die ganze Stadt ihr Mittagsschläfchen bis in den späten Nachmittag hinein. Erst zum Abend hin erwachte sie wieder zum Leben.

An unserem ersten Abend in Massawa besuchten wir den Gurgusum Strand. Wir wollten nur eins, umhüllt von der Dunkelheit ins kühle Wasser springen, im Mondschein den Himmel über Eritrea begrüßen und den Frieden feiern. Zu zehnt liefen wir ins Wasser. Ich schwamm minutenlang auf dem Rücken, während der Mond mir zulächelte. Zutiefst zufrieden und unbeschwert kam ich aus dem Roten Meer und ließ mich neben meinen Freund:innen auf den Sand nieder. Meine Freundin aus den Niederlanden, die ich schon eine Ewigkeit kannte – unsere Väter waren gemeinsam in der Schule gewesen –, wollte mir ein Geheimnis anvertrauen. Ich beugte mich zu ihr und lieh ihr mein Ohr. Während ich ihren Worten lauschte, versuchte ich den Sand unter meinem Gesäß glattzustreichen, denn irgendwas Hartes hatte sich dazwischengemogelt. Doch je mehr ich den Sand glättete, desto runder wurde es darunter. Härter. Ohne richtig hinzuschauen, immer noch meiner Freundin lauschend, buddelte ich etwas hervor und hielt es auch schon hoch. Meine Freundin sprang sofort auf und schrie, ich sollte das Ding wegwerfen. Erst mit Verzögerung setzte bei mir der Verstand ein, mein Atem stockte, und mein Schrei folgte ihrem. Mein Wurf jedoch scheiterte kläglich, das Ding plumpste vor meine Füße. Die anderen Freund:innen kamen dazu, auch sie hatten sich erschrocken und wollten sich vergewissern, dass alles in Ordnung war. Immer noch schreiend zeigte ich auf den Schädel. Einen Menschenschädel. Wir alle waren entsetzt. Nach dreißig Jahren Krieg und einem Jahr Frieden war das Land noch nicht geräumt von all den Kriegsresten. Natürlich, das wurde uns allen in diesem Moment schlagartig klar, war auch der Strand ein Kriegsschauplatz gewesen. Natürlich hatten auch hier Kämpfe stattgefunden. Die Idylle, die Illusion, die wir uns selbst geschaffen hatten, zeigte auf einmal die Realität, die dahintersteckte. Der Krieg hatte viele Menschenleben gekostet. Auf einem hatte ich für kurze Zeit gesessen. Nach diesem Erlebnis wollte ich nur noch weg. Ich spürte den Krieg in jedem einzelnen Sandkorn.

Ich reiste nach Deutschland zurück mit der Gewissheit, dass Eritrea ein besonderer Ort mit unglaublich starken Menschen ist. Menschen, die trotz geschichtlicher Widrigkeiten zusammengehalten und ein Ziel verfolgt hatten. Nun galt es, das Land von den Spuren des Krieges zu befreien und es wieder aufzubauen. Organisch sollte es wachsen, ganz aus sich heraus, aus eigener Kraft, so dass es nach vorne schreiten und sich auf sich selbst verlassen könnte. Ohne jegliche Hilfe von außen, ohne sich in die Mühlen des Neokolonialismus[15] zu begeben, der die Staaten und Konzerne der Industrienationen noch immer über die Märkte des Globalen Südens entscheiden ließ. Eritrea verließ sich auf seine Bevölkerung. Das Mantra des Landes lautet »Hade Libi Hade Hizbi« – Ein Herz, ein Volk. Mit gesammelter Kraft, eigener Kraft, schaffen wir alles.

Aus eigener Kraft, das ist unser Mantra, das Mantra des eritreischen Volkes. Genauso ist es mit den 2 Prozent des Einkommens aller Diaspora-Eritreer:innen, die als Aufbausteuer an die eritreische Regierung gezahlt werden. Kein Zwang, nur eine Bitte an die Diaspora-Eritreer:innen. Um das Land, unabhängig vom Globalen Norden oder der Weltbank, aus eigener und gebündelter Kraft aufzubauen. Aber einige westliche Medien[16] stellen es als negativ dar. Sie nennen es Zwangssteuer; die Eritreer:innen nennen es Aufbausteuer. Der deutsche Solidaritätszuschlag wurde 1991 als eine steuerliche Sonderabgabe von 7,5 Prozent eingeführt. Diese Maßnahme war auf ein Jahr beschränkt und resultierte aus der Verpflichtung, sich mit 16,9 Milliarden DM an den Kosten des Golfkrieges zu beteiligen. Erst später wurde daraus der Soli für den »Aufbau Ost«. Die geschichtliche Einordnung als Solidaritätszuschlag für den »Aufbau Ost« blieb hängen. Mir wurde wieder bewusst, wie sehr die Deutungshoheit über das »Narrativ« entscheidet. Anhand dieses Beispieles wird wieder klar, welche Geschichtsschreibung Priorität, Deutungshoheit beansprucht. Obwohl das eine Eritrea-Beispiel eigentlich etwas Positives darstellt und ein Role Model für alle Länder des Globalen Südens sein könnte, um sich aus den Klauen der Abhängigkeit zu befreien, wird es komplett verrissen.

MEIN WEG ZU MIR

Drei Wochen erlebte ich das junge und unabhängige Eritrea. Dann kam ich zurück nach Hamburg, zurück in die Diaspora, zurück aus der Vergangenheit und musste mich erst mal wieder neu sortieren. Ich musste mich, genau wie nach meiner ersten Eritreareise, innerhalb der Koordinaten meines Lebens in Deutschland zurechtfinden. Die Frage nach meinen Zukunftsplänen holte mich erneut ein. Ich war 21 Jahre alt und musste mich endlich entscheiden, welche Richtung ich einschlagen wollte. Schließlich wartet die Zeit nicht.

Was wollte ich werden? Auf Anraten einer von mir sehr geschätzten Vertrauensperson entschied ich mich für ein Kommunikationsdesign-Studium. Meine Bekannte hatte mit mir gebrainstormt, welche Möglichkeiten es gäbe, gemeinsam hatten wir überlegt, was mein größter Wunsch sei. Ich liebte Fotografie und Kreativität, zögerte aber, diese Richtung auch beruflich einzuschlagen. Der Gedanke, irgendwann nach Eritrea zurückzukehren, dort zu leben und zu arbeiten, schwebte immer in der Luft. Nicht nur bei mir, sondern in der gesamten Familie. Und daher bezog ich in meinem Berufswunsch auch die Möglichkeiten ein, etwas zu erlernen, was ich in Eritrea machen könnte. Kommunikationsdesign und Eritrea schienen mir anfangs nicht zusammenzupassen. Aber dann entschied ich mich doch dafür und überzeugte mich selbst, dass Designer:innen auch in Eritrea gebraucht würden. Ich wollte mich auf Fotografie spezialisieren, um Eritrea aus meiner Perspektive zeigen zu können.

Da ich die Frist für die Hochschule verpasst hatte und kein extra Jahr warten wollte, bewarb ich mich an einer privaten Akademie für Kommunikationsdesign und Artdirection. Privat heißt, dass ich monatlich eine Summe von 500 Mark für meine Bildung berappen musste. Außerdem kamen Materialkosten dazu. Um diese Ausgaben zu stemmen, fing ich einen Job in einem der ersten Hamburger Essenslieferdienste an. Chinesische Gerichte standen auf der Speisekarte. Ich nahm die Anrufe entgegen und bereitete die Lieferungen für die Fahrer:innen vor. Es war ein simpler Job mit vielen unterschiedlichen Menschen. Student:innen wie ich, die sich etwas nebenher verdienen wollten, aber auch Rentner:innen, Automechaniker:innen, Hundetrainer:innen, Musiker:innen. Es war eine kunterbunte Truppe. Die Vielfalt meiner Kolleg:innen ließ sich unbestreitbar an der Auswahl der Musik ablesen, die im Laden lief. Die Musik wechselte ständig, je nachdem, welche Fahrer:innen auf ihre Tour warteten. Ich lernte Heavy Metal und Klassik gleichzeitig schätzen. Run DMC und Pavarotti gaben sich im nach Fett und Öl riechenden Ladenflur im fliegenden Wechsel die klebrige Türklinke in die Hand.

Mein Studium hielt genau dreieinhalb Semester. Kurz vor dem Wechsel ins vierte, direkt vor Abgabe der Semesterarbeit, passierte etwas. Der Direktor der Akademie, den ich anfangs sehr schätzte, erlaubte sich etwas Unmögliches. Jedes Semester gab es eine große Semesterarbeit. Wir arbeiteten also monatelang an einem Projekt, investierten Zeit und Geld, um etwas Gutes und Kreatives abzugeben. An unserem Abgabetag sprach der Direktor zu uns und erklärte, dass er sich die Arbeiten nicht anschauen würde, da er uns ein falsches Briefing gegeben hatte. Der Fehler lag ganz klar nicht bei den Student:innen, sondern bei der Schuldirektion. Für uns alle hieß es, dass die ganze Mühe umsonst gewesen war und wir alles noch einmal überdenken und überarbeiten mussten. Nach dieser Ansage hallte ein Raunen durch den gesamten Saal. Die Unzufriedenheit war unverkennbar. Doch der Direktor konnte den Protest der Student:innen nicht verstehen. Er forderte diejenigen von uns auf, sofort zu gehen, die mit seinem Führungsstil nicht einverstanden waren. Falls wir gehen wollten, sollten wir sofort verschwinden, er würde uns sogar das Semestergeld hinterherwerfen. Mir gefiel der Ton nicht.

Keiner hatte das Recht, uns so zu behandeln. Schließlich waren wir die Kund:innen. Ungeachtet der Hierarchien war es ein Fakt, dass wir Student:innen Geld in diese Schule steckten. Ich sah nur, dass ich mich Abend für Abend abschuftete, um mir meine Ausbildung zu finanzieren. Und dann behandelte uns ein Mann, der, was Alter, Erfahrung und finanzielle Sicherheit anging, viel besser aufgestellt war als wir alle, einfach so wie unliebsame Gegenstände. Da machte ich nicht mit! Ich blickte in die Gesichter der anderen, alle schienen schockiert zu sein. Lara, eine Kommilitonin, mit der ich mich sehr gut verstand, und ich schauten uns an. »Wollen wir?«, fragten wir uns mit diesem Blick gegenseitig, lautlos, stumm wie in einem Vakuum und fast synchron. Sie grinste, und wir nickten beide. Aus irgendeinem Grund wusste ich in dem Moment, dass ich weiterziehen musste. Ich war schon immer ein entschlossener Mensch gewesen, aber dass ich sekundenschnell so eine wichtige Entscheidung treffen konnte, überraschte mich selbst. Ziemlich schockiert reagierte auch Karen, meine Freundin, als ich ihr verkündete, dass ich abgehen würde. Sie bat mich, es nicht zu tun. Sie versuchte mir vorausschauend zu prophezeien, dass es überall gleich wäre, auf Arschlöcher würde ich immer und überall stoßen. Ich müsste jetzt einfach die Zähne zusammenbeißen und es zu Ende bringen. Nur sah ich in dieser Akademie keine Zukunft für mich.

Irgendwo in einem kleinen Fach meines Hinterkopfes hatte ich zudem auch noch eine Aussage des Direktors abgespeichert, die mich sehr lange beschäftigt hatte. Zufällig hatte ich eines Tages gehört, wie er nach einem Bewerbungsgespräch im Flur mit einer Dozentin sprach. »Ich verstehe nicht, was der N… hier möchte. Er sollte doch lieber Sport oder Musik machen.« Ich nahm diese Worte nur im Vorübergehen wahr, aber sie blieben damals bei mir hängen. Unverarbeitet und hässlich nisteten sie sich in meinem Kopf ein, und ich weiß nicht mal mehr, ob ich es jemandem erzählte. Ich war ziemlich enttäuscht von dem Direktor.

Noch am selben Tag schrieben Lara und ich die Kündigung und reichten sie ein. Alle aus unserem Semester, bis auf vier, gingen ab und versuchten ihr Glück an anderen Akademien oder Hochschulen. Zeit zu verlieren war für mich der Horror. Also holte ich mir zügig Informationen über ein Architekturstudium und bewarb mich an der Hochschule in Lübeck. Ich hatte mich immer für Architektur interessiert und es auf meiner Berufswunschliste notiert, zwar war es nicht ganz oben, aber immerhin stand es drauf.

In Lübeck wurde mir sofort ein Studienplatz zugesichert. Vorab sollte ich allerdings Praxiserfahrung nachweisen. Also nutzte ich die Zeit, um ein Praktikum in einer Tischlerei zu absolvieren. Schon da hätte mir auffallen müssen, dass dieser Studiengang nicht der richtige für mich war. Ich musste viele Fächer belegen, die mir einfach nicht lagen und mir null Spaß machten, wie zum Beispiel technischer Ausbau, Statik oder Vermessungslehre. Mein Bauchgefühl ignorierte ich einfach. Architektur an sich fand ich und finde ich nach wie vor spannend. Sich Räume für ein Zusammenleben in einer Sozialgemeinschaft oder Minigesellschaft zu erdenken: inklusiv, nachhaltig und generationsübergreifend. Das reizte mich. Doch das Studium war nicht meins. Vier Semester lang quälte ich mich durch ein Leben, das nicht zu mir passte, und belegte Kurse, die mein Interesse nicht entfachten. Das Städtchen Lübeck war auch nicht meins und die Uni ebenfalls nicht. Egal, wo ich mich in Lübeck befand, alles fühlte sich schwer an. Eine melancholische Stimmung zog mich jeden Tag ein bisschen mehr runter. Ich wurde schwer. Kleine Städte engten mich ein, mir fehlte die Internationalität einer Großstadt. Mit ihr kam Vielfalt, und durch Vielfalt fühlte ich mich weniger angestarrt.

An dieser riesigen Uni mit ihrer weitläufigen Mensa und ihren zahlreichen Wohnheimen für Studierende waren ich und ein anderer Student die einzigen Menschen mit dunkler Hautfarbe. In meinem Semester war ich die einzige Nichtweiße. Wenn mal einer der Professoren, und es waren ausschließlich Männer, rassistische Bemerkungen machte, was mehrmals vorkam, war ich die Einzige, die etwas dagegen sagen konnte. Aber ich fühlte mich nicht immer stark genug dafür. Ich hatte nicht die Kraft, mich ständig allein in die Diskussionen mit ignoranten Typen verwickeln zu lassen. Ich fühlte mich einfach fehl am Platz und irgendwie auch zurückgeschleudert in mein Hannover-Gefühl. In den zwei Jahren in Lübeck nahm ich jede Gelegenheit wahr, um der Stadt und meinem Studium zu entkommen. Während meiner Zeit als Verkäuferin in Hamburg hatte ich einige Handelsvertreter:innen kennengelernt, die mir damals Messejobs anboten. Alle sechs Monate arbeitete ich auf Modemessen wie der Interjeans in Köln und der CPD (Collection Premiere Düsseldorf) in Düsseldorf. Vom Studium aus wurden auch Ausflüge zu Baufachmessen angeboten, denen ich aber bewusst fernblieb. Nichts hätte mich dazu verleitet, auch nur einen Fuß auf diese »Backstein-Messen«, wie ich sie gehässig nannte, zu setzen. Ohne dort gewesen zu sein, wusste ich, wenn schon Messen, dann doch lieber Mode- und Stoffmessen. Steine anzuschauen interessierte mich weniger.

Einige Jahre vor Lübeck, auf meiner ersten Modemesse in Hamburg, hatte ich einem jungen Modedesigner, einem Absolventen der Modeakademie JAK, an seinem Stand ausgeholfen. Dort hatte ich den Veranstalter kennengelernt, der mich nun wiederum für eine Modenschau, genauer gesagt für den Hauptakt der Messe, zum Casting einlud. Ein sehr angesagter Modedesigner aus Paris würde seine Frühjahr-Sommer-Kollektion in Hamburg zeigen. Dieser wollte ausdrücklich viele Schwarze Models auf den Laufsteg schicken. Das wurde mir aber so nicht gesagt. Ich wusste nur, dass der Veranstalter, der mich an dem Stand gesehen hatte, mich unbedingt dabeihaben wollte. Da ich als Studentin gutes, leicht verdientes Geld immer gebrauchen konnte, um meine Miete zu sichern, sagte ich sofort zu. Durch die Akademie war ich bereits geübt und kannte das kleine ABC des Catwalks. Am Tag der Show traf ich pünktlich zum Fitting ein. Als ich die ganzen riesigen Profimodels sah, wurde ich ziemlich nervös. Was habe ich mir eigentlich dabei gedacht? Wieso habe ich mich von diesem Typen überhaupt überreden lassen? Was, wenn ich stolpere und mich zum absoluten Deppen mache? Ich war sehr aufgeregt. Nervös suchte ich mir im Backstagebereich eine gute Ecke, etwas weiter weg vom Mittelpunkt, um alles aus einer sicheren Position heraus beobachten zu können.

Nach einer halben Ewigkeit trudelte das Designteam ein. Wie auf Knopfdruck ging ein Gekicher und Gemurmel durch den gesamten Raum. Oh mein Gott! Ich konnte es nicht fassen.

Wie war das möglich? Wieso hatte mir denn keiner was gesagt? Das war doch sonst immer das Erste, was alle sagten – er sieht so aus, sie sieht so aus und so weiter. Das Designteam aus Paris, bestehend aus dem Designer, seiner Assistentin und seinem Manager, sah komplett so aus wie ich. Sie waren alle Schwarz. Die coolsten Schwarzen, die ich jemals in Hamburg oder auf irgendeiner Modemesse in Deutschland gesehen hatte. In diesem Moment tat sich etwas in mir. Menschen zu sehen, die so aussahen wie ich, gab mir ein unbeschreibliches Gefühl von Sicherheit. Ich konnte davon ausgehen, dass diese drei mich nicht bloß auf meine Hautfarbe reduzieren würden. Dass sie mich sehen würden. Ja, mag sein, dass es paradox klingt, dass mir dieses Gefühl auch bloß durch die Hautfarbe vermittelt wurde. Aber ob die Menschlichkeit einer Person nicht gesehen wird, weil diese Schwarz ist, ist noch mal etwas anderes, als sich aufgrund der Hautfarbe und all den Erfahrungen, die diese Hautfarbe mit sich bringt, verbunden zu fühlen. Es wurde mir schlagartig bewusst, wie wichtig es für mich war, für meine Psyche und für mein Wohlbefinden – und das gilt mit Sicherheit für jede Minderheit einer Gesellschaft –, mich auf irgendeine Art und Weise im Alltagsbild wiederzufinden. Mich repräsentiert zu sehen, um mich darüber dazugehörig zu fühlen.

Fast platzend vor Glück über die Überraschung stand ich etwas eingeschüchtert an einen Pfeiler gestützt in der hintersten Ecke. Von dort aus, hinter den ganzen großen Models, konnte ich diese unglaublich stylischen Erscheinungen aus der Ferne beobachten. Der Designer, Lamine, trug eine Schlaghose, Plateauschuhe, ein knallenges, langärmeliges T-Shirt, das mit Schrift bedruckt war, darüber eine Kapuzenjacke und eine Daunenweste aus Bogolanfini-Stoff. Bogolanfini ist ein Textil aus Mali. Traditionell wurde es früher von Männern gewebt, und Frauen zeichneten mit natürlichen Farben aus Schlamm und Baumrinde geometrische Motive und symbolische Figuren darauf. So wurden Familiengeschichten von Generation zu Generation übermittelt. Lamines Haare waren an den Seiten kahlrasiert, und vom Deckhaar fielen einige geflochtene Zöpfe in sein Gesicht, die vor der großen Sonnenbrille bei jeder Bewegung hin und her wippten. Er sah aus wie ein Star, der sich nach Hamburg verirrt hatte. Seine Assistentin hatte ein knallenges, knielanges, buntes Kleid an und darunter eine bunte Schlauchose mit undefinierbarem, aber super stylischem Print. Über dem Kleid trug sie einen weiten Wollpullover, eine Wollmütze und ebenfalls eine riesige Sonnenbrille, die ihr ganzes hübsches, braunes Gesicht bedeckte. Der Manager trug ein klassisches Hemd und einen Pullover drüber, die Haare waren abrasiert. Seine Ausstrahlung rundete das coolste Trio, das ich je gesehen hatte und an diesem Morgen kennenlernen durfte, ab.

Alle drei begrüßten ein Model nach dem anderen, jede Einzelne mit einem Handschlag. Als sie bei mir ankamen, nahm Lamine seine Brille ab und fragte mich mit seiner sehr sanften, fast schüchternen Stimme und einem Englisch mit starkem französischem Akzent: »Hey, how are you? What's your name?« Ich stellte mich sehr erfreut und gleichzeitig schüchtern vor. »Where are you from? Eritrea, Ethiopia?« Das war mir vorher nie passiert, dass mich jemand, der mich nicht kannte, mit Eritrea in Verbindung brachte, gar überhaupt wusste, was Eritrea ist. In Deutschland wusste sonst meist keine Menschenseele, wo Eritrea lag. »Yes, right! I am from Eritrea!«, sagte ich strahlend und gab meine Freude ganz offen kund. Er lächelte und nickte dabei. Alle drei hatten diese riesigen, blau-weiß-rot karierten Kunststofftaschen dabei, die sich mit der Zeit zum

Kultobjekt gemausert haben. In der Modewelt heißen diese Taschen »Ghana must go«. Den Namen erhielten sie, als der nigerianische Präsident Shehu Shagari 1983 einen Erlass erteilte, der Eingewanderte ohne ordnungsgemäße Einwanderungspapiere aufforderte, das Land zu verlassen, da sie sonst nach dem Gesetz verhaftet werden würden. Davon waren zum größten Teil Menschen aus Ghana betroffen, so mussten diese sofort ihr Hab und Gut in diese geräumigen und günstigen Taschen packen und sich außerhalb der Landesgrenzen in Sicherheit bringen. Heute dienen die Form und das Muster dieser Tasche diversen Modehäusern oder Künstler:innen als Inspiration für ihre Kreationen. Unter anderem auch Lamine, der sie in die Kollektionen für sein Label XULY.Bët integriert hat. Es gibt aber auch »Ghana must go«-Redesigns von Balenciaga, die für die stolze Summe von 1.590 € zu erwerben sind.

Ich hatte mich noch nicht getraut zu fragen, woher sie denn eigentlich kamen. Für sie war es sicherlich nichts Besonderes, dass sie zu dritt irgendwo auftauchten und Schwarze Menschen sahen, wie das bei mir an dem Morgen der Fall war. Sie waren es bestimmt gewohnt, Schwarze in ihrem Alltag zu sehen. Für mich allerdings war der Tag, an dem diese drei Avantgardist:innen in mein Leben spazierten, etwas Unglaubliches. Nie hätte ich gedacht, dass sich für mich mit der Anfrage zum Casting und mit meiner Zustimmung zur Teilnahme etwas in Bewegung setzen würde, etwas, das – wie sich später herausstellte – mein Leben veränderte. Ohne jede Vorwarnung schickte mir das Universum diese drei heiligen König:innen. Und aus der riesigen Tasche kramte nun einer dieser Könige einige Klamotten raus und überreichte sie mir. Es war ein knallenges Kleid aus Lycra und bewegte sich farblich zwischen Moos und Schlammgrün. Alle Nähte, die das Kleid zusammenhielten, waren knallrot, und an der Seitennaht ganz unten, fast schon am Saum, hing wie eine kleine Flagge ein rotes Etikett mit dem Labelnamen in schwarzer Schrift: XULY.Bët. Das Kleid hatte einen kurzen Raglanärmel und ein rundes, tiefes Dekolleté. Es sah fantastisch aus. Lamine Kouyaté war der erste Schwarze Modedesigner in der Pariser Modeszene, der es schaffte, in der obersten Modeliga Europas mitzuwirken. Inspiriert von seinem Geburtsland Mali und der Vergangenheit Afrikas kreierte er Kleidungsstücke aus recycelten Stoffen und Secondhandware, und das lange, bevor nachhaltige Mode und Upcycling in aller Munde waren. Er entwarf Kleidung für Frauen jeder Größe, für alle Figuren und Hautfarben. Er schaffte es, einen besonderen Urban Afro Chic in die Metropolen der Welt zu zaubern. Gleichzeitig sahen viele junge Schwarze in ihm auch ein Vorbild, das ihnen zeigte, dass es auch für sie als Schwarze Menschen in der Mode und in der Kunst Raum gab, sich zu entfalten. Auch für mich nahm Lamine diese Vorbildrolle ein. Internationalen Ruhm erlangte XULY.Bët durch den Film »Prêt-a-Porter« von Robert Altman, in dem Lamine von Forest Whitaker gespielt wurde.

Aber an diesem Tag in Hamburg kannte ich Lamines Geschichte und seinen Werdegang noch nicht. Ich konnte auch nicht ahnen, dass er mal ein Role Model für mich sein würde. Ich bekam erst einmal nur mein Kleid für die Modenschau, rausgekramt aus der riesigen Tasche. Es fühlte sich sehr geschmeidig und kühl an, als ich es anprobierte. Die Assistentin überreichte mir dazu ein Paar blaue, halsbrecherische High Heels, deren Sohlen aus Holz bestanden. Beim Probelauf direkt nach dem Fitting sollten wir alle nacheinander auf die Bühne und zeigen, was wir für einen Gang draufhatten. Das war das erste Mal für mich auf einem Proficatwalk mit Profimodels unter Leitung von Profidesigner:innen. Ich war nervös und versuchte, auf den High Heels eine gute Figur zu machen. Ich lief so selbstbewusst, wie mir nur möglich war. Dem Designer gefiel es, und er versicherte mir, dass ich genau richtig gelaufen sei und dass ich es so für die Show am Abend beibehalten sollte. Meine erste echte, bezahlte Modenschau! Nach der Show suchte das Designer:innen-Trio zu meiner Freude meine Nähe. Sie fragten mich, wo man gut essen gehen könnte und ob ich Lust hätte, ihnen das Hamburger Nachtleben zu zeigen.

Im Restaurant auf dem Kiez tischten wir uns zum Essen gegenseitig unsere Lebensgeschichten auf. Wir kamen aus vier verschiedenen Ländern Afrikas. Lamine war aus Mali, Dolly, die Assistentin, kam aus dem Kongo, und Hassan, der Manager, aus dem Senegal. Alle drei lebten in Paris. Die Hamburger Nacht verschlang uns mit Haut und Haaren, wirbelte uns in den Tanz und spuckte uns am nächsten Morgen wieder aus. Erschöpft, aber beseelt von meiner Begegnung taumelte ich ins Bett, um am Nachmittag immer noch aufgeregt und glücklich meine neuen Bekannten wiederzutreffen. Beim Abschied tauschten wir unsere Kontaktdaten und das Versprechen aus, uns gegenseitig anzurufen, um uns nicht aus den Augen zu verlieren.

Von dem Tag an haben wir regelmäßig telefoniert. Besonders engen Kontakt hatte ich zu Lamine. Als ich betrübt und ohne jeglichen Ansporn weiterhin mein Architekturstudium in Lübeck verfolgte, rief er mich eines Abends an und erkundigte sich nach meinem Wohlergehen. Es stellte sich heraus, dass er früher in Straßburg ebenfalls Architektur studiert hatte. Dass ich mit meinem Studium nicht klarkam und unglücklich war, zog er mir gekonnt aus der Nase. Im Anschluss erklärte er mir, dass die Hauptsache im Leben Freude und Gesundheit seien, und wenn ich mit etwas unglücklich wäre, würde sich das auf meine Gesundheit auswirken. Er empfahl mir, auf mich aufzupassen. Mit seinen Worten traf er genau einen Nerv, ich hatte bereits Schlaf- und Sehstörungen entwickelt. Alles, was ich an Senkrechtem sah, wie Bäume, war in der Mitte abgehackt. Manchmal wurde der Boden, auf dem ich ging, ganz plötzlich hügelig oder zeigte mir Vertiefungen. Jedes Mal, wenn mir so etwas passierte, war es beängstigend. Nach einer Odyssee eröffnete mir ein Arzt, dass mein ganzer Nacken-, Schulter- und Halsbereich so verspannt sei, dass meine Sehmuskeln und Sehnerven dadurch beeinträchtigt wurden. Ob ich denn Stress hätte, fragte er mich. Mein Stress war, dass ich in der Zwischenzeit mein Studium, meine Professoren und alles, was mit Lübeck zu tun hatte, so sehr hasste, dass ich nicht wusste, wohin mit dem Gefühl, und auch nicht, wohin mit mir selbst. Aber was ich am meisten zu vermeiden versuchte, war, mein Studium abzubrechen. Schon wieder etwas Neues finden? Schon wieder umziehen? Genau diese Fragen wurden mir zu viel. Mir war noch nicht klar, dass ich mit Lübeck und meinem Leben dort eigentlich schon längst gebrochen hatte. Ich wollte es nur nicht wahrhaben.

Eines Tages begegnete ich wieder einmal Frau Kunz, der Gründerin der Hamburger Modeakademie JAK. Sie fragte mich, was ich inzwischen machen würde. Auf meine Antwort, dass ich Architektur studierte, schüttelte sie sofort den Kopf. »Aber Bisrat, meine Liebe, Sie sind doch keine Architektin, Sie sind Modedesignerin. Das wissen Sie doch, nicht wahr?« Ich wusste es nicht, nein. Und ich wusste auch nicht, was ich mit ihrer Frage anfangen sollte. Sie war in Eile, lächelte mir zu und ergänzte nur noch schnell: »Also, wenn Sie mal über Mode sprechen wollen, dann melden Sie sich jederzeit bei mir!«

Die zufällige Begegnung mit Frau Kunz und das Telefonat mit Lamine beschäftigten mich wochenlang. Noch nie hatte ich daran gedacht, Mode zu studieren. Das käme nie in Frage. Ich und Mode, das war völlig ausgeschlossen. Mit Mode verband ich Party und Spaß und alles Oberflächliche. Mit Mode verband ich Leichtigkeit und gute Laune. Ich konnte doch nicht Mode zu meinem Hauptberuf machen! Noch nie hatte ich es auch nur in Erwägung gezogen. Denn mit Mode könnte ich niemandem helfen, davon war ich überzeugt. Mit Mode könnte ich nichts für mein Zuhause, mein vom Krieg zerstörtes Eritrea machen, ich könnte meinen Beitrag nicht leisten, keine Unterstützung geben. Mode, dachte ich damals, wäre etwas von gar keinem Nutzen. Nichts, was lange währt. Es ist kein Grundbedürfnis, es ist etwas, worauf die Menschheit verzichten könnte.

Dennoch fragte ich mich irgendwann, vielleicht aus der Verzweiflung heraus, wie kann ich anderen helfen, wenn ich selbst nicht glücklich und zufrieden bin? Wie kann ich denn zufrieden sein, wenn ich nicht das mache, wofür mein Herz schlägt? Obwohl alles auf der Hand lag, konnte ich das Offensichtliche lange Zeit nicht sehen und verstehen. Warum verbot ich mir diese Leichtigkeit? Warum darf ich nicht diese Leichtigkeit der Mode ausleben? Heißt Berufung nicht auch, dass man auf das Rufen seiner inneren Stimme hören sollte? Und dass der Beruf Spaß machen sollte? Schließlich kam ich zu der Erkenntnis, dass ich anderen erst nützlich sein könnte, wenn ich selbst zufrieden wäre, erst dann, wenn ich selbst einer Tätigkeit nachginge, die mir große Freude bereitet. Während einer öden, einschläfernden Vorlesung zur Vermessungslehre verließ ich den Hörsaal und hatte es mit einem Mal sehr eilig, nach Hause zu kommen. Ich wohnte damals in einer WG im Lübecker Hauptbahnhofsviertel. Die Wohnung lag fünf Minuten zu Fuß von den Bahngleisen entfernt. Es war mir unendlich wichtig, in Bahnhofsnähe zu wohnen. Die Stadt erstickte mich, und der Bahnhof war meine Notbremse, mein Fluchtweg aus dem Würgegriff. Zu Hause wählte ich die Nummer der Akademie JAK. Ich wollte mich unbedingt über Mode und ein Modestudium informieren. Frau Kunz versprach mir, mich abends mit mehr Zeit anzurufen. Um die Wartezeit zu überbrücken, rief ich meine Freundin Karen an. Karen war eine derjenigen, die auf der privaten Akademie für Kommunikationsdesign geblieben waren. Ich musste mit jemandem sprechen. Ich musste mir von jemandem die Bestätigung holen, dass es okay war, noch mal einen Studiengang abzubrechen. Dass es okay war, wieder etwas nicht zu Ende zu bringen. Karen sagte zu meinem Erstaunen nur: »Na endlich! Endlich siehst du, dass du Modedesignerin bist.« Ich schnappte nach Luft. Wie kam es, dass mich alle um mich herum besser kannten als ich mich selbst? Wie kam es, dass ich alles in der Hand hielt und es nicht erkannte?

Frau Kunz beantwortete mir später alle Fragen und gab mir die Informationen, die ich brauchte. Dass ich nicht gut nähen konnte, war kein Hindernis. Dass ich noch nie zuvor Schnitte erstellt hatte, ebenfalls nicht. Das Einzige, was ich mitbringen musste, war Kreativität und die Lust an kreativer Arbeit. Um mich an der Akademie zu bewerben, müsste ich eine Bewerbungsmappe einreichen und einen Eignungstest bestehen. Sie schlug mir vor, an einem dreimonatigen Aufbaukurs teilzunehmen, was für die Vorbereitung meiner Mappe von wesentlicher Hilfe sein könnte.

Direkt danach rief ich Lamine an und erzählte ihm von der Idee, mein Studium hinzuwerfen und mich der Mode zu widmen. Modedesign zu studieren, sagte er mir, könnte er nur dann unterstützen, wenn ich vor meiner Exmatrikulation ein Praktikum bei ihm in Paris absolvierte. Das würde mir die Gelegenheit geben, den Beruf zu beschnuppern, ihn zu erfühlen und aus allen Perspektiven anzuschauen, um dann mit größerer Sicherheit genau diese Richtung einzuschlagen. Ein größeres Geschenk hätte er mir nicht machen können. Dieses Geschenk, das mir die Augen für meine Zukunft öffnen könnte, war Millionen wert. Ich war überaus glücklich und dankbar dafür. Da ich mir nicht sicher war, ob mir der Beruf der Modedesignerin gefallen und ich meine Berufung darin finden würde, behielt ich meine Entscheidung, das Experiment zu wagen, für mich. Es waren nur sehr wenige Personen in meinem Umfeld mit der Idee vertraut. Meine Mutter weihte ich in meine Pläne ein, jedoch nicht meinen Vater. Als ich damals mein Vorhaben, Architektur zu studieren, verkündet hatte, war er zwar sehr überrascht, aber dennoch stolz gewesen. Und dieses Mal wollte ich ihn nicht enttäuschen. Oder zumindest wollte ich hundertprozentig sicher sein, bevor ich damit rausplatzte. Nur, wie könnte ich sechs Wochen in Paris verbringen, ohne dass mein Vater sich fragte, was ich da machte? Es war unmöglich, ich musste die Karten offenlegen.

Aus dem Nichts, wie ein Maschinengewehr, schoss es mit einer fast weinerlichen Stimme aus mir heraus: »Ich halte es nicht mehr aus. Ich hasse Lübeck. Ich hasse mein Studium. Ich hasse Vermessungslehre. Ich hasse die rassistischen und sexistischen Professoren. Es macht mich fertig. Es macht mich unglücklich. Ich bin unglücklich. Ich werde aufhören. Und es tut mir sehr leid, dass ich dich enttäusche!« Es war an einem Freitagabend, ich besuchte meine Eltern in Hamburg und wollte mich nicht vor meinem Vater verstellen müssen. Das ist anstrengend, kostet viel Mühe, zehrt an den Kräften, macht unglücklich und ist respektlos. Was aber vor allem gar nicht ging, war, dass ich meine Mutter fast dazu angestiftet hätte, vor meinem Vater Geheimnisse zu haben. Zumindest so lange, bis ich wusste, was ich mit meinem Studium vorhatte. Kurz nach meinem Ausbruch kämpfte ich mit den Tränen. Ich saß auf der Armlehne des Sofas, auf dem mein Vater gerne entspannte. Nun hing ich über seiner Schulter und stolperte ungelenk mit meinem neuen Lebensplan in seinen Feierabend hinein. Er zog mich von der Lehne zu sich runter, umarmte mich und schüttelte den Kopf. Seinen Mund zog er zusammen und stieß ein Pfeifen hervor. »Pfsss pfsss pfss …!« Und grinste dabei ganz frech. »Ajiii, Bisirina! Ich habe mich schon die ganze Zeit gefragt, wie lange du das wohl durchziehen wirst. Ich habe mich gefragt, wie du bloß auf Architektur kamst. Mathe ist nicht dein Ding. Du hasst Mathe. Vermessungslehre ebenso. Ich weiß gar nicht, wie du das so lange ausgehalten hast, aber was ich weiß, ist, dass du genau die richtige Entscheidung getroffen hast!« »Echt, Baba?« Nun gab es für die Tränen keinen Halt mehr. Sie befreiten sich sturzbachartig aus den Fängen meiner Augenlider. Ich fiel ihm um den Hals und zerquetschte ihn fast. Ein schwerer, riesiger Brocken fiel von mir ab. Meinem Vater war es schon von vornherein klar, dass ich keine Architektin, sondern Modedesignerin war? Die ganze Zeit wusste er, dass der ganze Statistikkram nicht mein Ding war? Aber er wollte mir nicht reinreden. Er wollte, dass ich meine Erfahrung selbst machte. Er wollte, dass ich selbst erkannte, welchen Beruf ich wirklich ausüben wollte. Engumschlungen saßen wir eine ganze Weile da und lachten über die Situation. So erzählte ich ihm von meinen gut durchdachten Plänen. Dass ich erst mal für sechs Wochen in Paris ein Praktikum absolvieren würde. Er lächelte mich zufrieden an und gab mir einen Kuss auf die Stirn.

ALLEIN IN PARIS

Im Herbst 2000 fand ich über einen Freund ein kleines Chambre de Bonne in der Rue Sedaine, im Pariser 11. Arrondissement. Chambres de Bonne waren früher die Zimmer der Dienstmädchen und werden heute gern an Student:innen vermietet. Sie befinden sich in der obersten Etage eines Familien- oder Mietshauses und haben kein Badezimmer. Die Toiletten befinden sich im Treppenhaus und werden heutzutage mit den Nachbar:innen geteilt.

Meins hatte etwas mehr als 13 Quadratmeter und bestand sogar aus zwei Zimmern. Allerdings betrug die Miete warm 630 DM, was recht teuer war. Damals hätte ich für den gleichen Mietpreis in Hamburg eine dreimal so große Wohnung mit eigenem Bad bekommen. Aber Pariser Wohnungen und das Leben dort sind teuer. Ich war froh, dass ich diese Bleibe gefunden hatte.

Um meine Ausgaben nicht von vornherein überzustrapazieren, entschied ich mich, mit dem Bus anzureisen und nicht den etwas teureren Zug zu nehmen. Es war das erste Mal, dass ich in einer Stadt ankam, wo kein Mensch mich am Bahnhof erwartete. Der Bus warf mich im Osten von Paris, am Busbahnhof Gallieni, raus. Es war bereits dunkel und spät. Meine Busbekanntschaft, eine junge Brasilianerin, die ich in den zehn Stunden Fahrt kennenlernen durfte, wurde abgeholt. Ihre Familie bestand darauf, mich in mein neues Zuhause zu fahren und sogar mein großes, schweres Gepäck bis in die sechste Etage hochzutragen. Das war ein Geschenk für meinen Rücken.

Mein neues Zuhause war winzig, aber sehr charmant. Der erste Raum mit der Eingangstür war die Küche, von der eine weitere Tür ins Schlafzimmer führte. Beide Räume hatten große Fenster. Die Küche bestand aus einer Küchenzeile, einem Waschbecken, einem einladenden, runden Holztisch mit drei Holzstühlen und einem Kühlschrank. Im Schlafzimmer lag eine Matratze, und entlang der Wand gab es ein Regal voll mit Büchern, Klamotten und anderen Dingen meiner Vermieterin. In dieser neuen Bleibe fühlte ich mich gleich wohl. Völlig platt, mit großem Hunger und hoffnungsvoll, etwas Essbares zu finden, riss ich den Kühlschrank auf. Eine einsame Dose Pelforth Brune und ein Glas grüner Oliven blickten mich freundlich an. Ich hatte noch nie dunkles Bier getrunken oder Oliven gegessen. Ich mochte beides eigentlich nicht. Aber mein Magen, der laut knurrte, ließ mir keine andere Wahl, als den Kühlschrankinhalt auszuleeren. Ich war zu müde, um noch mal rauszugehen und nach Lebensmittelläden zu suchen. Also begnügte ich mich mit dem Pelforth Brune und den Oliven und feierte mein Ankommen, den Beginn eines neuen Lebens. In diesem Moment war es für mich ein Festmahl.

Das 11. Arrondissement lernte ich schnell kennen. Das Viertel befindet sich am rechten Seine-Ufer und ist dafür bekannt, dass es historisch am meisten von der Arbeiter:innenklasse geprägt ist. In weniger als fünf Minuten Fußweg von meiner kleinen Wohnung lag die mir aus dem Geschichtsunterricht bekannte »Place de la Bastille«. Tausende Bürger zogen mehr als 200 Jahre zuvor, am 14. Juli 1789, während der Französischen Revolution zum berüchtigten Staatsgefängnis und befreiten dort einsitzende Gefangene, die gegen die Ungerechtigkeiten von Ludwig XVI. protestiert hatten.

Bereits am Tag nach meiner Ankunft sollte mein Praktikum starten. Bis 14 Uhr hatte ich Zeit, um zum ersten Mal meine Umgebung zu erkunden. Nur zwanzig Schritte von meinem neuen Zuhause entfernt entdeckte ich eines der vielen gemütlichen Cafés des Stadtteils, das Café de l'Industrie. Es war ein Ort, wie ich ihn aus französischen Filmen kannte, und der für mich Paris verkörperte, das Charmante, Verträumte, Süßliche der Stadt. Ohne Begleitung im Restaurant oder in einem Café zu sitzen hatte ich bis dahin immer versucht zu vermeiden. Ich hatte mich nie wohlgefühlt, einen Ort zu betreten, um allein zu verweilen und ihn dann auch wieder allein zu verlassen. In solchen Situationen fühlte ich mich beobachtet. Ich wollte nicht auffallen, sondern mich nahtlos in das gesellige Bild einfügen. Ich konnte mich sehr wohl im Café verabreden und auf jemanden warten, aber ohne die Aussicht darauf, dass eine zweite Person dazukommt, das hatte ich bis dahin nie gemacht und fühlte mich beim Gedanken daran unwohl. Aber das L'Industrie, dessen Hauswand bis zur ersten Etage in einem leuchtenden Zinnoberrot gestrichen war, verschlang mich in sein Innerstes.

Der verführerische Duft von Croissants und frischem Kaffee sog mich hinein. Plötzlich saß ich im fast noch leeren Café an einem runden Holztisch und genehmigte mir das erste Frühstück in meinem neuen Quartier. Ich bestellte, zögernd noch, aber entschlossen, auf Französisch und fühlte mich großartig dabei. Das Café war recht groß. Es gab ungefähr 40 unterschiedlich große Tische, von kleinen für zwei bis hin zu einem sehr großen, ovalen, an dem mit Sicherheit zwölf Leute sitzen konnten. Direkt am Eingang erstreckte sich eine etwa zwei Meter lange rot getäfelte Bar, an der einige eilige Gäste ihren Café Crème runterkippten. Große und kleine bunte Bilderrahmen, Gemälde und gerahmte Fotos aus den Dreißigern und Vierzigern schmückten die beigen Wände. Ledersitze und wertvoll aussehende orientalische Teppiche auf dem Holzboden rundeten dieses warme und angenehme Ambiente ab. Die leeren Tische, die Energie in diesem schönen Raum, die Herzlichkeit, mit der mich die Kellnerinnen bedienten – denn bis auf den Barmann waren es ausschließlich junge, attraktive, Frauen, die durch die Gegend flitzten –, in diesem Moment fühlte ich mich in Paris angekommen und angenommen. Von dem Tag an, dem ersten Moment, in dem ich meinen Fuß in den Laden setzte, erklärte ich das Café zu meinem externen Wohnzimmer. Auch wenn ich, bis auf Lamine, noch niemanden in der Stadt kannte, fühlte ich mich schon so, als gehörte Paris mir ganz allein. Ich wusste, hier würde ich mich wohlfühlen.

Die Stadt hatte ich davor nur ein einziges Mal besucht, während eines Wochenendtrips mit einem dieser Busreiseveranstalter, wo die Fahrt das ganze Wochenende dauert und das Sightseeing ein paar Stunden. Das heißt, ich kannte Paris nicht. Weder die Stadt noch irgendwelche Menschen, die ich hätte anrufen können, um mir Tipps zu holen. Jetzt hier zu sein fühlte sich dennoch so an, als hätte mich Paris mit offenen Armen empfangen, wie eine alte Freundin, die ich nach langer Zeit wiedersah. Es war ein sehr gutes Gefühl. Mit dieser Euphorie machte ich mich auf den Weg nach Pantin. Die Metrolinie 5 brachte mich von der Bastille auf direktem Wege zu »Porte de Pantin«, einem nördlichen Außenbezirk von Paris, ins Studio von Lamine, zu XULY.Bët, was in Wolof so viel heißt wie: »Öffne deine Augen und sei wachsam!« Wolof ist eine Sprache, die im Senegal von circa 40 Prozent der Bevölkerung gesprochen wird.

Aufgeregt und mit weichen Knien öffnete ich Punkt 14 Uhr

die schwere Metalltür eines riesigen Fabrikgebäudes. Die Wände waren roh, unverputzt und ganz in Weiß gehalten. Laute Musik drang von der ersten Etage runter zum Eingang. Es klang wie eritreische Musik. Eine Gruppe lachender, sehr gut gekleideter Menschen kam mir entgegen. Bei ihrem Anblick schossen lauter kleine Glücksblitze von meinem Körper in die Luft. Diese Gruppe sah aus wie eine Delegation aller Hautfarben der Welt. Ich stieg die Treppe hoch in den ersten Stock, wo mir ein weibliches, kurzhaariges Model, bekleidet mit Nähten auf nackter Haut, neugierig entgegenblickte. Ich brauchte einen Moment, bis ich erkannte, dass ich einen Riesenbanner sah, der als Raumtrenner fungierte, eine Werbekampagne des Labels. Dahinter eröffnete sich mir ein völlig neues, sehr aufregendes Reich der Möglichkeiten. Eins, das ich mir im Laufe der letzten dreiundzwanzig Jahre meines Lebens niemals vorzustellen gewagt hätte. Eine riesige Halle mit einem warmen Holzboden. Links sah ich Dutzende von Kleiderständern behangen mit Hunderten von Klamotten. In der Mitte standen lauter Arbeitstische, Schneidetische. Rechts unzählige Nähmaschinen. Nicht diese kleinen, die ich von meiner Mutter kannte, sondern mir bis dahin unbekannte Industrienähmaschinen, Kettel- und Knopflochmaschinen. Zwischen all diesen Tischen und Arbeitsbereichen standen, saßen und liefen zahlreiche Menschen herum, die in verschiedenen Sprachen miteinander kommunizierten. Alle möglichen Hautfarben, Gesichtszüge, Herkunftsländer waren in diesem Raum versammelt, es war ein so internationales und diverses Bild, wie ich es noch nie zuvor in einem Betrieb gesehen hatte. Das, wovon ich schon immer geträumt hatte, die ganze Welt unter einem Dach, das fand ich an dem Nachmittag in Pantin. Ich stand bestimmt nur ein bis zwei Minuten dort, doch in diesen ersten 100 Sekunden tobten in meinem Inneren Tornados und Blitzgewitter der Freude.

In meinem komplett schwarzen Outfit, eingetaucht in Glück, bewegte ich mich zu einem der Räume, die mit einer Glasfront von der großen Halle abgetrennt waren. Dort entdeckte ich Dolly, die Assistentin. Mit einem riesigen Lächeln im Gesicht kam sie mir entgegen, umarmte mich und sagte etwas auf Französisch, um dann schnell auf Englisch umzuschalten und mit einem charmanten französischen Akzent ein »Welcome, you are now here!« hinzuzufügen. Noch während sie sprach, hakte sie sich bei mir ein und schob mich langsam in die Mitte des Raumes, um mir Lamine in der hintersten Ecke in einem Gespräch mit dem Schnittdirektor zu zeigen.

Die Musik, die aus der Mitte der Halle erklang, war laut und deutlich zu vernehmen. Es fühlte sich so an, als stünde der nigerianische Sänger Keziah Jones, den ich einmal in Hamburg live gesehen hatte, höchstpersönlich vor mir und würde mir seine Seele offenbaren. Keziahs Song »A Million miles from home« handelt davon, dass er unendlich weit von seinem Zuhause entfernt ist, obwohl er nicht genau weiß, wo das Zuhause eigentlich ist. Er möchte seine Seele freilassen, damit sie auf eine Entdeckungsreise geht, um den Weg nach Hause zu finden. Auf dieser Reise spricht die Seele mit dem Meer und tanzt mit den Wellen, liegt mal am Strand und tanzt mit der Sonne, um dann den Mond zu küssen. Er singt, gesegnet seien diejenigen, die wissen, woher sie kommen, und hofft, dass er den Weg findet oder der Weg ihn. Dieser Song passte perfekt zu dem Moment, weshalb er mir bis heute in Erinnerung geblieben ist.

Ein in einer dunkelblauen Hose, auf die mit schwarzer Schrift XULY.Bët gedruckt war, und einer grünen Armeejacke gekleideter Lamine kam auf mich zu und nickte mit der Musik im

Takt. »You made it!« Er hielt mich in einer langen Umarmung und streckte mir danach seine Hand hin für ein High Five. Er zeigte mir alles und stellte mich allen vor. Mit mir zusammen waren wir fünf Praktikantinnen, das gesamte Team bestand ungefähr aus 35 Personen, erzählte mir Lamine. Mali, Senegal, Kongo, Zentralafrika, Martinique, Guadeloupe, Japan, USA, Mexiko, Haiti, Nigeria, Benin, Eritrea, Kamerun, Japan, Vietnam, Frankreich, Deutschland, Kroatien, Schweiz, Österreich, Marokko, Algerien – Menschen aus all diesen Ländern waren in dem circa 1000 Quadratmeter umfassenden Gebäude vertreten. An meinem ersten Tag saugte ich diese vibrierende Energie, die mich empfangen hatte, bis in mein Knochenmark und in jede einzelne Muskel- und Nervenfaser auf. Trotz des Durcheinanders der Sprachen und Akzente, trotz der unterschiedlichen Herkünfte und Hintergründe, trotz der Altersunterschiede verband uns doch so vieles! Unsere Offenheit, die Neugier, die Kreativität brachten uns junge und alte Modemenschen zusammen und machten diesen Ort zu einer kunterbunten Minitraumwelt. Die Freude, das tun zu dürfen, was wir liebten, war allgegenwärtig, sie zeigte sich deutlich in den Gesichtern um mich herum. Pantin und das Atelier von XULY. Bët wurden zu einem großen und sehr wichtigen Teil meines Daseins. Noch immer habe ich viele wichtige Freundschaften aus der Zeit. Der Name des Labels war von den ersten Sekunden an Programm: XULY.Bët machte mich wachsam und öffnete mir buchstäblich die Augen.

Die erste Woche ging ich glücklich und zufrieden früh ins Bett, um am nächsten Morgen wieder schnell ins Atelier zu kommen. Lamine zeigte mir in dieser Zeit persönlich, wie ich die Maschinen zu bedienen hatte. Für jemanden, der noch nie in seinem Leben genäht hatte, lernte ich schnell. Schneiden und

Nähen, wovor ich großen Respekt hatte, wurden zu meiner Lieblingsbeschäftigung. Anfangs traute ich mich nicht, mit der großen Schneidemaschine die Stofflagen, die auf den Schnittmustern lagen, zuzuschneiden. Ich hatte Angst, die Stoffe aus Versehen zu zerschneiden und so unnötige Unkosten zu verursachen. Aber mit ein wenig Übung arbeitete ich mich geschmeidig durch die Stoffstapel.

So klar wie noch nie zuvor sah ich mich in der Mode. Was hatte ich für ein Glück! Nachdem ich das Erlebte in mein Tagebuch eingetragen hatte, lag ich nachts noch lange wach im Bett und grübelte. Ich holte den Tag in die Nacht, um das Erlebte wie ein Wiederkäuer auf der Weide Revue passieren zu lassen und alles noch mal genau zu inspizieren. Und immer wieder bestätigte ich mir, was für ein Glückspilz ich war.

Im Atelier, von meinem Arbeitsplatz aus, beobachtete ich manchmal einige mir bekannte Gesichter, die vorbeikamen, um etwas zu kaufen oder auszuleihen. Manchmal verschwanden sie in Räumen, aus denen dann lautes, lustiges Lachen drang. Einige dieser Gesichter grüßten laut und herzlich in den Raum, und erst als sie wieder gegangen waren, fiel mir der Name zum Gesicht ein. Einmal führte Lamine drei große Schwarze Frauen durchs Atelier. Als sie an meinem Platz vorbeikamen, stellte er sie kurz namentlich vor. Ich war allerdings viel zu verkrampft, um genauer darauf zu achten, und krächzte auch nur ein knappes Hallo hervor. Erst spätabends im Bett, kurz vor dem Einschlafen, wurde mir klar, wem ich da heute begegnet war. Waris Dirie! Eine der Damen war Waris Dirie, das somalische Model, dessen Buch »Die Wüstenblume« ich einige Zeit später las. So ging es Tag für Tag, Woche für Woche: Schauspieler:innen, Models, Musiker:innen besuchten immer wieder das Atelier, manchmal auch einfach nur, um dort abzuhängen.

XULY.Bët war nicht einfach nur ein Label, sondern ein Pil-
gerort. Es ging nicht nur um Klamotten und Mode, es ging um
einen Lifestyle. XULY.Bët war eine Familie, in der Überzeugung
und Selbstbewusstsein praktiziert wurden, Selbstwertgefühl
und Mut: Das war besonders wichtig für mich und die vielen
anderen, die wie ich in der Diaspora aufgewachsen waren und
ihr Plätzchen in der Welt noch nicht gefunden hatten. Menschen, die noch nicht wussten, wo sie hingehörten. Genau
diese Spezies nahm XULY.Bët an die Hand, klopfte ihnen auf
die Schulter, zeigte ihnen, wie man die Fühler ausstrecken
kann, und sprach ihnen Mut zu.

Die Wochen zogen schnell an mir vorbei. Mein strenger
Zopf hatte sich in einen Lockenkopf verwandelt. Ich war in
schwarzen Klamotten in Paris angekommen. In Hamburg trug
ich fast ausschließlich Schwarz. Der Grund dafür war, dass
ich mal einem Heiler begegnet war, der sich darüber beklagte,
meine Aura nicht lesen zu können. Meine schwarzen Klamotten hätten ihn daran gehindert, mich zu sehen. Schwarz wurde
ab diesem Moment meine Schutzfarbe, denn wenn mich sogar
ein Heiler nicht lesen konnte, was hält Schwarz dann noch
alles ab? Böse Blicke und unerwünschte Menschen ja vielleicht.
auch.

Doch schon nach kurzer Zeit in Paris merkte ich, dass mein
Schutzanzug sehr schwer wurde. Ich verstand, dass die Rüstung
gar nicht nötig war, sehnte mich nach Farbe und einem allum-
fassenden Gefühl der Befreiung. Ich fühlte mich wie ein Schmet-
terling, der seinen Kokon abgestreift hatte und nun bereit war,
sich in seinen prächtigsten Farben zu zeigen. Auch meine Befan-
genheit, allein im Café oder in Restaurants zu sitzen und ohne
Gesellschaft zu Abend zu essen, war nach einigen Tagen nach
meiner Ankunft verflogen. So als hätte ich nie etwas anderes ge-

macht, ging ich nach der Arbeit an manchen Abenden allein ins Café L'Industrie, genoss mein Pelforth Brune und schrieb meine Gedanken nieder. Ich genoss das Gefühl, dass mich keine Menschenseele kannte und dass ich mir ein ganz neues Ich zulegen könnte. Ich hatte sehr viel Spaß mit mir allein und beschäftigte mich intensiv mit meinem Selbst. Wie großartig es sich doch anfühlte, sich selbst anders kennenzulernen! Ich dachte nächtelang darüber nach, was ich an den Blicken anderer ablas und warum ich in welcher Situation so reagierte, wie ich es tat. Mich beschäftigte allgemein, in welchem Verhältnis das Alleinsein zum Gemeinschaftsgedanken stand. Durch das Erkennen und Annehmen meines Selbst als neugierige, offene, junge Frau mit großer Freude an der Mode konnte ich mit mir einen Einklang finden. Meine eigene Reise zu mir und die Entdeckung der Gemeinschaft XULY.Bët gingen Hand in Hand.

An einem dieser nachdenklichen Abende fing ich an, mir das Wort »allein« in den verschiedenen Sprachen genau anzuschauen, in Englisch, Französisch und Deutsch, ALLEIN, ALONE, TOUT SEUL. Das Wort besteht in allen drei Sprachen aus allem und einem, aus allem und nichts.

ALL Ein
Alles und Eins oder
das All und Eins.
mit dem ALL eins sein.
mit dem All verschmolzen sein.

Zwei Welten verbanden sich in diesem Wort, und sie verbanden sich in Paris auch in mir. Das Alleinsein half mir, meine Gedanken zu sortieren. Meinen Weg zu fokussieren.

ALLEIN, das lernte ich in Paris schätzen. So allein und völlig leer, sich ganz leicht in der Haut zu fühlen, fast so leicht wie eine Feder. Einfach nur mit sich selbst zu sein. Und zu erkennen und anzunehmen, dass wir uns selbst immer haben. Ob wir uns mögen oder nicht. Ob wir uns lieben oder nicht. Es gibt keinen Weg, wie wir das eine Ich gegen ein anderes Ich eintauschen könnten. Dass unser Ich die einzige Person ist, vor der wir nicht fliehen können. Dass wir mit unserem Ich für immer und ewig zusammen sind. Dass wir, wenn wir allein sind, uns mit uns anfreunden und uns selbst akzeptieren können. Zu uns gut sein. Denn die meiste Zeit sind wir zu uns am strengsten, viel strenger als zu unseren Mitmenschen. Fordern immer viel von uns. Wir sind manchmal so streng zu uns selbst, dass wir uns mit schlechtem Gewissen und Unzufriedenheit bestrafen. Oder uns selbst betrügen, indem wir uns für andere verbiegen. Um zu gefallen. Ob wir uns selbst gefallen, wird meist zur Nebensache. Wir können unzufrieden oder unglücklich sein und alles auf andere abschieben. Nur bringt es meist nichts, die Schuld an seinem eigenen Dilemma anderen in die Schuhe zu schieben. Unsere Unzufriedenheit und Freudlosigkeit tut uns selbst am meisten weh. Ich zog in diesen ruhigen, stillen Abenden viel Kraft und Stärke aus meinem Nachdenken über das Alleinsein.

All diese Gedanken kreisten um mich. Mir wurde bewusst, dass ich anderen nicht mehr gefallen wollte. Dass ich mich nicht mehr selbst belügen wollte. Ich wollte mich an erster Stelle mit mir selbst anfreunden. Wollte nur mir selbst gefallen, meine eigene beste Freundin sein. Mich mit viel Vertrauen und Bewusstsein überschütten. Mich mit Liebe, tiefer, inniger Selbstliebe, umhüllen. Denn eins wurde mir in Paris klar: Wo auch immer ich hinrannte, ich wurde mich selbst nicht los, war immer da. Egal, wie ich es drehe oder wende, die Tatsache bleibt bestehen, dass ich mit mir zusammen bin. Also bin ich zuerst am freundlichsten zu mir selbst. Liebe und Selbstliebe: der Schlüssel für alles.

VON RUNAWAY ZU RUNAWAY

XULY.Bët und die Mode wurden zu meiner neuen Heimat. Ich lebte meinen Traum. Die Mode, die ich zunächst noch als etwas Oberflächliches empfunden hatte, war nun mein Hauptlebensinhalt. Ja, ich hatte Mode in meinem Studium und in meiner Teenagerzeit ungerechterweise in eine Ecke katapultiert, in der nur das Flache, nicht Tiefgründige und Nichtssagende vorherrschten. Aber Mode ist doch das, was unser Leben auf allen Ebenen beeinflusst. Jeden Morgen stehen wir auf und machen uns Gedanken, wie wir uns der Welt an diesem Tag präsentieren möchten. Welche Geschichte erzähle ich heute, wie beschütze oder befreie ich meinen Körper? Wir machen uns Gedanken darüber, welche Farben zu uns passen und welcher Stoff unserem Körper schmeichelt. Mode macht uns, ob wir es wollen oder nicht. Klein-Bisrat in einem Stoffgeschäft im Sudan bot die Aussicht auf ein unpraktisches, leuchtend rotes Kleid mit Rüschen einen Ausweg aus dem Alltag in der Fremde. Mode diente mir als Zufluchtsort, als temporäre Heimat. Und dieses Gefühl überrollte mich in Paris erneut, nur viel ernsthafter: Mode lässt uns träumen und bringt uns so an Orte, die wir sonst nicht erreichen könnten. Im richtigen Kleid können wir uns vorstellen, wir wären die Königin von Paris und würden in einem Schloss leben, auch wenn wir nur in einem Chambre de Bonne wohnen. Mode gibt uns die grenzenlose Freiheit, uns immer wieder neu zu erfinden. Angefangen bei der Kleidung, über Schmuck, Haarfrisuren, Schminke, Gestik und Mimik ist auch Mode ein Medium der Geschichts- und Geschichtenerzählung – und gleichzeitig ein System des Ein- und Ausschließens, ein Konstrukt, das Gesellschaften in Klassen unterteilt. Sie dient der Entfaltung in sämtliche vorstellbaren Richtungen und kann auch als äußerliches Zeichen der inneren Haltung interpretiert werden. So wie der Goth, der mit seiner Kleidung ein bestimmtes Signal sendet, der Skinhead oder die feine Dame. Kleidung ist ein Nachrichtenträger. Empfänger dieser Sprache ist nicht das Ohr, sondern, wie bei Gestik und Mimik auch, das Auge. Diese Art der visuellen Kommunikation ist sehr wichtig und ernst zu nehmen, da sie noch vor jeder verbalen Kommunikation stattfindet. Mode kann viele Worte überflüssig machen. Mit der Mode fand auch ich meine Sprache. Als ich noch kein Deutsch sprach, konnte ich nicht die sein, die ich eigentlich bin. Ich weiß um den Wert von Sprache. Und diese Sprache – Mode – entdeckte ich für mich. Das Schönste an ihr ist, dass diese Sprache potentiell jede und jeder lernen kann. Alle Menschen aus sämtlichen Ländern der Welt können sie sprechen oder ihre eigene Interpretation geltend machen.

Nach fast zwei Monaten Praktikum bei XULY.Bët, nachdem ich in Schnitterstellung, Design, Fertigung und Vertrieb reinschnuppern durfte, war ich mir mehr als hundertprozentig sicher, dass ich Modedesignerin werden wollte. Modedesign in Deutschland studieren und irgendwann in Paris arbeiten, so lautete nun mein Plan. Paris verließ ich mit unzähligen neuen Freundschaften – und der Gewissheit, wo es nun langgehen sollte.

Zurück in Lübeck kündigte ich mein WG-Zimmer, exmatrikulierte mich und bewarb mich parallel sowohl an der Hochschule in Hannover als auch an der Modeakademie JAK in Hamburg. Von beiden Institutionen erhielt ich eine Zusage, von der JAK bekam ich zusätzlich ein Begabtenstipendium, was hieß, dass die Schulgebühren für mich komplett wegfielen. Dies erleichterte mir die Entscheidung, und nach Hannover wollte ich eigentlich sowieso nicht zurück. Ich nahm das Stipendium an.

Acht Semester lang durfte ich mich Themen wie Textilien, Mode und Menschen widmen. Ich erlernte von Schnitterstellung über das Entwerfen und auch Anfertigen von Kollektionen bis hin zu Marketing, Aktzeichnen und Textilkunde alles, was mit Mode zu tun hat. Wenn ich – tagsüber in der Akademie oder abends zu Hause – in Zeitschriften Fotos Schwarzer Models fand, schnitt ich sie aus und klebte sie sorgfältig in eine Inspirationsmappe. Es war eine Seltenheit, Schwarze Models in Modestrecken oder Kampagnen zu finden; meist waren es Fotos von Pariser, Londoner oder New Yorker Modenschauen. Meine Favoritinnen waren Iman, Debra Shaw, Chrystelle, Katousha oder Roshumba. Ich hatte für jede Einzelne eine extra Kartei angelegt. So konnte ich mich bei den Figurinen[17] an den Körpern und perfekten Haltungen der Supermodels für meine Entwürfe und Illustrationen orientieren. Der Alltag an der Akademie hingegen, mit seinen Kursen, Seminaren und Messebesuchen, glich eher einer Telenovela als einem ruhigen Studienalltag. Ich erinnere mich, wie eine Studentin einer anderen die Mappe klaute, damit diese keine gute Note bekam. Mir war es wichtig, mich von gehässigen Mappendiebstählen oder sogar Mappenvernichtungen, von Klatsch und Tratsch fernzuhalten. Ich hielt mich hartnäckig an meinen Plan: meinen Abschluss zu machen und nach Paris zu gehen.

Mein Entschluss, in Paris Wurzeln zu schlagen, festigte sich noch mehr, nachdem eine meiner Dozentinnen meine Entwürfe bemängelt hatte. Nicht dass ich Probleme mit Kritik habe. Absolut nicht, wenn es denn eine konstruktive Kritik wäre. Aber dem war nicht so. Meine Figurinen hatten Afrofrisuren. Die Dozentin markierte die Haare mit einem roten Stift und versah sie mit der Bemerkung, dass dieser Mopp hässlich sei und es sich auch nicht um Haare handele. Sie forderte mich tatsächlich auf, den Figurinen »richtige« Haare zu zeichnen. Was nichts anderes bedeutete, als dass sie aussehen sollten wie die Haare weißer Menschen. Stumpf radierte ich die Afrohaare weg und zeichnete meine Figurine mit einer Glatze.

Dank Frau Kunz, der Direktorin, zog ich mein Studium durch. Sie unterstützte mich immer und hielt sich auch an meine Bitte, mit meinem Stipendium diskret umzugehen. Von meinem Kommunikationsdesign-Studium wusste ich, was es für ein Konkurrenzgehabe bezüglich eines Stipendiums geben kann. Ich wollte Eifersüchteleien aus dem Weg gehen und ein ständiges »Die oder der haben das Stipendium nicht verdient. Ich bin besser und verlange auch ein Stipendium!« vermeiden.

Nach dem Studienabschluss näherte ich mich meinem Paris-Plan in kleinen, aber zielsicheren Schritten. Im Herbst 2000 mietete ich mir im 11. Arrondissement erneut ein Chambre de Bonne, ein Zimmer unterm Dach. Diesmal eröffnete sich mir in der siebten Etage – ohne Fahrstuhl wohlgemerkt – der schönste Blick über Paris. Die atemberaubende Aussicht auf den Eiffelturm (und, wenn ich mich richtig weit aus dem Fenster lehnte, sogar auf Sacré-Cœur) machte die ungnädige Zimmergröße von 14 Quadratmetern wieder gut.

Ich wohnte nun in der Rue Jean-Pierre Timbaud, benannt nach dem französischen Gewerkschafter und Widerstandskämpfer, der von den Nazis ermordet worden war. Die Gegend war ein lebendiger Schmelztiegel der Kosmopolit:innen. Direkt vor meiner Haustür erlebte ich, ganz ähnlich wie damals auf unserem Hof in Gedaref im Sudan, das Zusammenleben sämtlicher Nationen, Sprachen und Religionen. Christen, Buddhisten, Juden, Muslime, Künstler, Arbeitslose, Beamte, Handwerker, Jung und Alt, die ganze Welt in dieser einen Straße vereint. Ateliers, Restaurants, Bars, Moscheen, Kirchen, Kulturinstitutionen, Modeboutiquen reihten sich dicht an dicht und inspirierten sich gegenseitig.

Mein Zimmer in einer Zweier-WG mit einem alten Freund in Hamburg behielt ich weiterhin und pendelte nun zwischen den beiden Städten. Eines Tages erhielt ich über eine Agentur die Einladung, Kleidung zum Thema »Fashion and Technology« zu entwerfen. Ich setzte mich sofort daran, meine Entwürfe wurden ausgewählt und konnten realisiert werden. Daraus entstand eine kleine Fotostrecke, die im weltweit vertriebenen Sony-Magazin veröffentlicht wurde. Daraufhin erhielt ich aus allen Ecken der Welt E-Mails, Zuspruch und positive Reaktionen, was mir wiederum bestätigte, dass ich auf dem richtigen Weg war. Unter anderem trafen einige Mails mit weiteren Einladungen bei mir ein. Eine war die zu einer Konferenz in der Schweiz, die den gleichen Titel trug wie der ursprüngliche Auftrag: »Fashion and Technology«. Menschen aus der Tech- und Modebranche sollten sich treffen und erörtern, inwiefern sich diese beiden Bereiche gegenseitig beeinflussten. Es waren zahlreiche renommierte Labels eingeladen, wie Freitag, die Schweizer Firma für nachhaltige Messengertaschen, und der Pariser Modedesigner Olivier Lapidus, der in der zweiten Generation das Couture-Haus seines Vaters leitete und selbst über Mode und Technologie forschte. Er hatte bereits 1986 als erster Modedesigner weltweit eine Solarenergiejacke mit GPS und Mobiltelefon entwickelt. Mit diesen Gesprächspartnern war ich als Sprecherin und einzige Frau zu der Konferenz eingeladen. Ich war nervös.

Während meines Studiums musste ich diverse Referate und Präsentationen halten, aber bis dahin war ich nie als Speakerin irgendwo aufgetreten. Und ehrlich gesagt war ich von jeder Ambition befreit, mich derartigen Menschenmassen auszusetzen, egal zu welchem Thema. Der Gedanke allein war schon eine Qual für mich. Sicherlich könnte ich durch Übung oder Rhetorikseminare schnell alle Grundlagen erlernen, aber es hatte mir noch nie Freude bereitet, vor Publikum zu sprechen. Sosehr ich mich über die Einladung freute, so schwer fiel mir die Entscheidung, zu- oder abzusagen. Im Gegensatz zu meinem Bruder, der ein hervorragender Redner und ein absoluter Bühnenmensch ist, oder zu meiner jüngeren Schwester, die einen ganzen Saal unterhalten kann, bin ich eher wie ein Baum. Ich gebe gern Schatten und schenke genauso gern mein Gehör, aber einen Baum als Sprecherin einzuladen ist kompliziert. Engste Freund:innen und meine Familie bestärkten mich, die Einladung trotzdem anzunehmen, um die Erfahrung zu machen. Nach dem Motto: No risk, no fun! Und wer wüsste schon, wohin es führen könnte. Also ließ ich mich überzeugen und bereitete mich vor. Das war im Februar 2001.

Für die Konferenz erweiterte ich die Sony-Entwürfe zu einer zehnteiligen Kollektion und thematisierte Mode und Technologie, diesmal aber im Zusammenhang mit urbanem Nomadismus sowie Mode als Medium für die Verständigung zwischen verschiedenen Völkern. Ich stellte eine Jacke vor, in die Sprachsensoren eingearbeitet waren, die Simultanübersetzungen übernehmen können. Trug man diese Jacke, könnte man überall auf der Welt mit anderen Menschen ins Gespräch kommen. So könnte Mode auch ganz handfest zur Völkerverständigung beitragen. Das war vor dem iPhone und Google Translate. Um die 400 Leute saßen im Konferenzsaal in Lausanne, mein tägliches Üben vor Freund:innen hatte sich ausgezahlt. Gäste und Gastgeber bedankten sich für meinen Vortrag, und der Pariser Couturier und sein Partner gaben mir ihre Kontaktdaten und baten um ein Treffen. Als wir später in Paris zusammenkamen, fragten sie mich, ob ich mir vorstellen könnte, als Designerin für ihre Firma zu arbeiten. Nach weiteren Sondierungstreffen in Paris und Hamburg willigte ich ein.

Doch nach meinem Gespräch mit dem Firmenanwalt erhielt ich statt eines Vertrags einige Wochen später einen aufgeregten Anruf vom Couturier selbst. Er müsse mich unbedingt persönlich sprechen! Irgendetwas war vorgefallen und sehr viel Geld im Spiel. So saß ich dann einige Tage später bei ihm zu Hause in einem Pariser Nobelviertel auf einem überwältigenden Balkon und hörte mir die abenteuerliche Geschichte an. Meine Ohren wurden heiß, und ich wunderte mich, in was für einer Situation ich gelandet war. Der Couturier und Erbe des Modehauses erzählte mir, dass sein Partner und sein Firmenanwalt ihn um Millionen betrogen hätten. Da ich mit den beiden in Hannover einen Lieferanten getroffen hatte und dazu nähere Auskünfte geben konnte, bat er mich, als Zeugin vor Gericht auszusagen. Er wirkte zutiefst verzweifelt und entschuldigte sich, dass er mir den angebotenen Posten im Moment aus finanziellen Gründen nicht geben könne. Das war eine große Enttäuschung für mich. Ich verfluchte die beiden Diebe. In meine Gespräche mit ihnen war viel Zeit geflossen, aber mir wäre niemals in den Sinn gekommen, dass es sich um Betrüger handelte. Kriminelle. Ich nahm es sehr persönlich, denn sie hatten mir eiskalt ins Gesicht gelogen. Alle Verhandlungen waren fake gewesen, ich war nur eine Statistin in ihrem verlogenen Schauspiel. Sogar über die Ausstattung meines Büros hatten wir bereits gesprochen. Der Couturier erzählte mir von seiner Tante, die selbst eins der renommierten Couture-Häuser in Paris leitete, und bot an, mich ihr vorzustellen.

An einem Nachmittag lernte ich diese Dame privat bei einem Kaffee kennen, mit ihren rot toupierten Haaren und ihrer extravaganten Brille bestätigte sie mir das Bild einer exzentrischen, alten Pariser Designerin. Sie war freundlich und zuvorkommend, und ich sollte mich auf jeden Fall bei ihr melden. Was ich nie tat. Spätestens nach diesem Kaffeekränzchen stand für mich fest, dass ich mich selbstständig machen wollte. Ich plante, mein eigenes Label zu gründen und meine eigene Chefin zu werden. Diese Überzeugung basierte einerseits auf meinem Bauchgefühl und andererseits auf Ratschlägen von befreundeten Designer:innen, die alle von der großen Freiheit schwärmten, die eine Selbstständigkeit mit sich brachte. Wildentschlossen fing ich an, mich zu diesem Thema zu informieren und Stoffe zu kaufen, um eine Kollektion auf die Beine zu stellen.

In Hamburg, wo meine Nähmaschinen noch standen, fing ich an, einige Teile zu nähen und sie in Pariser Boutiquen zu verkaufen. Immer nur kleine Stückzahlen, so viel ich nähen konnte. Einmal sah ich eine Frau in einem meiner Schnitte auf der Straße. Ich erkannte den einzigartigen und unverkennbaren Rockschnitt sofort, dieses Exemplar hier war aber aus einem völlig anderen Stoff gefertigt. Ich erlaubte mir, dieser Frau hinterherzulaufen, ihr ein Kompliment zum Rock zu machen und nach seiner Herkunft zu fragen. Sie verstand kein Deutsch und war nur zu Besuch in Hamburg. Sie kam aus Paris und hatte den Rock dort im Sentier gekauft. Wie ärgerlich! Sentier ist ein Pariser Stadtteil, der aus Straßen voller Großhändler:innen mit billiger Mode aller Art besteht und damit der Inbegriff für »Fast Fashion«-Massenware ist. Die Schnitte sind meist gut, aber die

Stoffe billig. An den Türen der Läden im Sentier hängen Schilder mit »vente en gros«, was Zutritt nur für Großeinkäufer:innen bedeutet. Einige Läden machen Ausnahmen, wenn man höflich fragt, und verkaufen auch ohne Mindestabnahmebedingungen. Sie arbeiten mit Kopist:innen, Leuten also, die in den kleinen Boutiquen rumwühlen, Storechecks betreiben und kleine frische Designer:innen beäugen, um sie dann zu kopieren. Das ist der Nachteil, als neues, kleines Label auf den Markt zu kommen, denn die Mode ist schnell, und die Kopist:innen sind immer gleich an Ort und Stelle, um Unverbrauchtes aufzusaugen und zu vertausendfachen. Mein Rockschnitt begegnete mir von da an überall, in allen möglichen Farben und schäbigen Textilien. Vor der Begegnung mit der Frau in Hamburg hatte ich so einen Rock, so einfach der Schnitt auch sein mochte, noch nie zuvor irgendwo gesehen. Dabei kann man davon ausgehen, dass es in der Mode nichts gibt, was es vorher nicht schon gegeben hat. Es sei denn, es ist ein Hightechstoff, der schlimme Krankheiten wie Lipödem oder Rheuma heilen kann.

Trotz Kopist:innen ließ ich mich nicht abschrecken und plante weiterhin, dauerhaft in Paris Fuß zu fassen. Aber nur kurze Zeit später wurde ich erneut auf die Probe gestellt, und meine Pläne gerieten bei einem Überfall kurzzeitig etwas durcheinander. An einem schönen, sonnigen Nachmittag im Herbst eilte ich zu einer Verabredung mit einem alten Freund, den ich aus Hamburg kannte und der nun schon länger in Paris lebte. Als mein Telefon klingelte und ich seinen Anruf entgegennahm, knallte mir wie aus dem Nichts eine Hand ins Gesicht, und eine andere schubste mich zu Boden. Ich landete direkt neben der heißen Tonne eines Maronenverkäufers. Die Diebe sprinteten davon, mein silbernes Klapphandy mit ihnen. Während ich auf der kalten, dreckigen Pariser Straße lag und mich langsam wieder aufrappelte, war weit und breit keine einzige Menschenseele zu sehen, die auch nur den Anschein machte, mir zu helfen. Nicht einmal der Maronenverkäufer. Am helllichten Tag, vor dem »Café Soleil« auf der Avenue Parmentier, wo Hunderte sonnenhungrige blasse Gesichter die letzten Sonnenstrahlen auffingen, gab es nicht eine Person, die mir helfen wollte. Stattdessen entdeckte ich Schaulustige und Neugierige, die gespannt darauf warteten, was ich wohl als Nächstes machen würde.

Die fehlende Zivilcourage schockierte mich, dass es heutzutage in dieser Gesellschaft keinen auch nur ein Körnchen kratzt, wenn jemand abgemurkst wird. Als mir dies bewusst wurde, stand ich ruckzuck wieder auf meinen High Heels, um den Dieben hinterherzusprinten: »Hold them! Arrêtez-les!« Ich schrie mir meinen Schreck von der Seele. Bis mich plötzlich eine Hand am Ellenbogen packte und sagte: »Ey, ey, ey, lass sie laufen! Das ist gefährlich. Lass sie laufen, es ist nur ein Telefon, wer weiß, was sie dabeihaben – vielleicht ein Messer –, lass sie laufen!« Ein älterer Mann Ende fünfzig stand vor dem Kiosk an der Ecke, rüttelte mich wieder in die Realität zurück und ließ mich erst weiterziehen, nachdem er sich vergewissert hatte, dass ich mir nichts getan hatte und nicht hinter den Typen herjagen würde.

Reflexartig suchte ich nach meinem Telefon. Ich musste unbedingt jemandem erzählen, was mir gerade passiert war, und meiner Verabredung Bescheid geben, dass ich mich verspäten würde. Schnell stellte ich jedoch fest, dass ich wirklich telefonlos war und ich mir den Überfall nicht eingebildet hatte. Hätte der Pariser Asphalt Gefühle, er würde sich wahrscheinlich immer noch beschweren, denn meine Wut trat ich mit meinen Absatzschuhen tief in den Boden. Ich ging – so schnell es mir in diesen Schuhen möglich war – zurück nach Hause. Außer

Atem kam ich in der siebten Etage an und klingelte bei meiner Nachbarin. Von ihrem Telefon aus sagte ich zuerst meine Verabredung ab. Danach rief ich meinen guten Freund Patrice an, der begnadeter Singer-Songwriter ist und für ein Konzert am selbigen Abend in Paris war, das ich unbedingt besuchen wollte. Patrice ist ein großartiger Künstler, seine Musik ist vielseitig und jedes Album eine Überraschung. Immer wieder erfindet er sich mit der Musik neu und füllt europaweit Hallen. Ich erzählte ihm meine Überfallgeschichte und erklärte, dass ich unbedingt mit ihm im Tourbus nach Hamburg zurückfahren müsste. Nach meinem Diebstahlnachmittag war es wie ein Geschenk, mit Freund:innen, bei denen ich mich sicher aufgehoben fühlte, zusammen zu sein. Glücklicherweise hatte er sogar noch genau einen Platz frei – das wurde meiner.

Ich kam sehr früh auf dem Konzertgelände an, und es überraschte mich nicht, dass Patrice meine Geschichte bereits seinem Manager und Ricky, dem Soundingenieur und ebenfalls ein guter Freund von mir, erzählt hatte. Mit Humor versuchten sie, mich aufzuheitern: »Bissy, hoffentlich hast du es denen gezeigt, mit WingTsun oder so. Huuaa!« Patrice machte eine akrobatische Verrenkung, und alle lachten. Mein Schrecken war wie weggezaubert, ich war nur froh und glücklich, mit Freund:innen einen Abend mit Musik zu verbringen und dann die Stadt zu verlassen. Noch an dem Abend lernte ich Joy kennen, eine große, hübsche Afrodeutsche, mit dem breitesten Grinsen aller Zeiten und ein Strahlen wie die Sonne. Auf der Fahrt nach Deutschland quatschten wir viel und versprachen, uns in Hamburg zu treffen.

Da ich genau in der Zeit eine Anfrage für einen Stylingjob hatte, blieb ich für einige Wochen in Hamburg. Joy kam wie versprochen vorbei, als Überraschung hatte sie ihre Gitarre dabei. Während ich ein Teil nach dem anderen nähte, spielte sie mir einige Songs vor. Sie hat eine bezaubernde Stimme und eine überwältigende Ausstrahlung. Wir verstanden uns so gut, als würden wir uns schon unser ganzes Leben kennen. Das war der Anfang einer tiefen Freundschaft. An dem Nachmittag überzeugte ich Joy, mit mir nach Paris zu kommen und auf meiner nächsten Modepräsentation ein Konzert zu geben. Wir beide waren ganz begeistert von der Idee und hüpften wie Fünfjährige auf der Stelle.

An diesem gemeinsamen Teenachmittag hörte ich zum ersten Mal einen selbst geschriebenen Song von Joy, »Watching you«. Bis dahin kannte ich nur die Coversongs, die sie sang, und einige ihrer deutschsprachigen Lieder. Melodie und Text berührten direkt meine Seele. Ihre sanfte und unverkennbare Stimme hatte etwas Melancholisches, gleichzeitig sprühte sie vor Freude und Entschlossenheit. Überzeugt von meinem Bauchgefühl sagte ich ihr, dass sie nicht auf Deutsch singen sollte. Dass ihr, wenn sie auf Englisch sänge, eine große internationale Karriere bevorstehen würde. Von dem Tag an hatte ich ihre Demo-CD immer in der Tasche, und egal wo ich war, bei Freund:innen, in Cafés, Restaurants oder Bars, ich bat die Leute, sich diese sagenhafte Stimme anzuhören. Überall ließ ich Ayo laufen, so lautet ihr Künstler:innenname.

Vier Monate später, im März 2002, war es so weit: Mithilfe meines besten Freundes Brahim, der selbst in der Mode tätig war und ebenfalls ein Herz für Musik hatte, organisierte ich ein Defilee[18] mit meiner Mode und einem Konzert von Ayo. Das war ihr erstes Konzert in Paris. So fing es an, dass ich für ihre Auftritte Outfits entwarf und sie auf meinen Shows auftrat.

Brahim hatte ich während meines Praktikums bei Lamine kennengelernt. Er war ein höflicher und eher entspannter Typ, jemand, mit dem ich mich stundenlang über politische, künstlerische oder philosophische Themen unterhalten konnte. Am liebsten jedoch unterhielten wir uns ausgiebig über Musik. Er hatte mir viele Menschen in Paris vorgestellt, er wusste immer Bescheid, wo gerade die coolste Party stattfand. Jeder Abend, an dem wir zusammen etwas unternahmen, steckte voller Überraschungen. Obwohl er nie tanzte oder Alkohol trank und nur wenig von sich preisgab, war es immer amüsant mit ihm. Irgendwann rief Brahim mich mitten in der Nacht an und fragte:»Bisrat, ich kann nicht schlafen. Ich grüble die ganze Zeit nach. Kannst du mir sagen, was Liebe ist?«»Echt jetzt, deshalb reißt du mich aus dem Schlaf?« Ich würgte ihn ab, doch tatsächlich beschäftigte mich seine Frage noch eine ganze Weile. Ob er Liebeskummer hatte oder ihn die philosophische Fragestellung reizte, verriet er mir nicht. Er steckte mich jedenfalls mit seiner Neugier an.»What is Love?« Ich begab mich auf die Suche, ich wollte für meinen Freund Antworten finden.

Jedes Mal, bevor ich aus dem Haus ging, steckte ich mir viele kleine Zettel und ein, zwei Stifte in die Tasche. Gut vorbereitet ging ich in die Welt hinaus. Mein Plan war, alle Menschen, die mir über den Weg liefen, zu bitten, ihre Gedanken zum Wesen der Liebe auf die Zettelchen zu schreiben. Jede Gelegenheit nutzte ich, um viele möglichst unterschiedliche Antworten einzufangen. Bei Verabredungen im Café oder Restaurant verteilte ich die Zettel und bat die Gäste, mir dabei zu helfen, meinem Kumpel Antworten zu liefern. Alle machten mit. Einige schmunzelten und lieferten nur eine Zeichnung oder schrieben nur ein einziges Wort, aber alle machten mit.

Im Zug, an der Bushaltestelle, Freund:innen von Freund:innen, ich fragte jede und jeden. Die Reaktionen der Menschen waren rührend. Alle waren bemüht zu helfen, niemanden ließ die

Frage kalt. Verständlich. Ja, eigentlich fragen wir uns doch alle, was die Liebe ist. Was ist es denn? Eins wissen wir schon mal, sie ist eine Sie! Jedenfalls ihrem Artikel zufolge. *Die* Liebe. Auch im Französischen ist sie eine Sie. Ob in der Musik, der Malerei oder der Literatur, die Frage war seit Menschengedenken immer schon allgegenwärtig. Auf meiner Suche, wie viele Lovesongs es weltweit gäbe, spuckte mir Google über 100 Millionen aus. Die Aktion machte mir so viel Spaß, dass ich am liebsten die ganze Welt befragt hätte. Nach einer Weile hatte ich eine Menge Zettel gesammelt. Ungefähr 120 Antworten packte ich in eine mittelgroße hübsche Box und überreichte sie Brahim. Er schüttelte nur den Kopf, während wir uns die Antworten gegenseitig laut vorlasen, die alle unterschiedlich waren. Liebe ist Treue. Liebe ist Vertrauen. Liebe ist Glaube. Liebe ist Geben ohne Nehmen. Liebe ist Magie und ungreifbar. Auf meine Frage, ob er denn jetzt seine persönliche Antwort gefunden hätte, grinste er nur geheimnisvoll. So ganz konnte ich ihn nicht durchschauen. Obwohl wir uns sehr viele Jahre kannten, gab es immer eine unsichtbare Grenze, die ich nicht überqueren durfte. Warum er auf der Suche war, verriet er nie. Aber ich akzeptierte seine Verschwiegenheit.

Ein halbes Jahr später, im September 2003, zog Joy zu mir nach Paris in meine 35 Quadratmeter kleine Bude. In der Zwischenzeit war ich vom 11. Arrondissement in das 13. auf die linke Seite der Seine – Rive Gauche – gezogen. Mein neues Viertel, das La Butte aux Cailles, lag wie ein verwunschenes Dörfchen auf einem Hügel. Dort gab es kleine bunte Häuschen und viele hübsche Gärten. Ganz in der Nähe befand sich Europas größtes Chinatown.

Die Wohnung war in Schlaf-, Wohn- und Arbeitszimmer, eine kleine Wohnküche und ein Badezimmer mit einer Badewanne unterteilt. Das Schönste an der Wohnung war, dass sie hell war und dass eine komplette Wand aus einer Fensterfront bestand, die nach Süden hin angelegt war. Sie befand sich in der ersten Etage, und wenn ich im Sommer alle Fenster aufriss, fühlte ich mich wie auf einer großen, sonnendurchfluteten Terrasse. Ging man aus dem dreistöckigen Haus mit der blauen Tür hinaus und ein paar Meter nach links, war man direkt auf der Place de la Butte mit ihren Cafés und Restaurants. Der Platz glich einer Filmkulisse, und ich fand dort die beste Boulangerie und das beste italienische Restaurant der Stadt. Ich war ganz verliebt in meine Wohnung und mein neues Viertel.

Sechs Monate lang teilten sich Joy und ich die Bude und viele kreative Abende. Sie feilte an neuen Melodien, und ich arbeitete an meinen neuen Schnitten. Als ich an meiner ersten Kollektion arbeitete, die ich offiziell präsentieren wollte, schrieb Joy an ihrem ersten Album, »Joyful«. Ich hatte zwar schon zwei Kollektionen angefertigt, die in Pariser Boutiquen verkauft wurden, aber noch keine offizielle Präsentation veranstaltet. Meine nächste Kollektion »Choose your way – different each day« sollte meine erste offizielle Modepräsentation sein, mein erstes offizielles Defilee. Dieses Ereignis wurde im Modekalender des »Chambre Syndical de la Mode« angekündigt. So erreichte es alle in der Modebranche.

Mit dem Umzug ins 13. Arrondissement hatte ich neben meiner Mode angefangen, als Redakteurin für CLAM zu arbeiten. CLAM, herausgegeben von dem Filmemacher Andy Amadi Okoroafor, ist ein Lifestyle- und Modemagazin, das einmal im Quartal erschien und international vertrieben wurde. Die Arbeit erlaubte mir als Stylistin, frei diverse Modestrecken in meinen beiden Städten, Hamburg und Paris, zu produzieren. Andy rief mich eines Abends an, um mir zu erzählen, er hätte mich für einen Designjob vorgeschlagen, da mich das interessieren könnte. Er wusste, dass es für mich eigentlich feststand, kein Anstellungsverhältnis einzugehen, dennoch war ich neugierig. Das Gespräch würde in einem Hotel in der Nähe der Champs-Élysées stattfinden, man würde mich erwarten. Die Person, für die ich arbeiten würde, bewunderte ich schon seit vielen Jahren, viele meiner Freund:innen waren ebenfalls große Fans. Meine Mappe für die Besprechung fest in der Hand, schritt ich aufgeregt in die Hotellobby. Mit meinem grünen Ledermantel und meinen violetten High Heels wollte ich meine Freude über das bevorstehende Treffen zum Ausdruck bringen. Vom Hotelpagen ließ ich mich bis ins Café begleiten, wo ich mich auf einer überdimensionalen Couch niederließ. Ich wartete gespannt und legte mir meine Worte für die Begrüßung zurecht. Das Gespräch sollte auf Englisch stattfinden. Ein Vorteil an der englischen Sprache ist, dass ich mich nicht zu entscheiden brauchte, ob ich die Person duzen oder siezen sollte. Ich reckte meinen Hals, um nach der Verabredung Ausschau zu halten. Sie und ihre Assistentin waren zu spät. Damit ich mir sicher sein konnte, dass sie nicht am anderen Ende des Cafés warteten und ich sie womöglich nicht gesehen hatte, stand ich auf und sah mich um.

Zwanzig Minuten waren vergangen, als zwei Frauen das Café betraten. Eine war klein und unscheinbar. Ein viel zu großer Mantel verschluckte ihren gesamten Körper, und nur ihr kleines Gesicht schaute unter einer Mütze raus. Sie sah ziemlich mitgenommen aus. Die andere, größere Frau dagegen strahlte in einer förmlichen, aber legeren Kleidung eine einladende Freundlichkeit aus. Zuerst hatte ich sie nicht erkannt, erst beim zweiten Hingucken war mir klar, dass es mein Termin war. In kleinen und schnellen Schritten ging ich auf die Frauen zu und stellte mich vor. Die große, so wie ich sie auch schon aus der Ferne eingeschätzt hatte, begrüßte mich herzlich und entschuldigte sich für die Verspätung. Sie war die Assistentin. Die kleine war Lauryn Hill. Die Luft war zum Zerschneiden, ziemlich dick. Frau Hill schien schlecht gelaunt zu sein. Wir entschieden uns für einen großen Tisch in der Mitte des Cafés, es war Nachmittag, und viele Tische waren unbesetzt. Die Assistentin und ich saßen uns gegenüber, Frau Hill ließ sich am Nebentisch nieder und beobachtete das Ganze von Weitem. Nach einem längeren Kennenlerngespräch zeigte ich der freundlichen Assistentin meine Mappe. Lauryn Hill bewegte sich langsam zu uns rüber und schaute der Assistentin über die Schulter. Interessiert fing sie an, in meinen Unterlagen rumzublättern. Mit der Mappe in der Hand setzte sie sich schließlich zu uns und stellte mir viele Fragen zu meiner Vorgehensweise. Wie ich eine Kollektion anfange, ob ich selbst entwerfe, ob ich Illustrationen anfertigen könnte. Ich beantwortete ihre Fragen, und sie erzählte mir, dass sie eine Modelinie kreieren wollte. Und dass sie dafür jemanden suchte. Und ob ich dieser Jemand sein möchte. Ich war begeistert: »Klar, warum denn nicht, es wäre mir eine große Freude!« Aber dann fragte ich nach den Bedingungen. Die erste Bedingung wäre, in den nächsten zwei Wochen für einige Zeit mit ihr zusammen in New York an ersten Entwürfen zu arbeiten. Als ich andeutete, dass ich erst in vier Wochen starten könnte, fragte sie mich, warum. Auf meine Antwort, dass ich momentan an meiner Modepräsentation arbeitete und erst danach Zeit hätte, fragte sie mich entsetzt: »Which Fashionshow?!« Als ich erklärte, dass es sich um meine NEGASSI-Modenschau handelte, sprang sie auf, baute sich vor mir auf und schrie mich an: »I am the fashiondesigner! Me! Not you! I am the fashionde-

signer.« Mit dem Zeigefinger tippte sie hektisch auf ihren Brust-
korb und fixierte mich mit strengem Blick. Ich verstand gar
nichts mehr. Sie war sehr verärgert; warum, war mir nicht klar.
Um mögliche Missverständnisse auszuräumen, erklärte ich ihr
mit einer ruhigen Stimme, dass es sich um mein privates Label
handelte und nicht um ihr Modeprojekt, da sei sie natürlich die
Modedesignerin.

Kopfschüttelnd schlich sie wie eine Tigerin um uns herum
und dachte laut nach. Es war mir sehr unangenehm, alle Blicke
des Cafés waren auf uns gerichtet. Meine Begegnung mit einer
meiner absoluten Lieblingsstimmen hatte ich mir anders vorgestellt. Lauryn Hill war diejenige, die mit Fu-Gee-La meine erste
Zeit bei XULY.Bët geprägt hatte. Jeden ihrer Songs verband ich
mit dem Atelier. Und ihr Soloalbum »The Miseducation of Lauryn Hill« prägte einige Jahre später meine Zeit in New York. Ich
liebte die Künstlerin Lauryn Hill. Ich liebte ihre Stimme und
ihre Kunst. Nach fast zwei Stunden verabschiedete ich mich
freundlich, aber irritiert über die miese Laune und nahm die
Bitte der beiden Frauen mit, ihnen meine Antwort am nächsten
Tag mitzuteilen. Andy vom CLAM-Magazin, meiner Schwester
Sofia und einigen Freund:innen erzählte ich davon. Alle ermu-
tigten mich zuzusagen.

Am nächsten Tag, um die Mittagszeit herum, stand ich am
Ende der Schlange vor der Boulangerie an der Butte aux Cailles.
Es duftete nach frisch gebackenen Croissants. Bevor ich etwas
bestellen konnte, erhielt ich einen Anruf von einer Pariser
Festnetznummer. Frau Hill und ihre Assistentin würden gern
meine Antwort hören, und zwar sollte sie am liebsten so aus-
fallen, dass ich direkt innerhalb der nächsten Tage beide Damen
nach New York begleiten würde, um mit Frau Hill über die Kollektion zu sprechen. Ich hatte mir geschworen, mich nie wieder

zu verbiegen. Auch nicht für Miss Lauryn Hill.«»Nein, ich kann leider nicht.« Ich sagte ab und wünschte ihnen das Beste.

Glücklich und zufrieden über meine Entscheidung, immerhin hatte sie mich die ganze Nacht gekostet, lief ich mit meinem Baguette unterm Arm nach Hause und wartete auf Joy, um es ihr zu erzählen. Weder Joy noch meine Schwester Sofia standen anfangs hinter meinem Entschluss.»Was? Wie konntest du Lauryn Hill absagen?«, fragten sie einstimmig und immer wieder. Doch einige Zeit später versicherten sie mir, sie wären stolz, dass ich mich nicht verbogen hatte. Einige Tage nach meinem Treffen mit Miss Hill saß ich in meinem Stammcafé – und als hätte der Kellner es gewusst, lief»Miseducation«. Ich lächelte in mich hinein und plante meine Show.

Um eine Show in Paris zu produzieren, braucht man normalerweise richtig viel Geld. Die Miete für Location, Technik, Stylist:innen, Models, Haare- und Make-up-Teams, DJ/DJane, Castingdirector, Anziehhilfen. Die Kollektion selbst fraß auch schon sehr viel Geld. Die Stoffe kaufte ich, aber dadurch, dass ich Schnitt und Fertigung selbst übernahm, minimierte ich die Kosten, die sonst für Schneider:innen und Schnittdirectricen angefallen wären. Und alles andere flog mir glücklicherweise zu.

Eine meiner besten Freundinnen, Sayuri, lud mich eines Abends zu einem Dinner ein, sie wollte mir unbedingt eine Freundin vorstellen. Debra Shaw. Die Debra Shaw, das Supermodel, das ich während meines Studiums aus unzähligen Zeitschriften ausgeschnitten hatte, um sie in meiner Inspirationsmappe abzuheften. Die Debra Shaw, die ich aus den George-Michael-Video»Fast Love« kannte und unglaublich inspirierend fand, wurde mir einfach so beim Abendessen vorgestellt! Wir kamen leicht ins Gespräch, und es war ein inspirierender Abend. Debra interessierte sich brennend für meine Kollektion und bat mich, ihr Bescheid zu sagen, wenn ich etwas zu zeigen hätte.

An einem anderen Abend lernte ich einen Stylisten kennen, der mir anbot, das Styling meiner Show zu übernehmen. Wie großartig, was für ein Glück, dass mir diese Arbeit von einem Profi abgenommen werden würde. Die Rolle von Stylist:innen bei einer Modenschau ist zentral, denn diese Person trägt gemeinsam mit dem oder der Designer:in die Verantwortung für die Auswahl der Outfits, vom Kleidungsstück bis hin zum Accessoire, dem Hairstyling und dem Make-up, das Casting der Models und für das Fitting, also die Anprobe. Das Gesamtbild der Show liegt in ihrer Verantwortung. Es war eine Erleichterung für mich, denn abgesehen von der Fertigung der Kollektion musste ich mich noch um die Location, Technik, Catering, Türleute und viel Kleinkram kümmern.

Ich arbeitete Tag und Nacht durch. Mit der Kollektion »Choose your way – different each day« entwickelte ich Kleidungsstücke, die variabel anziehbar sind. Beispielsweise eine Hose, die in ein Cape verwandelt werden, oder eine Jacke, die auf mehrere Weisen getragen werden kann. Mit meinen Entwürfen sprach ich eine Einladung aus, sich jeden Tag aufs Neue zu entdecken. Jedem Tag die Chance zu geben, ein Neuanfang zu sein. Kein Tag soll dem anderen gleichen. Es war ein Aufruf zur Vielfalt, die Tore zu öffnen, unsere Augen und Köpfe von unsichtbaren Grenzen zu befreien, um selbst in den Genuss von Freiheit zu kommen.

Der Tag kam immer näher. Endlich stand die Location. Durch meine gute Freundin Sylvie konnte ich meine Kollektion im angesagten China Club zeigen. Für das Hairstyling kam nur mein Freund Philippe Mensah in Frage, den ich schon seit meinem ersten Praktikum bei XULY.Bët kannte, wo ich ihn auf einem Fotoshoot getroffen hatte. Philippe selbst hat seine Ausbildung zum Friseur in Benin gemacht, wo sein Vater herkam. Er ist ein Meister der Haarkunst. Auf meine Anfrage zu meiner Modenschau sagte er sofort zu.

Mittlerweile schlief ich kaum noch. Wenn Joy mal nicht da war, ersetzte das Knattern meiner Nähmaschine die Musik. Erst dann, wenn ich auch wirklich sichtbar viel geschafft hatte, belohnte ich mich mit einer Pause und einem Spaziergang. Zwei Tage vor der Modenschau erhielt ich morgens, als ich gerade in mein leckeres Pain au Chocolat vom besten Bäcker der Stadt beißen wollte, eine Textnachricht vom Stylisten. »Ich werde morgen leider für zwei Tage nicht in der Stadt sein und kann deine Show doch nicht stylen.« Ich traute meinen Augen nicht. An diesem Tag sollten eigentlich das Casting und das Fitting stattfinden, und er ließ mich mit einer SMS sitzen? Er bot keine Alternative an. Er nannte keinen Grund dafür, warum er mich hängen ließ. Kein Pardon. Ich war sehr enttäuscht.

Das Schlimmste war, dass er mich die ganze Zeit hingehalten hatte, mit der Begründung, ich solle ihm doch einfach vertrauen, er hätte ganz besondere Models und könnte mir aber keine Sedcards[19] schicken. Das Ganze war vorsätzlich. Und dabei mochte ich ihn wirklich sehr.

Philippe rief mich nachmittags an, um sich zu erkundigen, ob denn alles lief. Die Pariser Modewoche war bereits in vollem Gange und er sehr beschäftigt, denn er machte fast alle großen Shows, von Chanel über Dior, Gaultier und viele andere. In diesem Moment rief er von der Jean-Paul-Gaultier-Show aus an. Dass mich der Stylist hängen gelassen hatte, erzählte ich ihm, und dass ich seit der SMS schon diverse Frauen auf der Straße angesprochen hätte, also Streetcasting betriebe und alle

Freund:innen alarmierte, die eventuell laufen könnten. Und dass ich bereits drei bis vier Kandidatinnen hätte, aber noch keine Anprobe mit ihnen hatte. Seine aufmunternde Stimme drang durch den Hörer und beruhigte mich. Das Grinsen am anderen Ende der Leitung konnte ich förmlich hören:»Bisrat, warte, ich habe eine Idee.« Ich hörte, wie er auf Englisch mit jemandem sprach und meinen Namen dabei erwähnte.»Bisrat, ich reiche dich weiter. Ich bin hier gerade im Backstage. Yasmin Warsame ist bei mir und möchte dich sprechen.« Als die Stimme des somalischen Supermodels in mein Ohr drang, stand ich an meinem Fenster und beobachtete, wie die französische Streetartkünstlerin Miss Tic sich an der gegenüberliegenden Mauer mit ihrer Kunst verewigte.

WAS? Yasmin Warsame? Wie soll ich mir denn bitte schön ein Topmodel leisten? Ist Philippe nun völlig wahnsinnig geworden?»Hey babe, what's up?«, hauchte mir Yasmin mit ihrer rauchigen, fröhlichen Stimme entgegen. Nachdem wir uns kurz zu Ostafrika und unseren Familiengeschichten ausgetauscht hatten, fragte sie mich etwas zu meiner Kollektion, die Shapes und Stoffe und was denn mit dem Stylisten passiert sei. Wir einigten uns, und direkt nach der Gaultier-Show stand ihre Limousine vor meiner Haustür.

Als würden wir uns schon ewig kennen, fielen wir uns in die Arme. Yasmin war einen Kopf größer als ich, obwohl sie flache Schuhe trug, ein bezauberndes Lächeln kleidete ihr Gesicht.»I love your collection, babe!« Ein Kleidungsstück nach dem anderen schob sie auf der Kleiderstange hin und her und begutachtete jede einzelne Naht. Ich fühlte mich wie inmitten einer Prüfung. Ich hatte mein ganzes Herzblut in die Designs gesteckt, hatte mein Innerstes nach außen gekehrt.

Es kam mir vor, als würde jede Hand, die ein Kleidungsstück berührte, auch gleichzeitig mein Herz berühren. So nackt und verletzlich stand ich da. Yasmin gefiel, was sie sah. »Babe, I will do your show!« »Really?« Es war ihr egal, dass ich kein Budget für Gehälter in Supermodel-Größenordnungen hatte. Es ginge nicht immer ums Geld, sagte sie. Sie wollte mich unterstützen, und wir müssten doch zusammenhalten. Als Nächstes löste sie für mich das Problem mit dem Stylisten. Sie griff zum Handy und schrieb dem bekannten Celebrity-Stylisten Kithe Brewster: »Hey, mein Lieber, du musst unbedingt eine talentierte Designerin aus Eritrea kennenlernen. Ihr Label heißt NEGASSI.« Ich dachte, ich bin in einem Traum gelandet. Da ertönte ein lautes Hupen von draußen, es war die Fahrerin der Limousine vor meiner Haustür, denn Yasmin musste zur nächsten Show. Mit dem Versprechen, mich danach anzurufen und mit einer Lösung zurückzukommen, verließ sie in Windeseile meine Wohnung und ließ mich aufgeregt zurück.

Kaum war ich allein, klopfte es an meiner Tür, und Joy kam mit einer Pizza herein. Sie musste gespürt haben, dass ich vor Aufregung den ganzen Tag noch nichts gegessen hatte. Wir verschlangen die Pizza, ich brachte sie auf den neusten Stand und nähte dann fleißig weiter an den letzten Teilen. Joy erzählte mir, während sie ihre Gitarre aus der Tasche pellte, von ihrem Tag und dass sie eine neue Songidee hätte. Sie zupfte an den Saiten und summte die Melodie dazu. Ihre Grimassen sprachen Bände, sie zog manchmal die Augenbrauen so sehr zusammen, als gäbe es ein Donnerwetter, dabei schrieb sie gedanklich den Text zu der Gitarrenmelodie. Ein paar Stunden später hatte sie einen neuen Song – und ich einen neuen Stylisten.

Yasmin stand mit Kithe Brewster bei mir in der Tür. Kithe war komplett in Schwarz gekleidet. Eine weite, sportive Hose,

Turnschuhe und schwarzer Sweater und schwarze Jacke darüber. Der Kopf war mit einem schwarzen Käppi und die Augen mit einer Sonnenbrille bedeckt. Um den Hals trug er eine dicke goldene Kette. Er sah sehr nach Glamour-Streetwear aus. Er lebte in New York und war für die Modewoche nach Paris gekommen. Die beiden machten einen solch glamourösen Eindruck, dass sie alles mit ihrem Glow ansteckten. Meine Wohnung war zwar winzig klein, aber in dem Moment streckte sie sich vor Freude um das Dreifache. Kithe hatte auf meinem blauen Sofa Platz genommen, und Yasmin zeigte ihm einige Kleider am Bügel. Er sagte lange nichts, Yasmin redete, so als müsste sie ihm die Kollektion schmackhaft machen.

Joy saß die ganze Zeit auf dem Boden und erfüllte den Raum mit ihrem Lachen. Während wir zusammen den von mir zubereiteten Tee tranken, ging Kithe auf den Kleiderständer zu und schaute sich still die Kollektion an. Er machte es sehr spannend. Ich tunkte einen Keks in meinen Tee, Yasmin und Joy taten es ebenfalls. »Bisrat, do you trust me?«, fragte Kithe und hatte die Brille inzwischen auf den Kopf geschoben. Seine freundlichen und warmen Augen fielen mir auf. Ich überlegte, wie ich die Frage einschätzen sollte, denn beim Stylisten zuvor war ich mit einem Ja darauf ziemlich auf die Nase gefallen. Er bemerkte mein Zögern und half mir, indem er mir eröffnete: »Deine Kollektion gefällt mir sehr, und ich mache das Styling liebend gern. Aber ich möchte von dir hören, dass du mir vertraust.« Oh mein Gott! Ja, natürlich vertraute ich ihm. Immerhin hatte er alles stehen und liegen lassen, um zu mir zu kommen. Er hatte noch nie von mir gehört und vertraute auf Yasmin. »Ja, sicher doch, ich vertrau dir!«

Wir fingen sofort an zu planen. Dass ich bereits vier Frauen gecastet hätte, erzählte ich ihm. Aber er riet mir, allen wieder abzusagen, er würde das Casting selbst machen. Wir überlegten gemeinsam, wen wir schon hatten. Ein Model, Yasmin Warsame, und eine Musikerin, die vor der Show singen würde, Ayo. Er tätigte einige Anrufe:»Hey, Liebste, ich bin hier gerade bei House of NEGASSI, einer Designerin aus Eritrea, tolle Kollektion, du musst die Show unbedingt laufen!« Es waren unzählige Telefonate, die er führte, und ich konnte nicht genau sagen, ob sie erfolgreich waren oder nicht. Meinen Part der Abmachung hielt ich ein. Ich sagte allen ab außer einer, meiner Freundin Pauline, die ein Profimodel ist.

Kithe erzählte ich, dass ich Debra kennengelernt hätte, woraufhin er sie anrief und bat, meine Show zu laufen. Ich selbst hätte mich niemals getraut, sie zu fragen. An dem Abend wurde jede kleinste Fläche meines Wohnateliers ausgenutzt. Zu später Stunde trafen noch meine Freundin Pauline und auch Debra ein. Mit Kithe und den drei Frauen machten wir das Fitting. Alle 26 Outfits wurden an Yasmin, Pauline und Debra gefittet, als mir auffiel, dass wir keine Schuhe hatten.»Kein Problem«, sagte Kithe, er hatte auch dafür schon gesorgt. Stephane Kélian, die Luxusschuhmarke, wurde unser Schuhpartner. An Debra wurde das erste Kleid angesteckt, umdrapiert und festgenäht. Es sah traumhaft schön aus. Auch mein Freund Joel Diaz, ein begnadeter Modedesigner aus New York, war in der Stadt. Er wusste, dass ich eine Show plante, und rief an, um mich zu fragen, ob ich Hilfe bräuchte. Zu dem Zeitpunkt arbeitete er für Helmut Lang, und nach der Show hatte er praktisch nichts zu tun und wollte helfen. Eine Stunde später stand er mit einem Stapel Pizzakartons vor der Tür. Während ich meine Pizza aß, vertrat er mich an der Nähmaschine und erzählte, wie die Lang-Show gewesen war. Mit so vielen helfenden Händen kamen wir sehr gut voran. Bis auf Joy verließen mich alle gegen vier Uhr morgens, mit dem Versprechen, am nächsten Tag weiterzumachen. Joy und ich konnten aber nicht schlafen. Während ich Reißverschlüsse annähte, versuchte sie sich an einem neuen Song. Sie erzählte mir, dass sie die »What is Love?«-Box von Brahim bekommen hätte und nun versuchte, einen Song daraus zu machen. Inspiriert von den 120 Antworten zauberte sie den 100.000.0001sten Love Song – mit dem Titel »What is Love«. Bis die Sonne uns mit ihren Strahlen an den Tag erinnerte, arbeiteten wir durch. Erst abends, nach ihren gelaufenen Shows, stieß die Truppe vom Vortag wieder zu uns, und wir setzten das Fitting fort. Debra spendierte uns allen noch eine Massage. Zwischen den ganzen Stoffresten und dem Chaos breitete der bestellte Masseur seine Matte auf dem Boden aus und knetete einen nach dem anderen durch – eine schmerzhafte Erfahrung, Thai-Massage ist nichts für Weicheier. Fast hätte ich vor Schmerzen geheult, vor allem mein Nacken erinnerte mich an die letzten durchgearbeiteten Tage. Aber hinterher war ich hellwach und bereit für eine weitere arbeitsreiche Nacht. In den kurzen Pausen, die wir einlegten, sang uns Joy einige Lieder vor. Ihre Energie ergriff uns alle, wir waren berührt und uns einig, dass ihr eine große Karriere bevorstand.

Am Tag der Show hatte ich keine Zeit, mich zu stylen und mir etwas Glamouröses anzuziehen. Die ganze Zeit über lief ich mit meinem übermüdeten, aber glücklichen Gesicht herum. Jede Sekunde zählte. Bereits am Morgen war ich bei der Location. Der China Club befindet sich im 11. Arrondissement direkt hinter der Bastille. Für seinen Jazzclub und Konzerte sowie die Cocktailbar bekannt, war dieser Ort fast schon eine Institution in Paris. Auch wenn man denkt, alles sei fertig, scheint auf einer Show nie etwas fertig zu werden. Musik und DJ waren startklar. Technik und Licht waren aufgebaut. Für die Tür und den

Empfang spannte ich zwei gute Freundinnen ein. Das Make-up-Team war bereits eingetroffen, und die Spannung im Backstage war elektrisierend. Zwischendurch kam Philippe und fragte mich, was mit den Models sei. Ich konnte nichts sagen, ich vertraute Kithe. Es war 17 Uhr, und es war bis auf Debra immer noch kein einziges Model in Sicht. Die Frisuren dürften nun nicht mehr aufwendig werden, und das Make-up müssten wir wohl auch noch mal überdenken. Das Make-up-Team versicherte mir, dass sie es trotzdem schaffen würden. Joy kam und fragte mich nach ihrem Outfit – ich hatte ihr ein Kleid mit bunten Streifen und Spaghettiträgern entworfen. Dazu trug sie die Haare in tausend kleinen, bis zum Po runterbaumelnden dünnen Zöpfchen. Sie sah mit ihrem Lächeln umwerfend aus. »Wenn keine weiteren Models kommen, dann tragen wir die Outfits abwechselnd, Debra, du und ich!« Joy lachte sich schlapp. Auch in stressigen Momenten konnte sie einen zum Lachen bringen.

Unser Backstage befand sich im Untergeschoss, dort, wo der Jazzclub eigentlich ist. Auf der Bühne war das Hair- & Make-up-Team positioniert. Alle warteten, dass die Models eintrafen. Ich lief in den einzigen fünf Minuten, die ich hatte, ohne dass ich mich um etwas kümmern musste, schnell auf die Toilette und machte mich frisch. Ich blieb in meiner grünen Jacke und meiner Flickenjeans, die Haare hatte ich zu einem Zopf gebunden. Null Glamour und null Make-up. Zurück im Backstagebereich traute ich meinen Augen nicht. Einige wunderschöne Frauen, die sich fröhlich lachend schminken ließen, saßen dort. Die angenehm aufgeregte und erwartungsvolle Stimmung ließ mich aufatmen. Yasmin kam strahlend mit dem großartigen indischen Supermodel Ujjwala Raut auf mich zu und stellte uns vor. Kithe zeigte beiden ihr Outfit. Dann trafen auch die restlichen Models ein. Sie kamen alle von diversen Schauen, die während der Fashionweek parallel stattfanden. Es ist immer wieder eine Tragödie, rechtzeitig von einer Show zur nächsten zu kommen. Aber nun waren sie alle eingetroffen und fast geschminkt, fast fertig frisiert und zufrieden mit ihren Outfits. Vor Aufregung hatte ich verschwitzte Hände. Während ich die Gelassenheit von Kithe, dem Stylisten, bewunderte, ergriff plötzlich eine Hand meine Schulter von hinten: »Ich bin so stolz auf dich, meine eritreische Kämpferin!« Es war Errol! Errol war Modejournalist und lebte auf Hawaii. Ich hatte ihn einige Tage zuvor durch seinen Cousin kennengelernt, und wir hatten uns sofort angefreundet. Der Cousin, dem ich von meiner Show erzählt hatte, schickte mir Errol zur Unterstützung, damit er über meine Kollektion schreiben konnte. Vom ersten Moment war Errol einer meiner größten Unterstützer. Er nennt mich seine eritreische Schwester und ich ihn meinen Island Brother.

Während wir im Backstage rumwirbelten, machte Errol Fotos und stellte mir ein, zwei Fragen. Ich war ganz überwältigt von all dem Trubel. Kithe anzuschauen entspannte mich. Er ruhte in sich, zeigte keine Anzeichen von Stress. Obwohl die Zeit raste, brachte ihn nichts aus der Fassung. Ich dagegen huschte durch die Gegend und wusste nicht wohin mit der ganzen Aufregung. »Bissy, bitte komm ganz kurz!«, rief mich Kithe, und neben ihm erblickte ich ein Gesicht, das ich aus diversen Magazinen kannte. Lia Kebede! Lia, das äthiopische Supermodel. Sie war das erste Schwarze Model, das bei einem Kosmetikkonzern als Gesicht für eine Werbekampagne einen Vertrag unterzeichnete. Kithe stellte uns vor, und sie begrüßte mich mit den Worten, dass sie bedaure, meine Show nicht laufen zu dürfen, das schrieben ihr leider ihre vertraglichen Verpflichtungen vor.

Stattdessen freute sie sich, ein NEGASSI-Kleid zu tragen und der Show beizuwohnen. Ich war total aus dem Häuschen. Es ging los. Unter Scheinwerferlicht wurde Joy zu Ayo und begeisterte das Publikum. Sie fing mit »Down on my Knees« an und hörte mit »Life is real« auf. Ja, das Leben ist echt. Aber mir kam es in diesem Moment wie ein unglaublich schöner Traum vor. Alle sechs Models standen in ihren ersten Outfits bereit, und Philippe zupfte noch die letzten Strähnen zurecht. Yasmin Warsame eröffnete die Show. In einem drapierten Einteiler, einem Overall in Braun, glitt Yasmin elegant in den bis auf den letzten Stehplatz belegten China Club hinaus. Ich hörte die klatschenden Hände. Die anderen Models folgten ihr, Pauline Ndiaye, Ujjwala Raut, Anna V., Carolina B. und Debra Shaw. Zwischen ihren Auftritten zogen sie sich schnell um. Auf halsbrecherischen High Heels flitzten die Models die Treppen hoch, sammelten sich kurz und setzten, so als wäre nichts gewesen, ihre anmutigen Walks fort. Als das letzte Outfit raus war, sagten Kithe und Philippe fast gleichzeitig: »Bisrat, beeil dich, du musst raus.« Oh, daran hatte ich gar nicht gedacht. Jemand vom Make-up-Team puderte mich schnell ab, und Philippe beteuerte mir, dass ich perfekt aussähe, aber schnell auf Position gehen müsste. Ich zögerte. Ayo, Kithe, Philippe, alle schauten mich an. »Du musst raus!«, sagten ihre Blicke. »Du und du, ihr kommt mit.« Ich zeigte auf Kithe und Philippe und schnappte mir ihre Hände. Der Vorhang ging auf, und ich sah unzählige Gesichter und klatschende Hände. Meine eigenen verschwitzten Hände klebten links an Kithes und rechts an Philippes. Wir liefen bis zum Ende des Catwalks, gefolgt von allen Models, Freund:innen und Helfer:innen. Ich spürte eine massive Erleichterung, die Unendlichkeit der Liebe und der Möglichkeiten, die mir das Leben bot. Das Leben, das uns immer wieder vor harte Prüfungen stellt. Uns in Situationen bringt, die ausweglos zu sein scheinen. Uns Menschen in den Weg stellt, die uns verletzen, betrügen und uns komplett zerreißen wollen. Und dennoch zeigt uns das gleiche Leben, dass wir allein unser Weg sind. Dass nur wir selbst der Schlüssel zu unseren verschlossenen Türen sind. Dass wir immer wieder aufstehen müssen, uns den Dreck von den Klamotten abstreifen und weitergehen, immer schön weitergehen. Unbeirrt an sich selbst glauben und sich selbst mit Liebe überhäufen.

So allein, klein und unsichtbar ich mir als Kind vorkam, verletzt und gehasst in der Schwimmhalle. Umgeben von unempathischen Lehrer:innen und Mitschüler:innen, während Gloria Gaynor, meine Retterin, mir mit ihrem Song »I will survive!« versprach, dass ich es überstehen werde und ich ihr glaubte. Vor allem aber mir selbst glaubte.

An diesem Abend in Paris fühlte ich mich voller Liebe All Ein. Eins mit dem Universum und den Menschen, die mich sahen und hörten.

Ich habe die Berechtigung zu sein. Wir alle, jede und jeder Einzelne von uns sind hier, um zu sein. Als Gäst:innen an diesem magischen Ort – der Welt. Ich hoffe, dass wir es irgendwann lernen werden, uns besser zu benehmen, um zu verstehen, dass der Aufenthalt auf dieser Erde mit ganz viel Verständnis zueinander, Respekt und vor allem Liebe am schönsten ist.

Auf die Liebe!

EPILOG

»I can change the world with my own two hands; make a better place with my own two hands ...« Irgendwann, 2003 in Paris, hörte ich diesen Song von Ben Harper im Radio. Anfangs haderte ich mit seinem Optimismus. Doch je mehr ich darüber nachdachte, umso mehr wollte ich ihm beipflichten. Natürlich kann ich die Welt mit meinen eigenen zwei Händen verändern. Ben Harper schenkte mir einen Song, der diverse Entwicklungen in meinem Leben inspirierte. Er hat Recht. Auch ich und jede:r Einzelne von uns ist dazu imstande, positive Veränderungen in unserem Leben und in unserer Gesellschaft anzustoßen. Ich glaube daran, dass wir alle Multiplikator:innen sind, die zunächst im kleinen Kreis etwas Gutes vollbringen können. Das Gute ist wie eine Welle, die dann alle erfasst, so dass sie immer größer wird, alles mit sich reißt und das Schlechte wegspült.

Nach sieben Jahren Paris kehrte ich wegen der Liebe nach Hamburg zurück. Die Vielfalt, an die ich mich in Paris gewöhnt hatte, fehlte mir tagtäglich. Durch meine Reisen und Aufenthalte in New York und Paris lernte ich unglaublich begnadete Künstler:innen kennen, Menschen, die mich inspirierten und bereicherten. Menschen mit meiner Hautfarbe, die aber in meiner neuen-alten Stadt, in Hamburg, nicht sichtbar waren. Weder in Museen noch in Galerien oder Kinos. Und dann gab es den leidigen, erbärmlichen Rassismus, der sich, egal wo, nicht ignorieren ließ. Immer wieder tauschte ich mich mit Freund:innen und Familie darüber aus. Ob wir nicht einen Raum schaffen könnten, um die Geschichte Afrikas aus der Perspektive Afrikas zu erzählen?

Mein Vater hatte schon vor langer Zeit mit dem Menafisha in Asmara einen Ort geschaffen, der Menschen die Möglichkeit gab, sich auszutauschen. Sich durch die Begegnungen zu bestärken. Sich auf einer menschlichen Ebene zu begegnen und durch gemeinsame Kraft Wunder zu bewirken. Stärke, Mut und Zivilcourage zu entdecken. Das Menafisha war bis zu seiner gewaltsamen Schließung ein Raum der Inspiration, der Empathie und eines würdevollen Miteinanders gewesen. So einen Raum in Hamburg zu haben, das wäre großartig. Mit Familie und Freund:innen gründeten wir 2016 den Artspace M. Bassy in Hamburg. M. Bassy ist Botschaft, Bühne und offener Salon für die Begegnung mit Künstler:innen und Positionen aus Afrika und der Diaspora. Der Salon trägt den Gedanken einer visionären »Minigesellschaft«, in der der gemeinschaftliche Spirit der Begegnung und Vernetzung zwischen Kulturen im Mittelpunkt steht. Beweglich, nichtinstitutionell, inklusiv und kritisch werden Themen unserer Zeit aus der Sicht des Globalen Südens verhandelt.

Genau 33-mal bin ich bis jetzt innerhalb dreier Kontinente, sechs Ländern und zehn Groß- und Kleinstädten in meinem Leben umgezogen. Obwohl sich in den ersten »Umzügen« eine Kriegs- und Fluchtgeschichte verbirgt, brachte jede Reise viele neue wertvolle Erfahrungen, Erkenntnisse und Menschen mit sich, die dazu beitrugen, mein Leben um ein Vielfaches zu bereichern. Aus diesen Erfahrungen schöpfe ich tagtäglich die Inspiration für mein kreatives Schaffen. Hätte ich die Chance, dann würde ich meinem Vater einen Kuchen backen, einen Tee zubereiten und ihm jetzt, viele Jahre später, alles persönlich erzählen. Vor allem die Sache mit den fünf Männern von den fünf verschiedenen Kontinenten, die ich mir im Alter von 12 Jahren prophezeit hatte zu heiraten, und was denn nun daraus geworden ist. Ich würde ihm erzählen, wie gnädig das Universum mit mir ist. Denn zu meinem Glück war es gar nicht notwendig, diese fünf Männer zu finden. Es ist ein Mann geworden, ein großartiger, warmherziger, kreativer Supermann, und einige Jahre später eine Tochter, die beste, großherzigste, intelligenteste, schönste Supertochter. Die familiäre Vielfalt, nach der ich mich schon immer gesehnt habe, die gibt es trotzdem, in Form von Schwäger:innen, die aus allen Ecken der Welt kommen, alle möglichen Haut- und Augenfarben haben und alle möglichen Sprachen sprechen. Ägypten, Baskenland, Deutschland, Eritrea, Indonesien, Südkorea, Türkei und Ungarn, und wer weiß, wer noch dazukommt, denn die Welt, meine Welt, wächst weiter. Christlich-muslemisch-buddhistisch-jüdisch-Allesgläubige. Eine bunte Welt voller Liebe, das ist meine Welt, die Welt, die ich mir schon immer erträumt habe. Die Welt ist unter meinem Dach.

Mein Vater ging leider viel zu früh. Wir konnten uns nicht mehr darüber unterhalten, obwohl wir sicher viel gelacht hätten. Aber ich weiß, dass er von dort aus, wo er hingegangen ist, alles mitbekommt. Ich sehe ihn bildlich vor mir, meinen liebsten und besten Vater, wie er seinen Kopf schüttelt und vergnügt lächelt.

DANK

Stephanie Taverna, danke für dein Vertrauen! Doreen Fröhlich, danke für die tiefen und inspirierenden Gespräche und deine einfühlsamen Kommentare. Es war mir eine große Freude – ich hoffe, die Reise geht weiter! Anna von Rath, tausend Dank für den guten und scharfen Blick – super! Mel Raabe – du bist großartig, danke für ALLES & jetzt kommt Toni ;)

Meinen großherzigsten und liebevollsten Eltern, Elene und Tesfai, was seid ihr mutig und stark!! Ihr seid meine Held:innen, meine Vorbilder – die wundervollsten Eltern, unendliche Liebe …
Meiner SUPER Tochter Liann und meinem SUPER Mann Björn – ihr seid das Beste an mir. Ich liebe euch unendlich!
Meinen Geschwistern, Schwäger:innen – Baranano-Lemke-Lux-Negasi-Ogbazghi-Wache-Halk-Tekle-Tzegai, Woldu – was habe ich für ein Glück mit Euch! ıLOVE Mesfun, unvergessen für immer in meinem Herzen! Danke für das beste und schönste Geschenk – LeonaApril! Inge und Manfred, die Traumschwiegereltern – jedes einzelne Enkelkind spiegelt eure Liebe wider.

Die besten Nichten und Neffen, die ich mir immer gewünscht habe: Amélie, Amina, Ander, Anton, Clara, Dario, Elias, Flora, Isabel, Jaron, Jonathan, Jorma, Josi, Julen, Leona, Leon, Mikal, Milena, Noah, Paul und Simon. I love you.

Ihr wisst: »YOU ARE THE FUTURE IN THE PRESENT!!«*

My Paris family: The universe sent you to me – I could always count on you all from day one. And only because of you Paris became a special place to me! My home! I love you all: Sylvie Testu, Pauline Ndiayé, Manon Dubois, Benoit Emery, Bea Sylvie, Betty Blerald, Nadine Hounkpatin, Alexis Labeca, Freddy Schäfer, Olivier Chini, Orelly Gasbayet, Pedro Veloso, Rita Bruneteau, John Chevalier, Celine, Gilles und Pablo, Luvinsky Atché, Theo Rossi, Madeline Heuwagen, Gracie Moore, Anthony Monnerot, Alfie Dosoo, Ama Ampadu, Ekia Badou, Magareth Halfoun, Vincent Michea, Dave A. Estime, Taki Taketomo, Michel Rondeau, Karim & Annika Bonnet, Sira Niamé, Allonymous.

Sophie and Fred Comtet – thank you for everything!! Grateful forever
Joyful Joyayo Joyüm AYO & Badie → I have everything I neeed ... ;)))!! BFF
Patrice, thank you ... how do you call it? Love ;)
Nile, Billie-Eve und JJ, I hope we all together will sit one day soon and spend unforgettable moments! Love you
Ricky Ojijo ;)) Du weißt schon, wo wir zusammen hingehen.
Philippe Mensah – the greatest Hairstylist! Je te remercie infiniment!
Angloma, so grateful for all your support!!
Andy Okoroafor and CLAM – you rock!!! And promise next trip is Asmara!
Andrew Dosunmu thank you for believing in me!
Lamine B. Kouyate – my brother – my funkin fashion family! ... you showed me my way!
Kithe Brewster: thank you for always believing in me!
Debra Shaw and Yasmin Warsame – my black power sisters – thank you for always being there on my side, LOVE!
Sayuri AlsmanChan Watashi no imôto wa anata o aishiteimasu
Joel Diaz, mi hermano, siempre nos divertimos mucho, creemos más buenos recuerdos. Te quiero.
Aissa Maiga, thank you for your support! You rock!

Errol Murray Aloha my lovely Island brothers – Edward Birdsong will always be in our hearts.
Jenny Bjursell, tack min svenska syster.
Wenka von Mikulicz dankedankedanke!
Frau Kunz, Sie bleiben unvergessen!
Hannes Deter, my brother from another mother.
Kerstin Frank - MERCI!
Tausend Dank, Stephan & Andrea!

Nana O. Ayim, Rebecca Walker, Taiye Selasi – my literature queens – you are great inspiration – thank you for your friendship!!
Claude Jansen: dankedankedanke und lets rock COME iN TENT.
Noemie, du bist und bleibst unvergessen.

Liebsten Dank für eure Unterstützung, ihr seid großartig:
Kristin, Petr und Lili my Tiger, Johann, Katharina, Martha und Josef, Jana, Erika, Jenny, Kristine und Manuel, Marian, Maureen, Nigel, Gügi, Odella, Dorith, Birte, Carsten, Sohar
Katrin, Philip, Charly, Julia und Mina.
Marie, Martin & die Basel family …
Victoria, Yinka, Onejiru, Mareike, Johanna, Suy-Lan.

What would Bologna be without you … unforgettable time ❣
Elly, Eden, Asla, Seneit, Jesjef (forever!), Sarah, Misgana, Dawit, Jonathan, Helen, Lily, Saba, Senait, Aida, Daniel, Jonas, Biniam, Sirak, Henok, Alem, Miraf, Teresa, Nebiat, Ermias, Hariuy, Luula, Ghenet, Yodit, Helen, Magda, Hiwet, Hanna, Samson, Redy, Sara, Selemawit, Ivana, Miriam, Yared, Aman, Mama Abeba …

Zemede Tekle, you are my role model!

DANKE an die M.BASSY FAMILY.

Adulis and Tostia FOREVER!

Let love rule!

Awet N'Hafash!

LITERATURNACHWEISE

Susan Arndt & Nadja Ofuatey-Alazard (Hg.): *Wie Rassismus aus Wörtern spricht: (K)Erben des Kolonialismus im Wissensarchiv deutsche Sprache.* Unrast, 2011.

Aimé Césaire: *Über den Kolonialismus.* Alexander, 2021.

Ursula Degenhardt: *Exotische Welten, europäische Phantasien. Entdeckungs- und Forschungsreisen im Spiegel alter Bücher.* Cantz, 1987.

Katharina Füllenbach: *Eritrea. Notizen zu einer Reise im Winter.* Tredition, 2020.

Ingrid Loschek: *Mode. Verführung und Notwendigkeit.* F. Bruckmann, 1991.

Volker Matthies: *Der Eritrea-Konflikt. Ein vergessener Krieg am Horn von Afrika.* Institut für Afrikakunde, 1981.

http://www.eritrea.be/old/eritrea-history.htm
https://bpb.de/mediathek/178985/die-entstehung-des-rassismus
https://www.eritrea-hilfswerk.de/eritreas-geschichte/
https://de.wikipedia.org/wiki/Benito_Mussolini
http://www.ipw.rwth-aachen.de/pub/select/select_07.pdf
https://bpb.de/mediathek/178985/die-entstehung-des-rassismus
https://www.loc.gov/item/02015779
https://www.theguardian.com/world/2015/aug/18/eritrea-asmara-frozen-in-time-africas-little-rome
https://www.sipri.org/media/press-release/2021/international-arms-transfers-level-after-years-sharp-growth-middle-eastern-arms-imports-grow-most
https://youtu.be/PhhaBYoRVD0

https://www.daserste.de/information/politik-weltgeschehen/
weltspiegel/sendung/swr/eritrea-fluechtlinge-100.html
https://www.welt.de/wirtschaft/article156745239/Der-Mythos-vom-
Soli-als-Retter-des-Ostens.html

LITERATURTIPPS

Chimamanda Ngozi Adichie: *Americanah*. Fischer, 2016.

Nana Oforiatta Ayim: *Wir Gotteskinder*. Penguin, 2021.

James Baldwin: *Nach der Flut das Feuer*. dtv, 2019.

Amanuel Biedemariam: *The history of the USA in Eritrea*.

Aimé Césaire: *Über den Kolonialismus*. Alexander, 2021.

Reni Eddo-Lodge: *Warum ich nicht länger mit Weißen über Hautfarbe spreche*. Tropen, 2020.

Kübra Gümüşay: *Sprache und Sein*. Hanser Berlin, 2020.

Alice Hasters: *Was weiße Menschen nicht über Rassismus hören wollen, aber wissen sollten*. Hanserblau, 2019.

bell hooks: *All about Love (New Visions)*. William Morrow, 2018.

Tupoka Ogette: *exit racism. rassismuskritisch denken lernen*. Unrast, 2019.

Melanie Raabe: *Die Wahrheit*. btb, 2018.

Minna Salami: *Sinnliches Wissen: Eine schwarze feministische Perspektive für alle*. Matthes & Seitz, 2021.

Taiye Selasi: *Diese Dinge geschehen nicht einfach so*. Fischer, 2014.

Zadie Smith: *Zähne zeigen*. Droemer Knaur, 2001.

Noah Sow: *Die Schwarze Madonna. Afrodeutscher Heimatkrimi*. BoD, 2019.

Rebecca Walker: *Black Cool: One Thousand Streams of Blackness*. Soft Skull, 2012.

ANMERKUNGEN

1 Nach wie vor sind die heutigen Gründe der Konflikte am Horn von Afrika die Kontrolle der Wasserhandelswege, die für die Weltwirtschaft unermesslich wichtig sind.

2 Menafisha bedeutet in etwa »Ein Ort zum Luftholen« auf Tigrinya, eine der neun eritreischen Sprachen.

3 ELF ist eine marxistisch geprägte eritreische Organisation, die sich in den späten 1950er Jahren als politische Bewegung für die Unabhängigkeit Eritreas einsetzte. Am 1. September 1961 unter der Führung von Idris Awate begann der bewaffnete Unabhängigkeitskampf gegen die äthiopische Regierung. In den 1970er Jahren spaltete eine Gruppe von Mitgliedern die Bewegung und gründete die Eritreische Volksbefreiungsfront – EPLF –, eine eher linksgerichtete Organisation. In den 1980er Jahren hatte die Volksbefreiungsfront die ursprüngliche Eritreische Befreiungsfront als wichtigste Rebellengruppe abgelöst und erlangte am 24. Mai 1991 den Sieg und die Unabhängigkeit Eritreas unter der Führung von Isaias Afwerki, der heute Präsident von Eritrea ist.

4 Tegadalti = die Kämpfer:innen, ehemalige Unabhängigkeitskämpfer:innen auf Tigrinya. Tegadalit = die Kämpferin und Tegadalay = der Kämpfer.

5 Kushuf ist ein kariertes Tuch aus fester Baumwolle, das zu einem Tunnel genäht ist. Es ist ein vielseitiges Kleidungsstück und kann als Schal, als Rock oder auch als Kopfbedeckung dienen. Es kommt meist im Tiefland des Landes vor.

6 Netzela ist ein weißes, feingewebtes Tuch aus Baumwolle mit bunter Bordüre am Saum. Es ist ein traditionelles Kleidungsstück/Schal aus dem Hochland (Tigrinya) Eritreas.

7 Globaler Süden wird die Ländergruppe der sogenannten Entwicklungs- und Schwellenländer genannt. Es handelt sich um eine direkte Übersetzung von *Global South*, eines Begriffs, der Ende der 1980er Jahre vermutlich zuerst von der Weltbank in die entwicklungspolitische Debatte eingeführt wurde. Globaler Norden steht für die reichen Industrieländer. Die Länder, die den Globalen Süden ausbeuten und auf dessen Kosten ihren Reichtum aufbauen. Der Zusatz *Global* verdeutlicht einerseits diese nicht geografische Bedeutung und steht neben Begriffen wie globaler Wandel, globale Entwicklung, Globalisierung etc. nicht mehr für eine nationalstaatliche, sondern für eine globale Perspektive.

8 Schwarze Haare wurden politisiert. Ende der 1950er Jahre kam dann der Afro zum Einsatz. Als Kennzeichen von urbanem Mode- und Selbstbewusstsein, weg von dem klassischen Schönheitsideal der langen Haare, die für Feminität standen, trugen Musikerinnen wie Abbey Lincoln, Miriam Makeba oder Nina Simone Afro. Die sich auch als Unterstützerinnen der größten afroamerikanischen Bürgerrechtsbewegung um die Gleichberechtigung für Schwarze bekannten, die Black Panther Party. Erst im Januar 2019 wurde in den USA ein Gesetz erlassen, das Schwarzen Menschen am Arbeitsplatz oder öffentlichen Schulen erlaubte, ihre Haare in ihrem natürlichen Zustand – ungeglättet – tragen zu dürfen. Die kalifornische Senatorin Holly Mitchell brachte das Gesetz CROWN (Creating a Respectful and Open Workplace for Natural Hair) ein, das im Sommer 2018 unterzeichnet wurde. Es trat am 1. Januar in Kraft – das erste staatliche Gesetz, das Diskriminierung aufgrund von natürlichem Haar oder Frisuren wie Locs, Zöpfen und Twists am Arbeitsplatz und in öffentlichen Schulen verbietet. Die Schwarzen Haare haben ihre hundertprozentige Freiheit erst vor drei jahren erlangt. Das ist doch unvorstellbar. Klingt wie eine Farce. Jetzt mal andersherum gedacht. Können wir uns das kurz vorstellen? Dass weißes Haar nur dann in Freiheit gezeigt werden darf, wenn es sich einer Dauerwelle unterzieht. Nur dann darf eine weiße Person mit langen Haaren zur Schule oder zur Arbeit. Aber der glatte hängende Zustand ist für hunderte von Jahren verboten. Eingesperrt unter Kopftüchern. Ist das vorstellbar? Wohl kaum. Aber das ist die Realität, bis vor drei Jahren, für Schwarze Menschen in den USA gewesen.

9 Der Song von Gloria Gaynor »I will survive« erschien 1978.

10 https://www.genocide-alert.de/projekte/deutschland-und-massenverbrechen/herero-und-nama/

11 Kolonialhistoriker Joachim Zeller.

12 Aimé Césaire »Über den Kolonialismus«, Alexander Verlag Berlin.

13 Meda, was Feld bedeutet, wurden die befreiten Gebiete Eritreas genannt.

14 Freiheit auf Tigrinya.

15 Neokolonialismus: ein Begriff, der nach der Dekolonisation vom ghanaischen Präsidenten Kwame Nkrumah geprägt wurde: Trotz formaler Souveränität würde das wirtschaftliche und politische System mancher Staaten von außen gesteuert. Unter diesen Bedingungen würden Auslandsinvestitionen nicht zu »Entwicklung«, sondern zu »Ausbeutung« führen und die Kluft zwischen armen und reichen Ländern vergrößern. Neokolonial kontrollierte Staaten würden auch als Werkzeuge in Stellvertreterkriegen der Supermächte missbraucht. Somit sei Neokolonialismus die schlimmste Form des Imperialismus, da sich der dominante Staat durch die formale Souveränität der entsprechenden Staaten auch jeder Verantwortung und Rechenschaft entledigt habe.

16 https://www.daserste.de/information/politik-weltgeschehen/weltspiegel/
    sendung/swr/eritrea-fluechtlinge-100.html
17 Die Figuren der Entwürfe.
18 Ein anderes Wort für Modenschau.
19 Eine *Sedcard* ist die Visitenkarte eines Models, sie enthält Fotos und alle Infos
    eines Models.